U0616478

应用型本科经济管理类专业系列教材

商业模式创新

杨 卓 编著

西安电子科技大学出版社

内 容 简 介

本书以国家职业教育创新型人才的培养要求为基础,根据《国家职业教育改革实施方案》的要求编写而成。全书包括商业模式导论、认识商业模式、商业模式分类、商业模式演进、商业模式创新、商业模式创新的驱动因素、企业商业模式问题诊断、企业商业模式之争、典型企业商业模式创新案例等 9 章内容。本书强调"理论与实践相结合""创新实践",引导学生"学中做、做中学",帮助其熟知并掌握商业模式创新的基本理论知识和技能,全面提升创新创业能力。

本书可作为高等学校经济管理类专业的教材,也可作为相关专业技术人员的参考书。

图书在版编目(CIP)数据

商业模式创新 / 杨卓编著. —西安:西安电子科技大学出版社,2023.3
ISBN 978-7-5606-6794-2

Ⅰ. ①商… Ⅱ. ①杨… Ⅲ. ①商业模式 Ⅳ. ①F71

中国国家版本馆 CIP 数据核字(2023)第 028642 号

策　　划	李鹏飞　张紫薇
责任编辑	李鹏飞
出版发行	西安电子科技大学出版社(西安市太白南路 2 号)
电　　话	(029) 88202421　88201467　　　　邮　　编　710071
网　　址	www.xduph.com　　　　　　　　电子邮箱　xdupfxb001@163.com
经　　销	新华书店
印刷单位	广东虎彩云印刷有限公司
版　　次	2023 年 3 月第 1 版　2023 年 3 月第 1 次印刷
开　　本	787 毫米×1092 毫米　1/16　印张 13.25
字　　数	313 千字
印　　数	1~1000 册
定　　价	39.00 元

ISBN　978-7-5606-6794-2 / F

XDUP 7096001-1

如有印装问题可调换

前　　言

随着以电子商务企业为代表的"新经济"的崛起，传统的商业逻辑受到了极大的颠覆。360杀毒软件一改传统杀毒软件的营利模式，把我们带入了免费杀毒的时代；滴滴打车整合线下出租车与打车者的地理信息，让人们日常打车变得更加方便；阿里巴巴将网购的消费方式带入千家万户，甚至对传统零售企业产生了前所未有的冲击。

商业模式创新不仅为企业变革现有的经营逻辑带来了新思维，还成为企业核心竞争力的重要来源。2013年9月，时任诺基亚公司CEO的奥利拉在记者招待会上宣布同意微软收购时最后说了一句话："我们并没有做错什么，但不知为什么，我们输了。"从传统的产品思维逻辑看，诺基亚的确什么都没有做错，但当竞争对手企业率先进行商业模式创新，而诺基亚仍在原地踏步之时，其失败也就只是时间问题了。所谓逆水行舟，不进则退。诺基亚、金山毒霸、柯达、小黄车等的失败案例都告诉我们一个道理，在互联网高速发展的今天，对于公司而言，其经营者不懂商业模式，将是致命的。

伴随着新经济、互联网经济的兴起，商业模式研究日益受到学术界的高度关注，研究文献汗牛充栋。统计表明，从1975年至2000年，各类管理文献中使用"商业模式"一词的有1729篇，而其中只有166篇是在1975年至1994年间发表的，其余的1563篇均发表于1995年至2000年这5年间。2001年以来，商业模式研究持续了这种爆发趋势。学者们提出了三种视角的商业模式概念以及四种典型的商业模式设计主题；奥斯特瓦尔德提出了以商业模式九要素模型为基础的商业模式画布，以及部分的商业模式类型。然而，现有的商业模式教材仍旧在整体上呈现出碎片化的特征，并未梳理出有效且实用的商业模式体系，对于很多问题，诸如商业模式类型、商业模式创新、商业模式演进、商业模式设计、商业模式问题诊断等的阐述都还欠完善。鉴于此，编者基于多年的教学经验、商业模式相关研究成果以及商业模式设计实践基础，编写了本书。

出于人才培养定位的考量，在编写本书时，编者努力在学术理论与实践应用之间寻找一个合理的平衡点，既让学生了解并掌握一些具有一定前沿性和实践性的理论内容，又使他们在实践中践行所学习到的知识。同时，编者舍去了一些过于脱离实践的学术理论,增加了符合商业模式实践以及能够培养学生创新思考和实践能力的内容。

综合而言,本书具有以下特点:

一、定位清晰合理

本书适用于以培养应用型人才为目标和要求的本科院校。本书紧扣高级应用型本科人才培养的目标和要求,在内容范围、结构体系和实践实训指导等方面力图符合应用型本科生的特点,适应该学生群体的学习习惯和理解能力;在内容选择方面,注重理论与实践相结合。在理论上,本书侧重介绍已经成熟的理论和方法,并将商业模式前沿的相关问题引入本书,让学生更好地理解当代企业商业模式创新的原理及特点;在实践实训中,本书主要突出目前新创企业的商业模式创新实务,以及传统企业商业模式变革实践的常规业务。

二、框架逻辑性强

结合商业模式创新的相关研究以及大量企业的商业模式创新实践,本书力图做到内容系统、框架完整、逻辑连续和文风一致,同时删减了碎片化、不成体系的学术理论及纯操作层面的内容,增加了符合当代企业商业模式创新实践发展趋势的内容、能够培养学生创新思考和实践能力的内容,以及符合互联网时代的企业商业模式创新实践的内容。本书框架基本上按照由宏观到中观的逻辑关系来搭建。

三、选择性吸收了大量学术研究成果与企业的商业模式创新实践案例

本书选择性地吸收了大量学术研究成果,包括本书编者的部分研究成果以及现有企业的大量商业模式创新实践案例。

同时,本书的编写得到了杭州浙泉网络科技有限公司、河南拾麦文化传媒有限公司的大力支持。本书的出版是校企合作的成果。

本书的出版还获得了浙江省"十三五"优势专业和浙江省一流专业(浙江树人学院市场营销专业)资助。

由于编者水平有限,书中难免存在不足之处,敬请广大读者批评指正。作者邮箱:extra.terrestrial@163.com。

杨 卓

2022 年 11 月于杭州

目　　录

第 1 章　商业模式导论

自 2004 年以来，全球最大的信息咨询服务机构 IBM 全球企业咨询服务部(Global Business Sevices，GBS)就企业首席执行官(CEO)最关心的问题，每两年进行一次全球调查。调查的广度与深度有逐次增加的趋势，调查的结果也越来越引起全球的关注，而调查的核心问题则始终围绕着企业的创新问题，特别是商业模式创新问题。

CEO 们的担心，其实是有道理的。

新千年以来，企业的生命周期普遍缩短，各行各业涌现出多种多样的商业模式，已经很难用传统的竞争优势理论以及经济、管理的相关原理来解释这些企业的营利逻辑。

在囊括了人们的衣食住行以及生活的方方面面的企业中，一些企业及其产品的出现，甚至改变了人们传统的生活方式。例如，在服装业出现了一些个性化定制企业，消费者端只要有需求，企业就可以设计出令消费者满意的服装，甚至可以实现"一件服装多种用途或多次使用"，既可以支持模特拍摄，又可以用于电影演出。在饮食业，有以服务为特色的海底捞，人们每一次去海底捞都可以看到员工热情洋溢的微笑，享受到无微不至的服务；懒得出门买菜、做饭的懒人一族，如今也有了更多的选择，他们可以登录"美团外卖"或者"饿了么"平台，选购自己喜欢的外卖，还可以登录"叮咚买菜"等平台购买"预制菜品"，拿到以后只需要稍微加工就可以享受到绿色、健康的网红菜品。想要买房、租房，可以借助"我爱我家""豪世华邦"等中介平台，也可以直接上网比对房源的地段、户型，这都使得线上选房成为可能。在出行方面，消费者再也不用担心因打不到车而影响出行，"曹操专车""T3 出行""百度导航"等平台已经很好地解决了人们的线上出行难题，哪怕是到了陌生城市，也可以租用共享汽车，享受便捷的出行方式。

在传统的购物观念中，如果需要购买一个自行车打气筒，需要走到自行车用品店，有可能花费几个小时。如今，只需要打开购物网站，浏览并下单，很快就可以拿到货物。出差在外，不再需要拖着行李箱到处寻找酒店，而在出门之前就可以提前在网上预订，同时可以在购物网站下单采购需要的物品，这样，一到目的地的酒店，就可以拿到自己采购的商品。

但在方便了人们生活的同时，多种多样商业模式的大批量出现，也对学者和企业家提出了新的要求，为此，需要回答以下几个问题：

(1) 商业模式就是企业如何赚钱的模式，是企业生存与发展的方式，历来都是对企业非常重要的，但为什么进入 21 世纪后才越来越引起重视，并成为企业创新的主流趋势？

(2) 现实中究竟有哪些类型的商业模式？如何设计商业模式并进行商业模式创新，才能为企业所用？

(3) "科技因素"与商业模式创新有什么必然联系？"科技因素"是商业模式创新的推动力吗？此外，还有哪些因素会促使企业主动进行商业模式创新？

(4) 企业的创新有许多方面，为什么商业模式创新会成为主导？

(5) 针对企业的商业模式实践，应该如何进行相应的商业模式诊断，以提高企业经营管理的效率？

1.1　新技术革命引发商业模式创新

商业模式创新为什么会成为当今企业创新的主要趋势，应当从 20 世纪后期开始的新技术革命的发展及其所产生的深远影响中寻求答案。

所谓新技术革命，是指以信息技术和信息产业为核心的技术和产业的群体性的快速发展，以及这些技术对社会经济发展的深远影响。计算机网络和信息高速公路的建立，使整个世界变成了"地球村"，将人类带入信息社会，而且还推进了经济全球化和知识化的进程。可替代能源、生物技术、纳米技术等新技术的发展，催生了许多新产品与服务，这些新产品与服务采用新的运营模式与业务模式，又产生了新的行业，对一些传统行业产生了颠覆性的影响。

立足于中关村的汉王科技有限公司通过三款技术创新(手写识别技术、OCR 识别技术、无线压感技术)，生产出三种核心产品(汉王电纸书、汉王人脸识别仪、汉王绘画板)。汉王电纸书帮助一部分人从传统的纸质报纸和书籍的阅读中解脱出来；人脸识别仪加装到一些小区，方便了住户的出行识别；汉王绘画板则适合从事数字绘画的专业人士使用，他们可以把画出来的画便捷地转换成电脑可以识别的代码，并在画面上增减图层，设计出数字绘画产品。

苹果的多点触控技术使人们的双手完全从传统的手机键盘中解放出来，人们发现，手机原来是可以没有键盘的。更重要的是，现在使用一部手机几乎可以完成人们日常生活中80%的事务。无论是打电话、发短信、出行订票、电影票订购、菜品采购、玩游戏、发邮件、炒股，还是移动支付，一部手机可以全部实现。

5G 技术让人们上网更加流畅和便利。高像素的手机摄像头可以帮助人们拍到月亮表面，还可以远距离拍摄肉眼不可见的图片，并且能够"充电五分钟，待机两小时"。

技术与商业目标之间的桥梁称为商业模式的认知功能。企业在充满不确定性的技术和市场环境下进行创新活动时，有无数种方法可以把新技术与新市场连接起来。建立商业模式意味着把技术投入的物质范畴与产出的经济范畴联系起来。

在人类历史上，总共发生过三次科技革命。第一次科技革命是指由蒸汽机所带来的工业大生产；第二次科技革命又叫电气革命，电灯、电话等电力产品被广泛应用；第三次科技革命是信息革命，电子计算机是信息技术的核心。每一次科技革命都对应了生产力的发展，以及消费者生活方式的改变，对应到企业界，就是企业生产方式的变革。第一次科技革命带来了厂商式的大规模生产，第二次科技革命引发了以企业为生产单位的变革，第三次科技革命带来的则是企业生产运营的改变，也就是商业模式的创新。这也同时可以解释，为什么新千年以来，涌现出越来越多的新兴企业，几乎在一瞬间，传统的商业逻辑就不适用了。

信息技术的广泛应用体现为计算机网络和信息高速公路的建立，由此人类进入信息社会。人造的"双十一""双十二"购物节几乎每年都引发快递业的爆仓，以及一个又一个的单日销售业绩高峰。自媒体圈继而大规模被引爆，先是人人网、开心网的"偷菜"热，之后人们转向碎片化交流的微博社交，随即出现了图文阅读平台百家号、大鱼号、今日头条、头条号以及公众号。随着线上直播平台的出现，消费者们更喜欢直播平台的互动与娱乐特性，转而更多通过直播购物。

新商业模式反过来促进了新技术的迅速发展，从而使新技术的发展呈现出新的模式。任何新技术的开发，都需要投入大量的人力与资金。依靠一定渠道获得资金支持并开发新技术的传统办法，已不适应当今新技术的迅速发展。新技术的迅速发展与广泛应用，从一开始就离不开商业化。

苹果的平台商业模式，始于创新的多点触控技术，但更重要的还是平台上所承载的"半开放"模式。一个原本做计算机的企业，之所以可以在手机领域迅速做大，在于他们的商业模式创新，在于他们改变了传统的产品逻辑，将手机打造成了一个承载更多任务的平台。

新技术与商业模式的结合与互动，成为新技术发展的特点，也造就了新商业模式的特点。以至于到现在，我们很难讲清，是苹果成就了众多的 App，还是那些 App 成就了苹果。

1.2　互联网的发展与互联经济

无论是 360 的免费商业模式，还是滴滴打车与阿里巴巴的平台商业模式，都没有完整地遵循传统的商业逻辑。在"互联网＋"背景下，传统的商业逻辑受到了颠覆，很多行业必须重新思考如何与"互联网＋"相结合，适时进行转型升级。因此，如何进行商业模式创新成为众多企业需要思考的重大议题。商业模式创新机理研究可以揭开商业模式创新的"密码"，助力企业进行商业模式变革。

信息技术与互联网的广泛应用带来了信息成本与交易成本的降低，继而影响着企业间的关系与企业的"边界"。这一改变也重新构建了市场中的企业形态。一方面，物联网使得万物互联互通成为可能。另一方面，企业之间的竞争越来越转化为以中心企业为主导的商业生态圈之间的竞争。在 BAT 三巨头中，每一家公司都不仅仅代表一个公司，而是各自在自己身边形成了庞大的百度生态圈、阿里生态圈、腾讯生态圈。企业之间的抱团取暖也逐渐成了新的趋势。

互联网改变了传统交易对固定交易场所、一致的交易时间的要求，提高了交易效率，减少了交易的中间环节，丰富了交易的品类。因此，互联网颠覆了传统的商业模式创新逻辑，这种变化主要包括两个方面：商业模式创新带来企业的跨界经营与社群逐渐成为企业的核心异质性资源。

1. 商业模式创新带来企业的跨界经营

跨界指跨越行业、领域进行合作，又被称为跨界协作。它往往暗示着一种不被察觉的大众偏好的生活方式和审美态度。可以说，"跨界协作"满足了互联网模糊原有边界并创造新价值的需求，通过跨越不同的领域、行业乃至文化、意识形态而碰撞出新的事物。跨界协作使很多曾经不相干甚至不兼容的元素获得连接，产生价值。

当索尼还沉浸在成为胶片市场技术领先者的喜悦中时，突然发现，全球卖得最好的产品不是索尼的胶片，而是诺基亚的手机；而当诺基亚雄踞手机行业第一把交椅并正在考虑如何扩充市场份额之时，隔壁原本做电脑的苹果公司突然从斜刺里杀来，打得诺基亚只有招架之功，没有还手之力。打败康师傅的不是统一，不是今麦郎，更不是白象，不是任何一个平日里厮杀惨烈的竞争对手，而是美团、饿了么这些新兴公司，是散布在城市里大大小小的外卖美食小作坊。几家公司的遭遇活生生地展现出一幅现实版的"螳螂捕蝉，黄雀在后"的画面。

信息技术与互联网的高速推进彻底改变了传统企业之间的竞争逻辑。互联网发展引发了商业模式创新的井喷式发展，而商业模式创新的普及，使得企业间的跨界经营成为商业的新常态。当三大电信运营商打得不可开交之时，蓦然回首，发现作为移动通信领域的跨界者，微信才是最大赢家；自行车的竞争对手不再仅仅是自行车生产商，还可能是互联网金融公司；杀毒软件的竞争者不仅来自同行，还有可能被门户网站公司击败。换句话说，如今企业的竞争对手早已经跨越了产业边界，互联网的互联互通使得跨越行业边界的"超竞争"成为可能。

2. 社群逐渐成为企业的核心异质性资源

社群指聚集在一起的拥有共同价值观的社会单位。他们有的存在于具体的地域中，有的存在于虚拟的网络里。在互联网模式中，社群是一个两两相交的网状关系，用于满足顾客和服务顾客。社群发展到一定程度会自我运作，是一个自组织的过程。社群逻辑就如顾客主导的 C2B 商业形态。品牌与消费者之间的关系由单向价值传递过渡到厂商与消费者双向价值协同。在社群的影响下，传播被赋予了新的含义——价值互动。

传统的商业逻辑延续"坐商→行商"的逻辑链路进行，很多商家能想到的就是坐在店里等待客户上门。直到今天，珠宝店铺如周大生、周大福等品牌仍旧延续着"坐商"的逻辑。作为对"坐商"逻辑的推进，"行商"逻辑讲究商家"走出去"，比如通过"陌拜""地推"等方式主动推销。然而，传统的商业逻辑仍旧离不开时空限制，这在一定程度上影响了市场的做大。

阿里巴巴通过商业模式创新，将"网购"消费方式带入了千家万户。"网购"模式改变了人们传统的消费习惯，人们不再需要专门花时间跑到统一市场中购物，随时随地购物成为了人们购物的新常态。不仅如此，"网购"的出现使跨地区购物变得更加便利，真正实现了全国统一的大市场。然而，"网购"模式却有一种天然的缺陷：缺乏交互性以及体验感。社群很好地弥补了"网购"模式低体验感的缺点。常见的社群包括微信群、直播空间、专业贴吧等。社群将具有共同爱好的消费者聚集到一起，通过知识或内容输出、问题及爱好交流以及商品促销等方式增强用户对社群的参与度与社群活跃度。如果说"网购"是消费者出于需求而主动搜索并购物的过程，那么社群的存在就是为了促进消费者消费。沉浸式的社群体验不仅会增加用户间的交流，甚至可以挖掘出用户自己都没有发现的潜在购物需求。从这一点来说，社群比"网购"方式更为主动。如果说网购是拉线钓鱼，那么社群就是更加主动地撒网捕鱼。

随着抖音、快手、哔哩哔哩、百度贴吧视频号、微信公众号等自媒体平台的发展，普通人都有了展示自己的空间，社群逐渐取代电商成为时下最流行的"娱乐+购物"方式。社群不仅是商品促销的场所，同时也是一种生活与娱乐方式。基于以上种种，越来越多的明星、大 V 主播，甚至企业都开始建构属于自己的社群，社群逐渐成为企业的核心异质性资源，哪家公司的粉丝量大，其商业潜力就大。

1.3　商业模式创新主导企业的创新

在互联经济中，企业面对的挑战是全面的，应对的基本策略是创新。即技术创新、组织创新、管理创新与商业模式创新。

把"创新"这一概念首先引进经济学的是美籍奥地利经济学家熊彼特。在他看来，创新意味着在企业中建立新的"生产函数"或"生产要素的重新组合"，即通过生产新的产品、采用新的生产工艺、开辟新的市场、发现新的原材料供应、实现新的组织，以获取更多的潜在利润。

熊彼特的"创新"概念中不仅包括产品、工艺方面的技术创新，还有组织创新。管理营销大师德鲁克等人把创新分为技术创新与管理创新。技术创新、组织创新与管理创新的目的都是要提高企业的营利能力。利用创新营利，需要通过企业的商业模式来识别，需要商业模式创新来引领。

从前的企业创新，最早聚焦的是企业的管理创新以及企业文化创新。无论是马斯洛需要层次理论、组织管理理论，还是科学管理理论，更多强调的是从企业制度角度规范员工，量化员工的工作以提高绩效。但这并不能避免员工的主观"磨洋工"行为，员工本能地认为公司是老板的，和自己无关。

后来，企业家们逐渐发现，一味地榨取工人换来劳动效率的提高，不如把更多精力聚焦于产品创新与工艺创新。诺基亚不断推出新产品，对手机进行多次防摔实验，一举超越摩托罗拉，长久占据了手机行业销售冠军地位。

直到苹果手机出现，人们突然发现，手机的玩法全都变了。苹果几乎是重构了手机的概念。手机不仅可以打电话、发短信，更是移动端的"百宝箱"，它是可以搭载 App 的移动平台，可以囊括所有原来电脑可以做的事情。不仅如此，有些电脑办不到的，比如移动支付、移动定位等功能也可以用手机实现。手机突然间成为人们生活中的必需品，它不仅实用，而且有趣。

诺基亚在手机行业深耕多年，其技术创新成果是明显多于苹果的。在手机领域，苹果手机不过是"菜鸟"。然而，原本主攻电脑设计的苹果，却在极短的时间内打败了诺基亚，与安卓系列手机一起，重新瓜分了手机市场。

苹果打败诺基亚，依靠的不仅是技术创新，更重要的是商业模式的创新。他们重构了手机的概念，把原本的产品概念，改变成可以搭载任何 App 的手机平台。平台概念的提出，让手机可以承载无限可能。

苹果的成功让人们突然发现商业模式创新的重要性。再好的技术，如果不能推广到市场中，就失去了其研发的价值。与技术创新相比，商业模式创新更加贴近市场端。

从管理创新到技术创新，再到商业模式创新的发展，也同样遵循了消费品市场从卖方市场到买方市场的蜕变。商业模式创新，其核心在于将工作重心从重视产品、聚焦于生产逐步发展到"以市场为中心""以客户为中心"的过程。从这个意义上讲，商业模式创新是时代发展的必然，是产品生产极大丰富之后，聚焦于客户的需求、深耕于细分客户领域的内在需要。

本章课件资源

第2章　认识商业模式

　　说起商业模式，一个不得不回避的问题就是"如何创造价值"——价值创造。价值创造概念经历了由"价值链"的竞争关系到"价值网络"的竞合关系。在传统的价值链观念下，需要从以下三个角度理解价值创造。第一，如何注重企业内部的价值创造水平，从而提高企业内部价值创造效率，为顾客和企业提供价值增值；第二，在波特五力竞争模型中，竞争者和替代者会挤压企业的价值创造水平；第三，企业与顾客和供应商的讨价还价能力同样会影响到企业总体的价值创造水平。在价值链观念中，企业价值创造过程就是一个从上游供应商途经企业，最后流向顾客的将原材料变成产品输出的过程，其核心是将投入转化为产品。

　　但价值链理论过于强调竞争，忽略了企业间的合作关系。作为对价值链理论的补充，价值网络理论应运而生。价值网络理论将企业的利益相关者(包括竞争者、替代者、互补者)考虑成一个整体，大家共同为顾客提供服务、创造价值。价值网络理论将企业之间的竞争内部化，各个利益相关者共同创造价值，将合作体现为价值创造，企业间的竞争关系成了价值分配与获取过程。价值网络理论真正实现了竞争与合作的统一，将企业的竞争与合作关系统一在了价值创造过程中。价值网络理论真正实现了顾客至上，顾客是整个价值网络的中心点，一切的生产经营活动都是围绕顾客价值、为了满足顾客价值主张而进行的。

　　因此，价值网络理论将价值创造机制完美地融合起来，形成了一个基于顾客价值主张的、为顾客不断地创造价值并最终在上下游企业以及互补企业之间进行价值分配与获取的网络。价值网络成为商业模式价值创造的不可或缺的平台和要素。

　　价值创造始于价值主张，终止于价值分配与获取过程，是联结价值主张、价值分配与获取的中间要素，也是一个企业商业模式的最核心过程。

2.1　商业模式概念

　　自 2000 年以来，随着以电子商务企业为代表的"新经济"的崛起，以"商业模式"为主题的研究越来越多。学者们从各自的研究视角出发，形成了商业模式研究的"丛林"。纵观商业模式概念的研究，主要有以下三种视角。

　　第一，价值创造视角。波特的价值链框架强调企业层面的价值创造。价值链分析、识别出企业活动，并从这些活动中提取经济含义。价值链分析探究对价值创造有直接影响的主要活动，活动的价值影响通过其对绩效的影响来反映。商业模式是价值创造的分析单元。商业模式通过利用商业机会，描绘内容、结构以及交易治理来创造价值。价值创造视角着眼于商业模式的职能，把商业模式与企业的目标结合起来，便于理解商业模式中价值定义、价值创造与传递及价值获取之间的逻辑关系。

　　第二，经营系统或组织内部结构视角。持此观点的学者认为，商业模式是企业的经营系统或结构。该视角来源于企业资源基础观(RBV)以及"结构—行为—绩效"(SCP)的分析范式。商业模式可以被描述为交易集或活动系统，它决定了企业与顾客、合作者、卖家如何"行商"的过程。

　　第三，战略视角。从战略视角出发的学者认为，商业模式就是企业执行战略的过程；一个企业的商业模式联结着它的价值主张，即识别细分市场，指定收入形成机制，定义价值链结构，创造和获取利润。商业模式由管理选择的集合以及这些选择的结果构成。

　　深入理解商业模式需要综合考虑这三种观点。三种视角中，价值创造角度的研究最广泛，影响最大，这为从价值创造视角研究企业商业模式创新提供了坚实的理论依据。

　　企业要想在激烈的竞争中立于不败之地，必须构建符合企业特点的、不易被模仿的商业模式。价值创造视角的商业模式研究可以回答德鲁克的老问题：谁是客户？客户价值是什么？同时，还可以回答每个管理者都关心的基本问题：我们如何赚钱？什么样的潜在的经济逻辑可以解释，我们如何在一定的成本水平上，为顾客传递价值。通过厘清以上几个问题，价值创造视角研究可以为构建具有核心竞争力的，且不易被模仿的商业模式提供理论指导。

2.1.1　价值创造视角

　　价值创造视角来源于波特的价值链框架。价值链框架共分四个步骤进行，即定义战略单元、识别关键活动、定义产品、决定活动价值。对价值创造有直接影响的主要活动包括产品创造、国内后勤、操作、国外后勤、营销和销售以及服务。波特将价值定义为：消费者愿意为公司提供给他们的产品、服务所支付的购买。商业模式的各个要素共同作用于价值创造和价值获取过程，如图 2.1 所示。

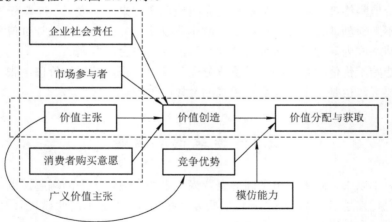

图 2.1　价值创造视角下的商业模式

　　商业模式的总目标是实现价值主张，价值创造是途径，价值分配和获取是最终归宿，价值三维度完成了价值的一个循环。组织在实现了价值分配和获取之后，根据下一阶段的价值主张(新阶段的价值主张可能发生变化，也可能保持不变，动态的商业模式需要不断地调整其价值主张)，重新进行价值创造和价值分配、获取活动。

　　(1) 价值主张。在利益相关者理论中，价值是联结管理者与利益相关者的纽带，它告诉管理者该如何行商，以及怎样的价值创造与价值获取过程。价值主张反映了核心企业商业模式的总目标，包括为利益相关者创造价值，满足顾客需求，创造消费者剩余，并满足合作商的利润诉求。价值主张确定了顾客的损益，是商业模式与顾客联系最紧密的模块。商业模式是组织变革与创新的工具。根据 RCOV 框架，商业模式综合考虑资源、能力、组织结构、收益、成本与价值主张之间的相互作用关系。

　　(2) 价值创造。价值创造的潜力取决于四个独立的设计主题，分别是效率、补充、锁定和以新颖为中心的商业模式设计。从商业模式分析单元的视角，可以把商业模式分成"内容、结构和治理"，通过开拓机遇来创造价值。根据价值基础观，价值获取与附加价值密不可分。附加价值产生于企业与竞争者共用一个客户的情形，是维护关系稳定和供应商利润率的驱动因素。

　　(3) 价值分配与获取。价值获取是价值三维度中的最后一环，价值获取通常存在于最小机会成本之上。由于风险降低会带来价值损耗，公司的目标是减少风险降低带来的价值损耗，从而在价值获取中选择合适的战略。开放商业模式会导致更高的价值获取。此外，价值分配的通用框架需要考虑如何在竞争中进行价值分配，以避免或减少商业模式被模仿。竞争优势的作用同价值创造一样，共同作用于价值分配与获取过程。企业竞争优势是保证一个企业商业模式不轻易地被其他企业模仿的变量。竞争优势与价值创造同样重要，前者可以避免或减少其他企业的模仿，后者直接为价值分配与获取过程服务。二者都是价值分配与获取过程的支持与保证。

```
案例 2.1
```

价值创造视角下苹果手机的商业模式

　　价值创造视角回答了一个企业如何从无到有，把产品从元器件通过组装形成特定的具有一定功能的、有价值的产品的过程，其核心是为顾客创造价值。以苹果手机为例，通过一系列电子元件的组装以及一些内部程序的编写，苹果手机变成了一个可以打电话、发短信以及下载使用多种 App 功能的具有实际使用价值的产品，用户可以使用苹果手机实现买菜、看直播、投资、玩游戏、看电影等功能。通过苹果手机的价值活动，为广大用户实现了创造价值的目标。

　　价值主张是指企业或品牌所制订的蓝海战略，需要达到市场消费诉求的兴奋点。苹果手机的价值主张是：主导美好的未来数码生活。在苹果手机出现之前，手机市场一直由行业的大哥大——诺基亚所主导。而诺基亚手机的价值主张是：高效、方便、快捷地联通你、我、他。诺基亚不断进行着技术创新，试图提升手机使用的便捷度，诺基亚甚至多次进行了手机的防摔试验，从技术角度提高手机的品质。苹果手机的出现，则完全改变了游戏规则。手机，不再是打电话、发短信的工具，而是代表了数字生活的方方面面，用户可以在手机上满足生活中所需要的几乎任何消费与诉求。"手机在手，天下我有"，苹果手机不仅是一款全新的产品，从价值主张的角度看，它的出现改变了人们的生活方式。所以说，苹果手机实现了超出用户预期的价值主张。

那么，苹果手机又是如何一步步创造价值的呢？

和传统产品不同的是，苹果手机的生产不仅仅停留在设备的组装与生产制造方面，苹果手机创造的价值在更大程度上是承载在其操作系统 IOS 基础上的平台中的。手机，仅仅是一个载体，核心内容在苹果手机的操作系统中，它的操作系统真正实现了自身系统与外部 App 之间的兼容。由此，苹果手机由一个手机生产厂商逐渐演进为一个平台的提供者，他们极大程度地将 App 编程业务外包出去。"苹果搭台，App 制造商唱戏"，苹果公司成功将 App 制造商纳入到自己的生产体系之中，真正实现了"功能开放"，创造了价值。苹果手机不仅仅创造了价值，同时这种价值会随着 App 制造商的不断更新而不断加码。苹果手机创造的价值每天都在变化。

价值创造出来的第三步就是如何分配价值的问题。App Store 为其价值分配问题提供了解决途径。苹果手机用户在购买了苹果手机之后，还需要为下载 App 而在 App Store 中额外付费。苹果手机的产品销售不是一锤子买卖，手机售后，App 的销售跟进，真正实现了"苹果手机吃肉，App 制造商喝汤"的共赢局面。苹果手机的成功也正得益于他们会将蛋糕做大，懂得分配糕点。

商业模式解释了一个企业如何赚钱的逻辑，而企业若想实现价值，则离不开"价值主张→价值创造→价值分配与获取"般的价值链路。企业价值创造视角从价值主张、价值创造以及价值分配与获取的三个维度全面阐释了企业是如何赚钱的。价值从何处来，到何处去，也是每个企业不得不面对和解决的重要问题。

2.1.2　组织内部结构视角

组织内部结构视角认为，商业模式是企业的经营系统或结构。这种视角的观点认为，商业模式由很多要素的排列组合构成，不同要素的排列组合会在整体上形成完全不同的商业模式类型。组织内部结构视角的商业模式类似于编程中的模块化思想。

模块化思想来自于计算机算法，它是在解决一个复杂系统时，自顶向下、逐步细化，分解成若干个小模块，从而简化问题的思想。模块化商业模式就像乐高积木一样，通过组装商业模式的构件，为元素之间建立联系，可以设计出完全超出想象的新型商业模式。翁君奕提出的"介观商业模式"，也同样表达了模块化思想。原磊的"3-4-8"体系结构，建立在模块化思想的基础上，将商业模式划分成了单元模块、结构模块和功能模块的三级价值子模块。此外，国内外很多学者也分别使用模块化思想，在不同的行业背景下进行了商业模式的分类研究。模块化商业模式就像生物的基因组，不同的商业模式组合表达了不同的商业模式类型，具有不同的特征。图 2.2 为某三维模块化商业模式的示意图。

将模块化商业模式表示成基因片段形式可以方便计算机处理。比如，图 2.2 的企业商业模式可以表示为：$\{(1, 1, 11), (1, 3, 6), (3, 1, 11), (3, 2, 10), (4, 2, 6), (4, 3, 1), (4, 3, 3)\}$。为了方便计算机处理，可以进一步将其表示为以 0-1 变量为主(以 0-1 变量为主的基因片段形式便于通过计算机仿真商业模式演进过程)的基因片段形式：$\{0_1, \cdots, 1_{11}, \cdots, 1_{28}, \cdots, 1_{77}, \cdots, 1_{87}, \cdots, 1_{116}, \cdots, 1_{122}, \cdots, 1_{124}, \cdots, 0_{132}\}$，简记为$\{1_{11}, 1_{28}, 1_{77}, 1_{87}, 1_{116}, 1_{122}, 1_{124}\}$，其中下标表示基因片段所处的位置。

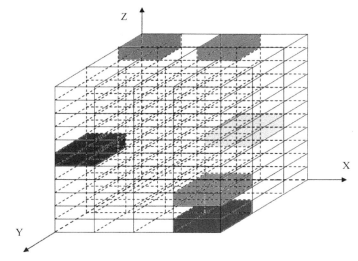

图 2.2　模块化商业模式

商业模式画布在另一个层面反映了组织内部结构视角的商业模式，如图 2.3 所示。

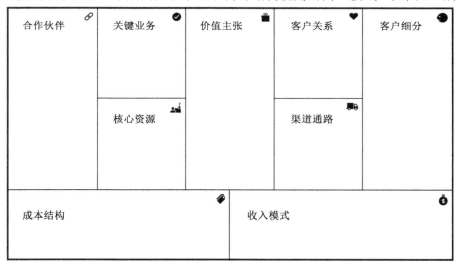

图 2.3　商业模式画布

　　同样做咖啡，星巴克与瑞幸咖啡带给客户的体验完全不同。星巴克给客户提供了一种交易和休息场所，方便用户在洽谈商务的时候喝咖啡，提供了免费的无线上网环境，让小伙伴们可以在闲暇时间畅聊。同样卖咖啡的瑞幸则提供了一种"互联网＋"的体验，虽然同样有店面，但瑞幸咖啡实行线上订单，线下取单的模式，瑞幸咖啡的实体门店成为了"可选项"而非"必选项"，而用户喝咖啡也有了更多的选择。最为关键的是，瑞幸咖啡将喝咖啡活动变成了社交，卖咖啡卖出了新高度。

　　同样做自行车，相比于传统自行车销售门店，共享单车成为了"另类的存在"。传统自行车销售门店就是典型的专业零售店，他们通过专业化的服务以及专业化的销售，方便自行车购买者在店内选购适合自己的款式。但共享单车完全打破了游戏规则，他们通过公用"租车"的模式，将自行车的所有权和使用权剥离开。"随骑随走""随借随还"成了全新的自行车选择，出行用户突然发现，原来不买自行车也同样可以实现便利出行的目的。

同样做手机，诺基亚和苹果手机则分别代表了不同的思维。如果说诺基亚尚自停留在如何增加手机功能，提高生产工艺的产品思维中，苹果手机带来的则是"平台化"的手机革命。在苹果手机的平台思维下，手机不再是单一的产品，而是一种类似于电脑般的平台。具有多种功能的 App 都可以搭载在手机平台上，实现用户各式各样的需求。平台手机概念的出现，打破了手机作为打电话、发短信般交流工具存在的观念，手机逐步成为了人们生活中的必需品。

无论是星巴克与瑞幸，传统自行车销售商与共享单车，还是诺基亚与苹果手机，其服务的客户和核心产品都没有变化，但由于商业模式要素的不同排列组合给用户带来了全新的用户体验和客户价值。组织内部结构视角才是诠释企业商业模式机理的核心内部概念。

需要注意的是，商业模式要素之间是联动的，单个企业的商业模式不仅代表其是由不同的商业模式要素组成的。更重要的是，各个商业模式要素之间是彼此联系并保持动态一致性的。简单地讲，就是商业模式要素之间是彼此联动，"牵一发而动全身"的。

2.1.3　战略视角

竞争是企业成败的关键。竞争决定对企业经营业绩有所贡献的各种活动是否适当，如创新、有凝聚力的文化或者有效的实施。竞争战略是要在竞争发生的产业宏观舞台上追求一种理想的竞争地位。竞争战略旨在针对决定产业竞争的各作用力建立有利的、持久的地位。

竞争战略的选择由两个中心问题构成。第一个问题是由产业长期营利能力及其影响因素所决定的产业的吸引力。并非所有产业都提供均等的持续营利机会，产业固有的营利能力是决定该产业中某个企业营利能力的一个必不可少的因素。第二个中心问题是决定产业内相对竞争地位的因素。在大多数产业中，不论其产业平均营利能力如何，总有一些企业比其他企业获利更多。

决定企业营利能力的首要和根本因素是产业的吸引力。竞争战略一定是源于对决定产业吸引力的竞争规律的深刻理解。竞争战略的最终目标是要运用这些规律或根据企业的利益来理想地对其加以改变。任何产业，无论是国内的还是国际的，无论是生产产品还是提供服务，竞争规律都将体现在五种竞争作用力中：新的竞争对手入侵，替代品的威胁，客户的议价能力，供应商的议价能力，以及现有竞争对手之间的竞争。

1. 战略与商业模式的关系

战略视角下的商业模式研究认为，商业模式是企业战略落地的过程。为了解决竞争战略的第一个问题，设计一个企业的商业模式首先需要考虑五种竞争力的影响，但五种竞争力的影响是左右商业模式的，或者说，是影响商业模式变革的外部驱动因素。要解决这个问题，首先需要回答战略的第二个中心问题。

竞争战略的第二个中心问题是企业在其产业中的相对地位。企业的定位决定了它的营利能力是高于还是低于产业的平均水平。在产业结构并不理想、产业的平均营利能力并不高的情况下，定位合适的企业仍然可能获取很高的投资收益率。

长时间维持优于平均水平的营业业绩，其根本基础是持久性竞争优势。尽管企业相对其竞争对手有很多优势和劣势，企业仍然可以拥有两种基本的竞争优势：低成本和差异性。

一个企业所具有的优势或劣势的显著性最终取决于企业在多大程度上能够对相对成本和差异化有所作为。成本优势和差异化又由产业结构所左右。这些优势源于企业具有比其对手更有效的处理那五种竞争作用力的能力。

竞争优势的两种基本形式与企业寻求获取这种优势的活动范围相结合，就可引导出在产业中创造高于平均经营业绩水平的三个基本战略：成本领先、差异化和聚焦战略。聚焦战略有两种变形，即成本聚焦和差异化聚焦。

成本领先战略，其商业模式各个要素均以关注成本为核心，专注于低端市场的消费者。低成本必然要与追求效率相结合，体现在商业模式方面，就是"猎豹型商业模式"(具体的商业模式类型详见第三章)，追求低成本和快速反应、快速生产以及快速决策。典型的有廉价航空公司的商业模式。

差异化战略，这种类型的商业模式主要在于变更价值主张，通过针对某个群体的需求定制一套新的元素组合来为该群体创造价值。其表现形式可以是"平台型商业模式""顾客型商业模式""寄生型商业模式"，抑或"共生型商业模式"(具体的商业模式类型详见第三章)。其商业模式的特征在于"新、奇、特"。苹果手机的商业模式创新就是典型的差异化战略落地。

至于聚焦战略两种衍生的战略类型：成本聚焦和差异化聚焦战略，成本聚焦战略对应于"贫乏型商业模式""顾客型商业模式"或"长尾商业模式"，差异化聚焦战略对应于"集聚型商业模式""顾客型商业模式""长尾商业模式"或"免费商业模式"(具体的商业模式类型详见第三章)。其商业模式的核心在于集中于资源禀赋的特征，将整个组织的力量爆发于一点，集中力量办大事。而当企业的资源不足以支撑商业模式创新时，外包就成为了一种选择。典型的案例有滴滴出行的商业模式(差异化聚焦战略落地)与拼多多的商业模式(成本聚焦战略落地)。

如果说，企业战略是宏观的，那么，战略视角的商业模式就是介于宏观与微观的中间状态，战略视角的商业模式是企业战略落地的过程。

2. 商业模式设计主题

四种典型的商业模式设计主题分别是新颖型、效率型、锁定型与补充型。

新颖型的商业模式设计是关于如何在参与方中间引导新的经济交换关系，可以为以前不相关的相关方之间建立新的联系，或者设计新的交易机制。例如，原本产品逻辑下的手机仅仅是单一的产品，其面向的客户是手机用户，用户只要购买到手机，交易即可结束。而苹果手机通过新颖型的商业模式设计，将手机设计成 App 制造商、手机用户等集合在一起的平台，原本毫不相干的手机用户与 App 制造商通过方寸之间的苹果手机被联系到了一起。在交易机制方面，苹果手机也进行了相应的拓展，购买手机之后，苹果还可以在用户后续在 App store 中购买 App 时收取 App 使用的佣金。也正是苹果手机的新颖型商业模式设计，使得平台逻辑的手机设计降维碾压了原本产品逻辑的只能打电话、发短信的手机。新颖型的商业模式设计使得苹果的 IOS 以及谷歌的安卓系统脱颖而出。

在效率型的商业模式设计中，可以通过商业模式提高交易效率的指标，它旨在减小所有交易参与者的交易成本。拼多多就是典型的以效率为中心的商业模式设计主题。拼多多的"多多果园"为农民销售水果提供了更多的展示机会，其拼团购物模式，以及平台较低的产品价格，为淘便宜商品的消费者减少了购物成本(同一种类型的商品通常在拼多多中会搜到更低的价格)。同时，对于平台的另一边参与者的商家，拼多多则提供了薄利多销的机会。

锁定型的商业模式设计主题强调企业优先占领市场，在总市场容量一定的情况下，形成"赢者通吃"的效果。比较典型的锁定型商业模式设计有微软操作系统。微软操作系统在较短时间内将操作系统与各大电脑销售商合作，形成了市场上大部分 PC 电脑的操作系统都是微软的局面。锁定了市场，也就为企业经营、营利获得了更多的可能。同时，苹果的 IOS 操作系统，华为的鸿蒙系统等都在以锁定型的设计主题增加消费者的产品转换成本，进而促使其持续使用自己的产品。

补充型商业模式设计主题，强调目标企业根据物资、活动、资源或者技术优势等，在现有企业之外寻求市场的突破，进而攫取一杯羹的商业活动过程。在传统的玩具企业之外，乐高积木独树一帜，他们通过积木拼装组合的商业模式设计，设计出包括打印机、汽车模型、恐龙模型、蓝精灵、城市模型等各式各样的乐高组合产品，成功在传统的玩具品牌之外收获大量乐高发烧友，成为孩子与家长们喜闻乐见的玩具品牌。此外，拼多多在淘宝之外的商业模式设计，字节跳动在 BAT 之外的商业模式设计都属于补充型设计主题的成功案例。

四种类型的商业模式设计主题之间并不会相互排斥，同一企业可以兼具几种类型的商业模式设计主题。然而，在商业模式设计实践中，单一的商业模式设计主题往往会比多种设计主题的企业更有竞争优势。

在四种典型的战略中，差异化战略对应于以新颖为中心的商业模式设计主题；成本领先战略对应于以效率为中心的商业模式设计主题；差异化聚焦战略对应于锁定型商业模式设计主题；成本聚焦战略对应于补充型商业模式设计主题。另外，在商业模式实务中，企业战略与商业模式设计主题之间的对应关系也有可能有细微的变化，这种一一对应关系只是主流的情形，并不代表只能如此对应。

2.2　商业模式要素

2.2.1　价值创造视角

基于价值三维度的商业模式构成要素体系如图 2.4 所示。

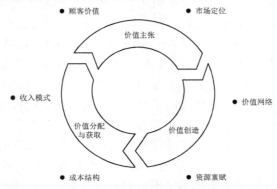

图 2.4　基于价值三维度的商业模式构成要素体系

在价值创造中，企业必须明确准备向目标顾客传递何种价值，即顾客价值(Customer Value，CV)是什么。顾客价值是商业模式的来源，它首先是一种主观感知，也就是经济学中的"消费者剩余"。第一，顾客价值可以提高企业的顾客忠诚度，提升企业的竞争优势。第二，企业的资源、流程、组织结构和行为方式都是为顾客价值服务的，顾客价值确定了企业的成长空间。第三，顾客价值推动了技术变迁，以及产业结构的变革。

价值主张需要帮助新创企业确立其市场定位(Market Position，MP)，明确企业在为谁创造价值以及将产品卖给谁的问题。

价值网络(The Net of Value，NV)是包括供货商、顾客、经销商以及其他合作伙伴的复杂系统，为价值主张服务，是价值创造的重要一环。作为对价值链理论的延伸，狭义的价值网络包括竞争者、互补者、顾客以及供应商；而广义的价值网络还包括了中介机构、联盟企业、政府、商业伙伴和广告商等。对于商业模式，第一，价值网络把顾客以及利益相关者看作价值的共同创造者，认为价值创造过程始于顾客并最终落实到顾客价值上。第二，价值网络的组合价值可以推动商业模式的创新。通过结盟等方式联合更多的参与者，可以产生一加一大于二的组合价值。第三，价值网络可以保证企业的可持续竞争优势。

商业模式要素之间的交互作用创造价值，也通过资源禀赋(The Endowment of Resources，ER)起作用。企业的资源禀赋越好，说明占有的优质资源越多，企业的资产规模越高。企业资源禀赋状况越好，竞争力越强，财务状况越佳。

价值分配与获取过程首先需要明确企业的成本结构(Cost Structure，CS)。企业成本管理是提高生产效率，进行服务创新的保证。具有良好成本结构的企业，可以有效阻止新企业的冲击，保证自己的核心竞争力不被轻易模仿。

企业经营就是为了获利，而收入模式(Income Pattern，IP)可以保证一个企业持续地产生稳定的收入流。更重要的是，收入模式可以保障企业实现竞争优势，持续、稳定地获取收益。收入模式需要解决为什么收费、向谁收费以及如何收费的问题。

2.2.2 企业内部结构视角

根据商业模式画布，描述一个商业模式，可以通过构成它所需的九大模块来很好地完成。这九大模块可以展示出一家公司寻求利润的逻辑过程。这九大模块涵盖了一个商业体的四个主要部分：客户、产品或服务、基础设施以及金融能力。商业模式就像一幅战略蓝图，可以通过组织框架、组织流程及组织系统来实施。

一个企业的商业模式需要回答以下几个问题：① 谁是我们的客户；② 客户价值是什么；③ 如何定位自身；④ 我们的竞争优势是什么；⑤ 如何创造价值；⑥ 如何为顾客传递价值；⑦ 成本结构是怎样的；⑧ 我们如何从中赚钱？

1. 客户细分

客户细分回答了商业模式的第一个问题，它解释的是谁是我们的顾客以及企业如何定位自身的问题。在阿里巴巴的纪录片《马云和他的少年阿里》中讲到，阿里在刚刚开始创业的时候，走了不少的弯路，在烧掉了第一波现金流之后，马云拍板砍掉了一些赚钱的小项目，重新将目光聚焦在广大的浙江中小企业主身上，因为这才是阿里的客户细分用户群体。

客户细分要素对应了价值创造视角下的"市场定位"要素。

客户细分问题通常需要在企业创业初期决定下来，因为它决定的是企业经营的方向性问题。根据客户细分要素的复杂程度，可以将其划分为单边市场或者多边市场两大类。单边市场的划分仍旧停留在产品逻辑中，其客户细分群体较为单一，目标客户群体较为固定，目标客户的消费习惯较为成型；相对应地，多边市场中的市场参与者往往不止一个"边"，商业模式需要解决平台市场中完全不同的市场参与者的需求。比如，在世纪佳缘的商业模式设计中，其客户细分会同时包括平台的两个"边"——男性和女性。

1) 单边市场

单边市场仍旧停留在传统的产品逻辑中，其客户细分较为单一。比如，柯达的客户细分是摄影师以及摄影爱好者；诺基亚的客户细分是手机用户；汉王电纸书的客户是电纸书的阅读用户；吉列剃须刀的客户细分是习惯于用刀片剃须的男性用户……

在单边市场中，又存在两种典型的市场，即大众市场和小众市场。

大众市场与小众市场是相对于客户群体数量以及市场范围而言的。大众市场的客户群体数量较多，同时市场范围大，如照相机、香水、手机、笔记本电脑等产品面向的都是大众市场。与大众市场相对应的小众市场，客户群体数量有限，市场范围较小，如琵琶教学市场、瓷器收藏品市场、手办交易和交流市场等。

(1) 大众市场。大众市场通常面对的是大家耳熟能详的产品。其优点是市场大、用户数量多，在这个"池塘"里做生意的潜力和前景巨大。但相应地，其缺点也很明显：大众市场的市场空间大，处于其中的企业也就同时会面临较多的竞争对手，竞争往往容易陷入白热化和大量同质化的窘境。比如手机市场、汽车市场、数码相机市场等的大众市场中，企业之间的竞争是非常激烈的。

(2) 小众市场。小众市场通常面对的是有特殊需求或爱好的细分市场领域，如汉服爱好者、古钱币收藏爱好者、攀登爱好者市场。小众市场的用户数量与市场潜力都较大众市场小很多，但其优点是竞争对手较少，企业只要找到精准的市场定位，在确定的企业战略以及商业模式设计主题的基础上，实现成功的概率也较大。

2) 多边市场

在多边市场的构建中，企业面对的不只是一个"边"的细分客户，有时候需要同时解决不同消费者的需求。例如，滴滴出行搭接了出租车司机与出行用户，其客户细分就同时包括司机与出行用户；淘宝搭接了买家与卖家，客户细分就包括买家与卖家；世纪佳缘平台为男性与女性用户配对服务，其客户细分包括男性与女性。

2. 价值主张

价值主张回答的是第二个问题，即客户价值是什么？

在利益相关者理论中，价值是联接管理者与利益相关者的纽带，它告诉管理者该如何行商以及怎样的价值创造与价值获取过程。价值主张反映了核心企业商业模式的总目标，包括为利益相关者创造价值、满足顾客需求、创造消费者剩余并满足合作商的利润诉求。价值主张确定了顾客的损益，是商业模式与顾客联系最紧密的模块。

价值主张对应着价值创造视角下的"客户价值"要素。

价值主张是客户选择一家公司而放弃另一家的原因，它解决了客户的问题或满足其需求。每一个价值主张就是一个产品和(或)服务的组合，这一组合迎合了某一个客户群体的要求。从这个意义上说，价值主张就是一家公司为客户提供的利益集合或组合。

那么，一家公司的价值主张与公司愿景有什么区别吗？

公司愿景体现了企业家的立场和信仰，是企业最高管理者头脑中的一种概念，是这些最高管理者对企业未来的设想，是对"我们代表什么""我们希望成为怎样的企业"的持久性回答和承诺。

结合二者的定义可以发现，公司愿景是对内的，其针对的对象是企业员工；而价值主张是对外的，解释了为客户提供的利益集合或组合。

1) 创新

一句"让天下没有难做的生意"帮助阿里巴巴构建起线上的中小企业网上平台；滴滴出行实现了用户的"线上下单，线下出行"，其创新的价值主张是"用户线上出行解决方案"；抖音为短视频创作者提供了展示机会，将短视频带入了千家万户，其价值主张是"共享美好与价值"。创新的价值主张为企业弯道超车提供了可能。

2) 定制

乐高积木将产品设计端口完全打开，与客户共同设计玩具，更高的用户参与感增加了用户的黏性。更为重要的是，乐高积木的商业模式和价值主张为定制化设计积木提供了可能。乐高积木设计出来的汽车积木甚至可以以 30 迈的速度行驶，乐高积木设计出来的打印机可以打印纸张。定制化的价值主张，让乐高积木的产品变得更加有趣。

3) 功能

在手机可以拍摄照片和视频，甚至可以拍摄月球表面的时代，传统的数码相机还有市场么？

在摄影发烧友眼中，合适的拍摄器材仍然是相机而非手机。常拍人像的摄影爱好者偏向于购买佳能相机，喜欢拍景色的摄影爱好者更喜欢尼康相机。相比于手机拍摄，佳能、尼康相机配合不同的镜头，可以拍出更加清晰的、高品质的画面。数码相机的高品质拍摄功能是手机拍摄所不能比拟的。

4) 品牌

除了独特的口味之外，可口可乐得以销往全球的一个重要原因就是其广为人知的品牌。其价值主张是"自由、奔放、独立掌握自己命运"。人们在品尝可口可乐的时候，就会想起它的价值宣言。Coca-Cola 翻译成"可口可乐"，既可以反映其"可口"——好喝和"可乐"——开心的特点，同时与其价值主张极为匹配。

良好的价值主张及定位是可口可乐持续多年成为世界 500 强，并在全球销量不俗的重要原因。

5) 便利性/实用性

消费者的消费习惯是可以被培养的，但他们只能接受更加便利、实用且便宜的服务、产品或生活方式，反方向的引导是无效的。随着人们生活节奏的加快，年轻的工薪阶层的生活节奏越来越快，很多人会觉得出门买菜非常不方便。叮咚买菜的价值主张是"线上买菜解决方案"，为很多不想出门买菜、又嫌外卖不卫生、想要自己动手做饭的用户提供了机会。

6) 标准化

标准化可以解释为何肯德基、麦当劳可以开设在全球各地，而川菜、粤菜等风味菜馆很难做大。其中一个重要的原因就是，肯德基、麦当劳的服务和实物都是标准化的，可以给客户呈现出统一的形象而容易扩张；而大盘鸡、麻婆豆腐等菜品很难实现标准化，难于标准化的饭店就会依赖于厨师水平，从而影响到企业扩张。

3. 渠道通路

渠道通路回答第五个问题，即如何创造价值。

在商业领域，渠道通路指的是商品流通的路线，卖家通过相应的渠道可以将自己手中的产品送达用户手中。渠道通路可以回答为什么同样的商品，有的商家可以卖得价格更高、数量更多。如今火爆的兴趣电商之所以商品卖得更快、更多，就是因为那些大V主播周围聚集了更多具有相似爱好的用户，他们的销售渠道更优。

渠道通路对应着价值创造视角下的"价值网络"要素。

可口可乐的渠道分为传统渠道(TT)，现代渠道(MT)，餐饮(包括夜店)，特殊渠道(学校、网吧等)。各渠道的销量占总销量的比例分别为：传统渠道比重占40%，现代渠道占40%，特殊渠道与餐饮共占20%。

1) 渠道来源划分

(1) 传统渠道。传统渠道 TT(Traditional Trade)主要指农贸市场、杂货店、摊群市场、批发市场、街边个体店铺等。传统与现代的划分主要在于零售业态的形态方面。传统渠道还停留在简单的商业形态方面。

(2) 现代渠道。现代渠道 MT(Modern Trade)主要指大卖场、超市、便利店、专业店、专卖店、购物中心、百货商店、量贩店，甚至自动售货机等。

(3) 特殊渠道。特殊渠道简称特通，是企业在传统渠道和现代渠道之外寻找的其他特殊适合产品销售的渠道类型。特通的类型主要包括三种：

① 内向型特殊通路：如学校、军队、医院等。

② 外向型特殊通路：如飞机场、火车站、汽车站内售点、加油站自有连锁超市、公园、酒店、网吧等。

③ 专向型特殊通路：如婚宴、年节、团购等。

2) 渠道长短划分

(1) 传统长渠道。最常见的长渠道通路为："供应商→经销商(代理商)→零售商→消费者"。很多服装企业由于渠道通路较长，拥有较多的一级经销商、二级经销商、三级经销商，从而使产品在零售企业展示的价格大大高于出厂价。

传统长渠道适合于市场范围广阔的产品分销，尤其是那些需要通过层层分销达到三四线城市，甚至村镇，有赖于较长的渠道铺设的商品。

(2) 直销渠道。简单说，直销渠道就是厂家砍去了大量的经销商、代理商的中间环节以及零售商的终端摆售平台，直接面向消费者销售商品。采取直销的典型公司戴尔，正是通过渠道的创新，在短时间内超越了美国的电脑巨头 IBM。

3) 互联网渠道划分

(1) 线上渠道。以淘宝、拼多多、京东、当当网等为代表的企业，开了互联网线上渠道购物的先河，使网购方式与高铁、共享单车、移动支付并称为新四大发明。网购渠道的主要特点是：以消费者主动搜索为主，消费具有一定程度的主动性。

在网购平台之后，抖音、快手、微信视频号等平台开通了兴趣电商，他们以内容为基础，吸引有相同或相似喜好的用户进入直播间或者购物橱窗，通过视频以及直播的宣传，线上购物方式越来越火爆。与网购平台相比，兴趣电商平台更多的是被动消费，通过内容的宣传吸引消费者，促进消费者的消费欲望。

(2) 线上线下渠道。银泰百货是传统零售业态中的百货商店，主营服装、珠宝、手表、箱包等商品。然而，随着互联网的发展，银泰发现传统的线下渠道可接触到的线下用户市场有限，失去了大量的线上用户。因此，银泰百货推出了线上的"银泰网"，实行线上线下商品同价，以扩展商品的触达面。无独有偶，苏宁也适时推出了线上的"苏宁易购"，实现线上线下的双渠道经营。此外，美团、大众点评等平台也都是典型的线上线下渠道构建者。

4．客户关系

客户关系回答第六个问题，即如何为顾客传递价值？

客户关系模块描述的是一家企业针对某一个客户群体所建立的客户关系类型。企业之所以营利，能够给员工发工资，全部都来源于客户。因此，企业与客户之间的关系成为很多企业急需维护的最重要关系，"顾客就是上帝"这样的话也才成为很多商家的口号。

客户关系对应着价值创造视角下的"客户价值"要素。

很多人宁可在海底捞等待 2—3 个小时，也不愿意去隔壁餐厅，其原因便是海底捞为很多人所称道的服务。第一，海底捞会为过生日的小朋友唱生日快乐歌，并且送小朋友一个小玩具；第二，海底捞员工会主动向见到的客户打招呼；第三，每一桌客户都有好几个服务员服务，他们会用电子屏幕让消费者点餐，主动询问消费者是否需要手机套(防止手机被火锅酱汁溅到)，以及是否需要佩戴围脖，在那里饮料可以无限续杯，且每当服务员看到消费者的杯中饮料有所下降，就会主动为消费者续上饮料。

1) 私人服务

私人服务代表着一些企业的一对一业务对接。很多车主去 4S 店，都会有接单员一对一对接，他们会主动接待客户，为客户填好单号，引导客户去 4S 店的休息区。一对一的私人服务让车主们宾至如归，在等待修车的过程中，也可以有舒适的感觉。

2) 自助服务

与私人服务相对应，还有很多的自助服务企业。比如，肯德基、麦当劳点餐需要消费者自助在电子屏幕上选餐(或者扫描桌子上的二维码点餐)，然后等待叫号、取餐。无人超市则更加体现出自助服务的优势，消费者只需要扫描手机二维码，录入自己的信息，在超市内自助扫描，并拿取需要的商品，最后可以用手机结账，整个过程无需人工参与，便利且流畅。此外，还有很多超市都提供自助结算窗口，通常不需要排队，直接用支付宝或者微信等进行支付，以减少排队的焦虑，并且可以对排队人群进行有效的分流。

3) 社区(社群)

小米手机最为人所称道的就是他们的"米聊"社群。处于社群中的米粉可以将自己对手机的需求以及构想发布出来，由小米公司根据米聊社群中的大数据，进行消费者画像，进而生产更加符合"米粉"需求的个性化手机。

现如今越来越流行的兴趣电商，很多都是通过兴趣社群，将有共同爱好的消费者纳入到同一个流量池中，通过消费者感兴趣的内容传播，进一步宣传相关的商品，如李佳琦、李子柒等的直播销售。

4) 价值共创

小米手机通过米聊社群获取用户信息，同时通过用户反馈以及消费者画像的过程就是典型的价值共创。如前所述，乐高积木允许用户参与到产品的设计中，如果设计的玩具款式可以得到市场的认可并获得不错的销售额，还会给参与设计的用户一定程度的返利，实现真正意义上的价值共创。

5. 收入模式

收入模式回答了第八个问题，即我们如何从中赚钱？

收入模式解释了企业如何赚钱的问题。收入模式告诉我们企业如何对创造出来的价值进行回收。收入模式研究可以进一步揭开为什么一些企业采取对大多数客户免费，对有附加服务要求的客户收费的模式(如人人网)；为什么有的企业只面向高端客户(如劳力士)，而有的企业却是薄利多销的经营模式(如沃尔玛)。

收入模式包括两个方面：收入来源和赢利点。简单地说，收入来源就是收入来自哪里，收入模式的构成是怎样的？赢利点表示企业的定价机制。

如果说客户构成了一个商业模式的心脏，那么收益模式便是该商业模式的动脉。一家企业需要自问，每一个客户群体真正愿意为之买单的究竟是什么？成功地回答这一问题可以使企业在每一个客户群体中获得一两个收益来源。每一个收益来源中可能包含不同的价格机制(赢利点)，比如固定目录价、议价、竞价、浮动定价。

1) 创造收入来源的方式

(1) 产品销售。产品销售是创造收益最常见的方式。众多的传统企业都以产品销售作为收入来源。比如诺基亚靠手机的产品销售营利，汉王科技靠汉王电纸书销售营利，柯达靠数码相机销售营利。

(2) 广告收益。随着互联网的发展，出现了以门户网站为代表的 360、搜狐等门户平台，以搜狗搜索、百度搜索等为代表的搜索引擎，以淘宝、京东、拼多多为代表的购物网站，以及抖音、快手、火山视频等短视频平台。

门户网站可以通过网盟广告营利，搜索引擎公司除去可以通过网盟广告营利，还可以通过竞价搜索收费以及品牌广告营利，购物网站可以通过竞价排名收费，短视频平台可以通过开屏广告等收费。广告收益逐渐成为互联网企业的重要收入来源。

(3) 会员费。众多的零售企业都在通过会员费营利，成为企业会员购物可以打折，而企业可以通过会员的预存款进行互联网金融赚钱，并且通过会员卡可以实现消费者的多次复购。众多的视频网站，如腾讯视频、爱奇艺视频、优酷视频以及百度文库等仍旧习惯于通过会员费赚取利润。

(4) 租赁或使用费用。共享单车改变了传统自行车销售的收入模式。传统自行车仍旧停留在产品逻辑中，以自行车实物销售为利润来源。共享单车改变了收入来源，他们需要共享单车的使用者在账户中存入一定的订金(100 元至 200 元)，然后根据行程收取租金。收入来源的改变，改变了人们的出行习惯，很多人出行不再选择购买自行车，而是随时到共享单车租赁点租赁自行车使用。如今，众多流行的民宿企业仍旧把房屋租赁费作为重要的收入来源。

(5) 许可使用费。在知识产权集中的行业，这种许可使用费是一种常见的收入来源。

比如小说、密室逃脱或者剧本杀的版权。有人在获取《甄嬛传》《三体》的网络使用费，在网络上获取大量的收益。如今世界各地都可以买到的可口可乐中，绝大多数都不是可口可乐公司生产的，众多的可乐销售公司获取了可口可乐的特许经营权，每卖出一瓶可乐，可口可乐公司都可以收到一笔相应的许可使用费。

(6) 经纪人佣金。还有一种重要的收入来源，来自于经纪人的佣金。链家、我爱我家、豪世华邦等房地产中介公司都是以成交房产的固定比例收取佣金，房子卖得价格越高，中介赚的佣金越高。

2) 价格机制(营利点)

(1) 固定目录价。有些情形下的商品价格是不能变动的。比如有的超市对于部分消费者价格不敏感的商品采取稳定的价格策略，一些商品的价格恒定，且不能讨价还价。

(2) 议价。有一些场合的商品是可以议价的，通过议价可以增加消费者购物的积极性，让懂产品的消费者获得更多的消费者剩余，商家从不懂商品的消费者手中赚取更多的利润。差别定价的方式有利于获取更多的利润。

(3) 竞价。还有一些公司采取竞价销售的方式营利，如做线上拍卖的微拍堂、华夏等公司。在拍卖的过程中，消费者轮流出价，价高者得。

(4) 浮动定价。还有一部分的商品采取浮动定价的方式，即在适合促销的时候降低商品价格，平时提高价格(市场浮动定价)。还有一些商品会针对不同消费者在不同时期采取差别定价。比如苹果手机 iPhone 4 刚发行的时候很贵(卖给发烧友高价)，而在几个月后降低价格售卖(卖给普通手机用户较低的价格)。浮动定价有利于获取更多的利润。

6. 核心资源

核心资源回答了第四个问题，即我们的竞争优势是什么？

根据内生成长理论，企业成长的源泉是企业的能力，而企业的能力来源于企业所拥有的核心资源。因此，核心资源是价值创造的源泉。一个企业所拥有的核心资源，是其竞争优势的来源，也是企业能够拥有核心竞争力的前提；其次，通过不同组织模块间的协作、创新与竞争，价值网络聚集各个成员的优势资源，将各种能力要素协同在同一个虚拟的网络平台中可以产生新的竞争优势，增强竞争力。而差异化与成本优势是保持企业竞争优势的两个重要方面。以核心资源为基础，建立在价值网络基础上的关键活动，是企业价值创造的核心。

核心资源可以解释为何莫干山风景区下会有那么多的民宿？杭州龙井村为什么可以通过卖茶叶赚到其他地方赚不到的利润？可口可乐的味道完全可以被模仿，但为何可口可乐的市场地位无法被撼动？

核心资源要素对应着价值创造视角下的资源禀赋要素。

核心资源可以分为如下几类：

(1) 实物资源。实物资源较好理解，包括不动产、生产设备、机器、设备、车辆等实物。很多公司都有着大量的实物资源。比如，在如今房价较高的情形下，房地产就成为了很多公司的重要资产，一些民宿企业就是依托其所处地点的房地产，通过房地产租赁营利。

(2) 知识性资源。随着时代的发展，人们越来越重视版权、品牌、专利权、著作权等知识性资源的重要性。在短视频平台中，哔哩哔哩比较注重版权，保护 UP 主原创视频；

微信公众号提供了"原创"推文功能，同样注重原创版权的重要性。随着人们物质生活的发展，物质方面的生活与生产资料极大地丰富，人们有几十年穿不完的服装，但很多人在精神生活、娱乐等方面都较为空虚。人们越来越发现知识性资源在生活中的重要性，版权、专利、原创等逐渐成为众多企业注重且赖以发展的核心资源。

(3) 人力资源。有句话说得好，21 世纪最重要的资源就是人才。正因为有了蔡崇信的加入，有了孙正义的投资以及 18 罗汉的加持，阿里巴巴才成为了如今 BAT 三巨头之一；正因为吸引了全世界的人才，华为才能在 5G 技术领域处于领先地位。人力资源成为一些企业的制胜法宝。

(4) 金融资源。与人力资源相对应，金融资源代表了一个公司的经济软实力。具有较强金融资源的公司有实力融资到更多的资金，从而为企业发展和扩张提供更多的支持。

7. 关键业务

关键业务同样回答了第五个问题，即如何创造价值？

关键活动描述企业运营与管理模式，是价值创造的执行过程。关键活动包括企业的一些周期性的任务，如训练、发展、制造、预算、计划、销售、服务以及条例、规则和规范，它们配合企业的资源模式共同进行价值创造活动。

关键业务这个模块描述的是保障其商业模式正常运行所需做的最重要的事情。

关键业务可以分为如下几类：

(1) 生产。众多的产品型企业仍旧需要生产和销售商品。比如，柯达、诺基亚、乐高等这样的产品型企业，生产是最重要的关键业务。

(2) 解决方案。有些公司的商业模式设计就是为解决问题的。比如，艾博医疗保健中心是做体检服务的，世纪佳缘是男女婚恋解决方案平台，滴滴出行是人们的线上出行解决方案提供平台。此外，培训公司等服务型机构都需要为客户提供问题的解决方案。

(3) 平台/网络。苹果手机商业模式成功的重要原因就是将原本的产品逻辑转变为平台逻辑。淘宝、拼多多、抖音、快手、喜马拉雅、滴滴出行等产品大获成功的重要原因就是建构起了平台。淘宝(拼多多)搭接了买家和卖家，抖音(快手)连接了视频的创作者以及观看者，喜马拉雅搭接了音频的创作者和收听者，滴滴出行连接了司机和有出行需求的用户。

构建平台的最大优势是可以让更多人参与到交易中，形成规模经济，从而让每一个参与其中的人受益，同时，通过构建平台可以在极大程度上减少信息不对称。

8. 合作伙伴

合作伙伴回答了第六个问题，即如何为顾客传递价值？

合作伙伴这个模块描述的是保证一个商业模式顺利运行所需的供应商和合作伙伴网络。相比于其他商业模式要素，如价值主张、客户细分、收入模式、关键业务、客户关系、核心资源等，合作伙伴是为数不多的面向企业外部的要素。

合作伙伴的存在，可以源源不断地为企业的经营与发展提供更多的助力。任何公司自身都会存在短板，只有同外部公司建立有效的合作关系，才能与合作伙伴共同做大蛋糕，形成"1＋1＞2"的效果。

正如很多学者所说，企业商业模式是跨越组织边界的。合作伙伴对应着价值创造视角下的价值网络要素，它与渠道通路共同构成了一个企业商业模式对外的部分。

9. 成本结构

成本结构回答了商业模式的第七个问题，即成本结构是怎样的？

在商业模式中，成本结构起着承上启下的作用。首先，良好的成本结构可以使顾客价值主张切实可行。其次，良好的成本结构是企业可持续竞争优势的保障。最后，收入模式是建立在成本结构的特征上的，成本结构是收入模式的基础。

成本结构包括两种：固定成本和可变成本。

1) 固定成本

不因产品及服务的产量而改变的成本，包括员工工资、租金、生产设备。根据企业业务的不同，其固定成本所占比例也有所不同。在很多情形下，固定成本成为了压倒很多企业的最后一根稻草。比如在疫情背景下，迪士尼集团的客户大幅度减少，而每个月的员工工资、设备维护费用等并未减少。在不得已的情形下，迪士尼宣布暂停发放工资。

2) 可变成本

与固定成本相对应，还有一类成本会随着产品及服务的产量变化而同比例变化，这类成本被称作可变成本。比如，生产相机的柯达公司每生产一台新的相机，都会同比例产生相应的生产成本。可变成本对于产品型公司是尤为常见的。

在企业成本中，固定成本与可变成本的构成比例可以在很大程度上左右企业能走多远。风味菜馆(如川菜、粤菜)难以做大的一个很重要的原因就是每开一家分店都需要重新租房(买房)而付出相应的固定成本，而食材这种可变成本会随着生意的做大而不断增长。居高不下的可变成本会成为企业的一大负担；而软件咨询公司根据大数据设计出财务软件，就可以将一套软件在不同企业用户(高校用户)之间不断地售卖，其固定成本就是设计财务软件的成本，而每销售一套软件所带来的可变成本(人工成本)是非常低的，这种商业模式的可持续性就非常高。

固定成本与可变成本的构成比例还可以解释为什么在国内线上店铺比线下门店更加好做。除去发达、便利的物流体系加持之外，线下门店需要不断地付出房租、水电等固定成本，而线上店铺只需要在建立门店初期追加固定成本，当粉丝量达到一定程度之后，形成了规模效应的线上店铺就会自动吸粉，其运营产生的边际成本(可变成本)仅仅是人工成本，大大降低了的可变成本使得线上店铺相较于线下门店而拥有了更多的成本优势。

2.2.3　商业模式要素之间的动态一致性

商业模式要素之间的动态一致性指的是在改变现有商业模式的情况下，企业构建和维持绩效的能力。商业模式与核心要素之间的交互作用关系是联系在一起的。

"要素—结构—功能"的商业模式设计思想认为，商业模式要素以及要素之间的相互关系是一个商业模式得以运营的基础。类似于商业模式要素概念，商业模式是由许多互相依存的"板块"构成的，这些板块中的某一个发生改变，都会引起其他板块发生变化，这种板块之间的相互依存关系，被称作互依型动力。商业模式要素间的这种互相作用关系，称为商业模式要素的耦合，他们会显著地影响绩效。商业模式要素间的匹配或互依关系是商业模式演进的内部驱动力以及衡量商业模式设计好坏的重要标准。

　　商业模式是一个复杂的系统，商业模式类型及性状决定于商业模式要素组合，包括商业模式要素以及商业模式要素之间的关系。商业模式要素间的互依和一致性，会显著影响企业绩效。"动态一致性"指一个企业改变自身商业模式(要素间匹配性)，同时构建和维持可持续绩效(要素对绩效的综合贡献度)的能力。

案例 2.2

廉价航空公司商业模式要素之间的动态一致性

　　廉价航空公司(Budget airline company)又称为低成本航空公司或低价航空公司，指的是通过取消一些传统航空乘客服务，将营运成本控制得比一般航空公司更低，从而可以长期提供大量便宜票价的航空公司。

　　如图 2.5 所示的廉价航空公司的商业模式画布，顾名思义，廉价航空公司的特点就是机票廉价。因此，廉价航空公司的商业模式要素中，最核心的就是成本结构，商业模式构建的一切要素都需要围绕成本结构展开。由于客户细分是"控制预算的旅行者"，体现在价值主张上就是"廉价机票"以及"不提供机上饮食"。"快速来回"的关键业务可以让飞机多跑几趟以提高效率，同时可以更好地提供廉价机票和降低运营成本。核心资源的"单一机型"同样可以降低成本。同时，停泊费较低的机场同样可以满足廉价机票的需要。

图 2.5　廉价航空的商业模式画布

　　廉价航空公司的核心就是低成本，各个要素都围绕低成本服务。围绕廉价航空公司各个要素之间的动态交互关系，可以绘制廉价航空的商业模式要素互动图(如图 2.6 所示)。从图 2.6 中可以看到，建构廉价航空公司商业模式的最核心要素不仅包括成本结构，还包括价值主张。共有四条价值链路是指向价值主张的，线路分别来自客户细分、关键业务与核心资源；同时，还有两条价值链路指向成本结构，线路分别来自于关键业务和核心资源。

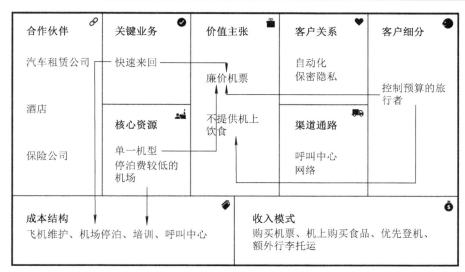

图 2.6　廉价航空的商业模式要素互动图

　　因此，我们可以发现，廉价航空公司商业模式的关键是通过价值主张与成本结构相互配合，从而最大程度压低公司运营成本。

　　如果说价值主张和成本结构是构建廉价航空公司贫乏型商业模式的核心要素，那么，关键业务和核心资源则是具体商业模式的执行者，多方共同为客户细分服务。从图 2.6 可以看出，该公司要素之间的动态一致性非常高(有六条重要的价值链链路)，因此其效率为中心的商业模式设计主体得到了非常好的体现。

　　总之，评估企业商业模式要素之间的动态一致性是衡量一个企业商业模式好坏的重要参考之一。好的要素动态一致性可以形成"1＋1＞2"的合力，进而爆发出商业模式的潜力；而不良的商业模式要素间动态一致性则会导致要素之间相互掣肘，降低商业模式的整体呈现效果。

本章课件资源

第3章 商业模式分类

如今，数不清的新商业模式不断涌现。旧的产业在崩塌，全新的产业在形成。不断涌现的新商业模式正在挑战保守的旧模式，而这些旧模式中有一部分也在脱胎换骨后完成重塑。

很多企业在经营管理实务中陷入困惑，他们虽然听说过商业模式，对于商业模式，也可以说出一二，但他们不知道具体有哪些类型的商业模式，不同商业模式有怎样的特点和区别，也不知道自己的公司应该设计怎样的商业模式。

同时，学界对于商业模式类型的研究至今莫衷一是。部分学者对商业模式分类进行了有益的探索，但正如商业模式概念一样，不同视角下的分类所得出的分类结果是大不相同的。商业模式领域的实践明显走在了学术研究的前面。学术研究是严谨的，对于未经证实的分类需要一步步的论证，同时，学术研究的边界与企业不同，并非所有对企业有用的分类在学术角度都是有意义的。在商业模式类型学研究方面，学术与企业实践无法统一的问题，始终存在。

很多企业都是摸着石头过河，他们即使正在运用一些商业模式，也难以说出其所以然。因此，有必要结合企业经营管理实践以及学界的一些观点，整理出全面且实用的商业模式分类。

随着互联网的高速发展，企业之间的边界开始模糊，企业之间的竞争也逐渐转化为以某个核心企业为主导的商业生态圈之间的竞争。根据商业生态圈中企业所处的位置(单一生态位分类和多生态位分类)，以及商业模式的内部结构视角，可以归纳出 11 大类的商业模式类型。

不同的商业模式类型仅仅代表从不同视角得出的结果，他们之间并非彼此排斥的关系，同一企业也可能同时运用几种不同类型的商业模式。

3.1 组织生态学视角下的单一生态位分类

3.1.1 多方交易的集散地——平台商业模式

自古以来，企业之间为了抢夺有限的资源，拼品牌、拼产品质量，不得不陷入大规模的同质化商战中，如轰轰烈烈的价格战、以质取胜的科技战等。究其原因，企业在面向同一行业以及这一行业的同一群潜在客户时，"蛋糕"的总量是一定的，企业之间的博弈更加接近于"零和博弈"，处于"不是东风压倒西风，就是西风压倒东风"的局势中。

但互联网的快速发展，改变了这一传统逻辑。

企业之间的商战已经不再仅仅停留在某一具体行业，竞争对手可能来自完全不同的行业。商战甚至已经演进成属于不同联盟的商业生态圈之间的大混战。比如，移动端的手机终端商、软件开发商、电信运营商、内容提供商等全面加入战局，每家企业都想在利润池中捞得属于自己的一杯羹。手机也有了种种原本无法想象的功能，线上买菜、投资、打游戏、买电影票，电子钱包，甚至房门钥匙等。现代人的手机就好似机器猫的口袋，可以从中掏出各种工具包，甚至于每个人都可以个性化 DIY 设计自己的手机 App，没有两个人的手机是完全相同的。

以上这一切的改变都是由平台带来的，加速这些改变的就是处于其中的核心逻辑——平台商业模式。

1．平台商业模式概念

平台是连接两个或多个参与方，通过同边网络效应和跨边网络效应使多个参与方不断壮大的组织。平台是一种可以让参与到其中的各方均从中受益的机构。它沟通了卖方与买方，其中平台的买方参与者拥有拥挤效应，新的来访者会受到买方黏性的影响进而影响到整个平台的运营。另一种观点认为，平台企业是一种全新的网络化的现代综合服务商，它为参与各方提供支付服务、交易服务、信用服务、数据服务、信息服务等。因此，平台是网络经济背景下的一种新型综合服务机构，它为参与到平台上的双方或多方参与者提供服务；搭载在平台上的参与各方通过同边或跨边网络效应从中受益，并通过平台不断壮大。

> ## 案例 3.1

商界鬼才吕不韦如此做生意

在我国的战国末期，有一位著名的商界鬼才——吕不韦。年幼的时候，他曾经一本正经地问父亲，种地能收获多少利润？他父亲说，十倍的利润。吕不韦接着问，那贩卖珠宝呢？他父亲说，百倍的利润。吕不韦若有所思，接着问，如果我能将一个人辅佐为一国的君主，又能收获多少利润呢？他父亲说，无数倍的利润。于是，在幼年的吕不韦心中就已经树立起一个宏大的理想，要为赚无数倍的利润而努力。

当然，经商家庭的吕不韦还是有些家底的。他长大后首先从事珠宝生意，赚到了他父亲当年所说的百倍的利润。之后，他开始打听，哪个国家有质子流落他乡(质子是其他国家国君的儿子。在春秋战国那个混战的年代，两个国家为了签订和平协议，通常会交换彼此国君的儿子到另一个国家做人质，以此获取彼此的信任)。经过一段时间的了解，他将目光锁定在沦落赵国的秦王质子异人身上。异人是当时秦国国君的孙子，异人的父亲是秦国的太子安国君。

然而，安国君有很多儿子，在安国君身边，异人是那么的不起眼，是不太受安国君喜欢的儿子。也正是由于异人不受安国君的宠爱，才会成为秦国在赵国的质子。身处赵国的异人处处受到赵国人的歧视，虽然身份尊贵，但居住环境简陋，身上没有太多的钱，每天都过着战战兢兢的生活。于是，大方的吕不韦结识了异人这位落魄公子。吕不韦很有钱，时不时在生活上资助异人，帮助异人改善生活。很快，两个人结成了好友。在一次看似不经意的聊天中，吕不韦问异人，您有想过要争取秦国未来的继承人身份么？异人听罢一愣，转而淡淡地说，根本不可能的，我父王有那么多儿子，继承人是无论如何都不会轮到我的。吕不韦接着问，那如果我能帮到您呢？异人眼睛闪着光，激动地握着吕不韦的双手说，如果真的有机会让我成为未来的太子，那当我继位之后，将让您担任丞相，您将成为秦国一人之下，万人之上的人，两人于是一拍即合。

不久后的一天，吕不韦安排异人参加了一场宴会，宴会上安排了一名美女跳舞。注意到异人目不转睛地看着跳舞的美女，吕不韦轻声地耳语问道，如果把这位舞者送给您，您会喜欢么？异人欣然答应。吕不韦于是把美女送给了异人(那位美女其实是吕不韦的小妾)。从此，吕不韦与异人之间的关系就更进一步，成为密友。

过了些日子，吕不韦就出发去了秦国，去秦国后首先找的是阳泉君——华阳夫人的弟弟，吕不韦对阳泉君说道：现在大人位高权重，府中家仆无数，无数名士也投奔大人府上，而大人的姐姐贵为太子宠妃，日后一定能成为王后。但不知大人是否想过，现在大人的姐姐还无子嗣，即便成为王后，一旦其夫君百年之后，她一定会因为失去了依靠而遭人冷落，而且长王孙子傒一直对王位虎视眈眈，万一他日以此为借口谋反，一定会是朝廷大乱，大人也会因此受到排挤。阳泉君听罢问他：先生有何高见。吕不韦说道，华阳夫人现在虽无子嗣，但她可过继一位德才兼备的后辈当义子，到时此子继承安国君王位，就可以断了子傒等人的觊觎之心，大人不也可以高枕无忧了吗？经过一番劝说后，阳泉君被说服。

被说服后的阳泉君则进宫劝说华阳夫人，大概意思就是，姐姐当下受宠，若干年后，年老色衰，安国君不会再宠她，唯有立嗣子才能在安国君生前生后不会失势、永保富贵。一番劝说下，华阳夫人决定听从弟弟的建议，打算立异人为嗣子。

说服了华阳夫人后，华阳夫人在第二天的晚宴后跟安国君不经意提起在异国的异人，又运用苦情戏，哭啼啼地说道："臣妾有幸能服侍陛下，遗憾没有儿子，不能给您添香火，这是臣妾的不贤惠，臣妾怕年老色衰时，您不再宠爱臣妾，而臣妾膝下无子，什么依靠都没有。"安国君说道："你可以从我儿子中挑选一个，不管你选哪一个，我都立他为嫡长子，以后立为太子，不管是谁，都一定会感激你的。"华阳夫人推荐了异人，安国君答应了。

口说无凭，华阳夫人要求立字为证，无奈之下，安国君只好和华阳夫人刻下玉符，立异人为继承人。

之后，吕不韦花重金打通关节送异人回国，等到秦昭襄王去世后，安国君继位为秦孝文王，秦孝文王在位仅仅3天就去世了，紧接着就轮到异人继位，就是后来的秦庄襄王。继位后的秦庄襄王果然履行承诺，拜吕不韦为秦国的相邦(丞相)。

吕不韦的所作所为在如今的角度看，其实就是构建了一个平台，平台的一边是居住在赵国的秦质子异人，另一边是秦王最爱的老婆华阳夫人，如图3.1所示。

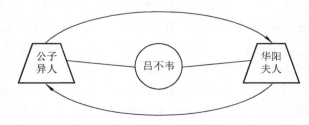

图3.1　吕不韦搭接的平台

公子异人虽然身份尊贵，但安国君儿子非常多，而且异人身处赵国做质子，成为未来秦国继承人的机会渺茫。华阳夫人呢？虽然受到秦国国君的喜爱，但她无子嗣。在那个母凭子贵，子凭母贵的时代，如果华阳夫人没有子嗣，在安国君百年之后，华阳夫人也就失去了权势。平台的两个边都有缺憾。

但吕不韦将二者联系起来，情形就大不相同了。公子异人可以通过华阳夫人直接越过安国君众多的子嗣成为继承人；同时，将异人过继给华阳夫人，华阳夫人也不用担心未来失去权势了。原本都互有缺憾的两个人，在吕不韦的帮助下都弥补了缺憾而达成了目标。在整个过程中，吕不韦就是中间搭接的平台，而这个平台的概念就是平台商业模式建构的基础。

与传统商业模式不同，平台商业模式增加了平台企业这一核心要素，平台商业模式通过联结用户、广告商，以及第三方供应商，通过补贴和被补贴的机制，协调参与各方的利益。

不同的平台企业分类方法虽然研究视角不同，但都为描述并深入刻画平台提供了有益的参考，彼此之间是统一的。其中，根据市场参与者多少的平台划分有利于从价值角度深入理解平台商业模式的运作机理，为我们揭示平台商业模式的时间、空间转化机制。

2. 平台商业模式分类

1) 根据平台市场的参与者数量划分

根据平台参与者的数量，可以将平台分为双边平台、多边平台市场两种。代表性的双边平台有淘宝。淘宝为买方和卖方提供了便捷支付的交易平台。一方面，通过阿里旺旺无障碍沟通卖方与买方；另一方面，以支付宝为代表的第三方支付平台为淘宝的安全支付保驾护航。以苹果 IOS 操作系统为代表的多边平台搭载了消费者、技术提供者以及广大的App 供应企业。第一，苹果通过购买技术企业的专利，同时通过自主研发创新，集多种高新技术于一身，完成了价值创造。第二，通过对广大 App 厂商的资格认定，选择部分有资质的 App 供应商搭载在苹果产品平台上，为用户提供超出其预期的服务体验。第三，苹果IOS 操作系统平台通过与技术厂商的技术集成，允许广大通过认证的 App 搭载在其平台上，集中为用户服务。

(1) 双边平台商业模式。双边平台商业模式将商业模式嫁接到双边平台市场上，是商业模式在双边平台市场中的应用。双边平台商业模式通过产品或服务连接了平台两边的参与者，交易的双方通过某种协议，在平台上顺利完成交易。比如，游戏平台企业向游戏软件开发商收取较高的接入费使其能在平台上展出，却让广大消费者免费下载此游戏。不同于传统的单边市场，双边市场是一种"哑铃"型的市场结构，双边市场同时向平台两端用户销售具有相互依赖性和互补性的产品或服务。

> **案例 3.2**

世纪佳缘的双边平台商业模式

随着房价高涨、生活节奏的加快，以及人们受教育水平的提高，就业延迟等现象涌现，出现了越来越多的剩男剩女。这个现象的产生有着多方面的因素，但就现实中，一个非常重要的阻碍单身男女脱单的问题就是人们的社交圈子普遍较窄，很难在周围的小圈子里找到适合自己的另一半。

换句话说，阻碍单身男女结婚的现实问题就是很难认识到足够多的人，从而在茫茫人海中精确地寻找到满足自己择偶标准的另一半。

为解决单身男女的择偶问题，世纪佳缘的双边平台商业模式提供了方案，如图 3.2 所示。平台通过宣传，从各个渠道获取了大量单身男女青年的信息。同时，通过大数据的匹配，安排数量众多的线下相亲活动(包括一对一的相亲以及多人团体活动)，从概率上解决了单身男女相亲的问题。

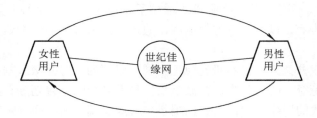

图 3.2　世纪佳缘的双边平台商业模式

(2) 多边平台商业模式。多边平台商业模式是将商业模式运用到多边平台市场上的模式。多边平台商业模式是将两个或两个以上有明显区别但又相互依赖的客户群体集合在一起。只有相关的多个客户群体同时存在的时候，平台才具有价值。多边平台通过促进各方参与者群体之间的互动来创造价值。随着多边平台模式的建立与推广，平台经历了"共创→共生→共享→共赢"四个发展阶段。苏宁通过苏宁易购和传统门店线上线下的渠道与资源整合，使得综合连锁零售商与互联网零售商等多边平台完美融合。

2) 根据平台的开放程度划分

根据开放程度，可以将平台分为开放平台、封闭平台和垄断平台。代表性的开放平台有安卓操作系统平台。安卓操作系统为广大 App 供应商提供免费搭载服务，用户可以不经付费就使用搭载在安卓操作系统平台上的任一款 App。开放的平台可以让用户享受到更多的免费服务，但因为对 App 厂商资质不加甄别，增加了用户鉴别 App 质量的难度，在一定程度上降低了用户体验。代表性的封闭平台有塞班操作系统，该平台完全自行开发 App，由于单个企业的研发能力有限，大大限制了塞班操作系统平台上 App 的数量和质量，大大降低了用户体验。以苹果 IOS 操作系统平台为代表的垄断平台，通过审核相关 App 厂商的资质，仅保留那些通过审核的 App。这种模式一方面降低了用户鉴别 App 的难度，提升了用户体验；另一方面也要求苹果用户必须为下载 App 服务支付额外的费用。

或者，简单将其划分为开放型平台商业模式与半开放型平台商业模式两大类。

(1) 开放型平台商业模式。通常情况下，平台领导企业会构建所谓的"用户过滤系统"，将不符合准则的市场参与者排除在平台商业生态系统之外。

开放型平台商业模式指的是平台领导企业对于平台的参与者仅仅通过"中立的机制选择"即可以纳入到平台商业生态系统中，共同构建平台的一种平台商业模式。

（2）半开放型平台商业模式。与开放型平台商业模式不同，半开放型平台商业模式中的平台领导企业会亲自挑选搭配的成员。在这种模式中，平台企业已失去其固有的中立性，平台市场的参与者最多算是供货商或者合作企业，而不能称作是平台的一个"边"。

案例 3.3

谷歌安卓系统的多边平台商业模式

与诺基亚的塞班系统、苹果的 IOS 系统并驾齐驱的是谷歌的安卓手机操作系统。三种手机的操作系统中，只有诺基亚的塞班系统是完全封闭，不接受企业外部软件开发商的App（App 是应用"application"的简写）入驻的，也正是因此，在与 IOS 和安卓系统的竞争中，塞班败下阵来。

塞班失败在哪里呢？最核心的一点在于，IOS 和安卓的操作系统都将手机打造成了一个兼容并蓄的平台，该平台可以兼容成百上千家软件开发商设计的 App。软件开发商设计的 App 之间自有竞争，择优上岗，这一点为手机的功能提供了"无限可能"。

不过，安卓操作系统与 IOS 操作系统之间也还是有着众多的差别的。其中最重要的差别是，安卓操作系统不会主动筛选平台参与者，他们对"手机制造商"这一边采取了高度开放的策略，与许多知名大厂合作；苹果 IOS 操作系统是半开放的，他们要求搭载到苹果手机上的 App 必须经过苹果公司审核，坚持为苹果手机用户提供质优的 App 服务。IOS 操作系统构建的平台与安卓平台商业模式的核心差异是虽然都有"用户过滤系统"，但安卓不会主动挑选市场参与方，只要通过相当开放的申请条件，就可以加入到商业生态系统中。IOS 的生态系统则不同，IOS 的硬件具有统一规格，苹果自己把关制造程序以及参与到生态系统中的 App 供应商。

图 3.3 中展示的就是谷歌安卓系统的多边平台商业模式。从图中可以看出，安卓操作系统将广告商、终端制造商、手机用户以及软件开发商聚集到一个统一平台上，共同构成了由四方参与的多边平台商业模式。

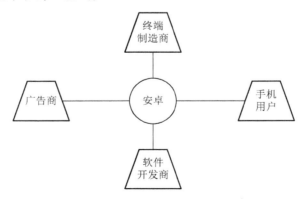

图 3.3　谷歌安卓系统的多边平台商业模式

苹果的硬件方面并未对外开放，如图 3.4 所示，因此，其手机终端不能称作是一个"边"。

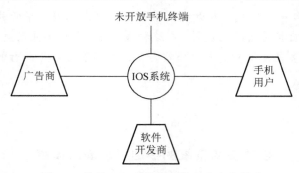

图 3.4　苹果 IOS 系统的多边平台商业模式

要想深入平台商业模式的概念，首先需要搞清楚，什么是网络效应。

3. 网络效应

1) 网络效应的概念

网络效应是一个平台企业的典型特征。在一个平台形成的初期，网络效应可以聚集各方参与者，使一个平台迅速扩张，形成一定的规模。

网络效应通常存在于由互补产品构成的网络中，由于网络效应的存在，平台会吸引更多的市场参与者加入。网络效应通过协同不同的用户，为双边关系带来了无限增值的可能。在平台市场上，某一边的用户行为会对同一边的用户行为产生影响，同时也会对另一边的用户行为施加影响，这是网络效应的典型特征。因此，网络效应是这样一种现象：随着用户数量的增加，用户消费某物品的效用也会随之增加，它会对平台参与各方均带来无线增值的可能。

2) 网络效应的分类

分类一：同边网络效应与跨边网络效应(见图 3.5)。根据平台参与的用户类型，网络效应分为同边网络效应和跨边网络效应两种。这种分类方法是基于市场参与者在平台交易中的交易角色进行的。

同边网络效应是指平台企业某一边市场的用户规模会影响其他用户在该边市场得到的效用，如需求边买方这边人数越多，对买方的吸引力越大。为了更好地理解同边网络效应，可以参考 Office 用户的例子：苹果操作系统因简单方便而吸引人，但不少用户还是为了和其他用户兼容性更好而选择 Windows 系统。再比如彩票，购买彩票的人数越多，奖池中的金额就越高，相应的中奖收益也就越高，这也刺激了更多人购买彩票。

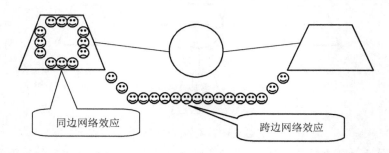

图 3.5　同边网络效应与跨边网络效应

案例 3.4

滴滴出行的平台商业模式

滴滴出行平台(又叫"北京小桔科技有限公司")业务涵盖线上出租车、专车、快车、顺风车等，2015 年 9 月 9 日由"滴滴打车"更名而来。滴滴出行的商业模式内容创新复杂，业务创新顺序由"出租车→专车→快车→顺风车"的顺序进行。平台以线上出租车为业务切入口，逐步扩展业务。

刚开始，滴滴出行平台尝试联系北京各大出租车公司，但出租车公司对于陌生现象不熟悉，又担心会产生法律、规制风险，没有一家出租车公司愿意同滴滴出行平台合作。滴滴出行平台于是"向下找"，寻求司机的合作。

出租车司机如果和平台合作，可以接到更多的单子。同时，由于合作是个人行为，出租车司机并没有出租车公司那么大的顾虑，于是，越来越多的出租车公司加入到平台中。逐渐地，出租车司机端开始触发同边网络效应——司机使用线上出租车业务，可以接到更多的线上单子，增加了收入。于是，司机开始向自己身边的同行主动宣传，越来越多的出租车司机自觉自愿地加入，平台上的出租车司机越来越多。

另一方面，越来越多的线上出租车司机，刺激平台另一边的用户开始尝试线上叫车业务(毕竟线上叫车很方便，尤其是线上出租车司机达到一定规模以后，线上下单一会儿，很快就可以叫到出租车)，触发了用户端的跨边网络效应。当两端的用户(线上出租车端和线上出行用户端)达到一定数量以后，滴滴出行平台的线上出租车业务就得到了发展而迅速传播到大江南北(见图 3.6)。

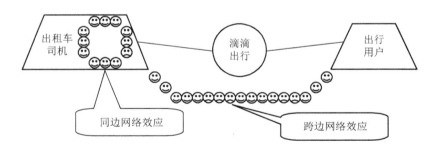

图 3.6　滴滴出行的同边网络效应与跨边网络效应

跨边网络效应是指平台企业某一边市场的用户规模会影响其他边市场中用户在该边市场得到的效用，如平台上买方越多，对卖方吸引力越大。比如银联能否取代 Visa 的关键在于海外商户是否接纳银联，同时海外购物的中国消费者是否坚持使用银联卡；如果海外商户不接受银联卡，而中国消费者也默认海外购物必备 Visa，那么银联前途堪忧。相反，中国消费者坚持使用银联卡，不能刷就放弃消费，一段时间后，银联的普及率就会大大提高。

供给边先通过跨边网络效应，吸引需求边的用户，而供给边自身通过同边网络效应，聚集供给方。同时，需求边通过跨边网络效应，吸引供给边成员加入。如此形成网络效应的良性循环，帮助完成平台生态系统的原始积累过程。

分类二：正面网络效应和负面网络效应。正向网络效应指某一边效用增加，影响到平台的另一边或多个边效用增加，进而带来平台网络效应的"正向循环"的过程。相对应地，某一边效用减少，影响到平台的另一边或多个边效用减少，进而带来平台网络效应的"负向循环"的过程被称为负向网络效应。

平台市场中的正面网络效应模型如图3.7所示。在图3.7的系统中，通过面向高校建立大学生交友平台，诱发供给边的网络效应的正向循环，最终可以促使平台可持续地占领市场。

同样地，人人网负面网络效应如图3.8所示。当系统引入的软件系统失效，触发供给边网络效应的负向循环，进而导致较低的消费者效用，最终使得平台市场不可持续。

案例 3.5

成也萧何败也萧何的人人网

人人网(原名校内网)成立于2005年12月，该平台模仿美国的Facebook，聚焦于在校大学生市场，力图打造一个国内的大学生线上社交平台。人人网平台要求大学生以真实头像注册，推出了多款线上互动小游戏，包括开心农场、抢床位、抢车位、小小战争等。由于新奇的社交方式，社交圈内也都是校内的熟人，人人网建立后，在短时间内吸引了大量用户(在校大学生)入驻，用户体验和用户反馈持续升温。平台中的"开心农场"引爆了大学生线上社交的乐趣，大学生纷纷邀请自己的同学和好友注册人人网，以便一起偷菜。大学生的这一主动邀请行为，在短期内使得人人网的注册用户呈指数级裂变，触发了正向的网络效应(人人网内的互动越有趣，越吸引新人注册，反过来，平台的注册用户数越多，在社交的交互中，用户觉得越有趣，用户体验越好)，如图3.7所示。

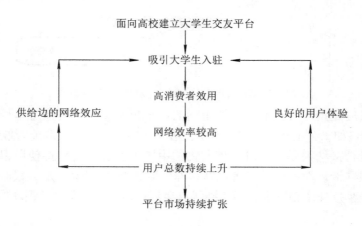

图3.7　人人网初期的正面网络效应

然而，正应了那句谚语"成也萧何，败也萧何"。由于人人网曾经的用户定位是在校大学生，大学生毕业后，就面临改变社交圈的问题，造成了部分老客户的流失；另一方面，90 后的消费者偏好发生改变，追求新、奇、特的 90 后并不喜欢人人网老套的线上社交方式；同时，在人人网运营几年以后，人人网内部出现了大量同质化内容，以及充斥着各种广告，大大降低了用户体验。

降低了的消费者效用，直接触发了网络效应的另一面——负向网络效应(见图 3.8)：越来越多的用户从平台流失，导致平台用户体验的降低，平台内用户的体验感越来越差，进一步导致平台注册用户数的流失。

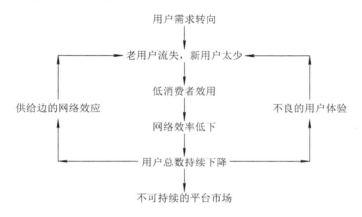

图 3.8　人人网后期的负面网络效应

2013 年 8 月，主打上网偷菜的小游戏开心农场正式从人人网开放平台下线，这款运营了四年的线上小游戏正式退出舞台。

网络效应就像一把双刃剑。用得好(触发正向网络效应)，可以为平台持续带来源源不断的新注册客户，但一旦处理不好一些关键结点的问题，触发网络效应的另一面——负向网络效应，它对于平台的影响，可能也是毁灭性的。

3.1.2　夹缝中求生存的"长尾商业模式"

长尾商业模式在于少量多种地销售自己的产品：它致力于提供相当多种类的小众产品，而其中的每一种卖出量相对很少。将这些小众产品的销售汇总，所得收入可以像传统模式销售所得一样可观。传统商业模式是以销售少数的明星产品负担起绝大部分收益。与传统商业模式不同，长尾商业模式要求低库存以及强大的平台，以保证小众商品能够及时被感兴趣的买家获得。

长尾商业模式的概念得益于长尾理论(见图 3.9)。长尾理论认为，在传统的商业市场中，根据二八法则，20%的大客户可以给企业带来 80%的销售额。因此，更多的企业选择集中精力满足少数"头部"VIP 客户的需求。然而，随着互联网的发展，互联网企业能够将触手伸向广大的海量的普通消费者。虽然这些普通消费者每个人的需求量很小，每个人需求的点也有所不同，但将市场中所有的普通消费者的需求加起来可以大于甚至超过传统的"头部"VIP 客户所带来的销售额总和。互联网的发展，使得开发长尾市场成为可能。而长尾市场的关注点则更多在于市场中那些处于"尾部"的普通消费者。

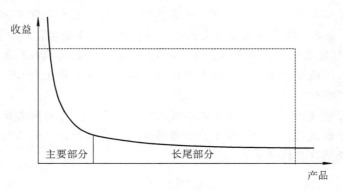

图 3.9　长尾理论模型

　　来源于长尾理论的长尾商业模式，是建立在多数普通消费者"多样少量"的个性化需求的基础上的，这种需求的变化多、型号多，而每一种款式的需求量很少。但将所有少量需求加总，得到的销售量总和可以等于甚至超过传统的大宗需求品的销售额。得益于互联网的快速发展，具备长尾商业模式的企业主要聚焦于细分市场中的"尾部"客户，他们的主要精力聚焦于满足消费者"多样少量"的需求。从某种程度上讲，长尾商业模式无限接近于个性化定制模式。拼多多、亚马逊、淘宝、当当网、乐高积木等都属于长尾商业模式的典型案例。

案例 3.6

火爆全网的乐高积木

　　有一个风行全球的 DIY 玩具工厂叫做乐高，是一家丹麦公司，他们的商标"LEGO"是丹麦语"玩得开心"的意思，而它在希腊语中还有"我来拼装"的意思。乐高玩具是开发想象力、创造力的玩具市场中的霸主，甚至还有"世纪玩具"的称号。不仅如此，乐高还进行了一体化的发展，业务横跨玩具、教育、游戏，甚至影视领域。

　　不同于传统的成品玩具企业，乐高积木只销售不成形的积木配件，他们倡导充分开发孩子智力，由孩子自己设计并拼出不同的积木。不同于一般的粗制玩具，乐高积木设计的汽车拼装玩具是按照真实汽车，同比例缩小设计齿轮、拼接构件的。用乐高积木拼装起来的汽车甚至可以坐人，且实现每小时 30 公里的时速。这在玩具领域，已经可以算是震撼之作了。

　　乐高为何可以如此与众不同呢？

　　这些首先都要缘于他们"与客户共创价值"的价值理念。在传统玩具仍旧停留在生产、设计以及增加规模和批量生产的思路之时，乐高积木另辟蹊径，锚定了传统玩具企业看不上、不敢做的 DIY 长尾玩具市场。传统企业之所以不敢涉及这个领域，一方面是"多样少量"的定制化需求不能实现批量生产，从而不能体现出大厂家生产、制造的规模优势；另一方面，长尾市场并没有大众市场看起来体量大，对传统企业来说，将市场瞄准 DIY 的玩具设计市场，得不偿失。

　　乐高积木不这样看。在传统企业已经占据大众玩具市场的时代，和这些头部企业硬碰硬显然是不明智的。同时，根据长尾理论，"多样少量"的细分市场领域同样蕴含着无穷潜力，将这些小众产品的销售汇总，所得收入甚至可能超过大众玩具市场，从而后来居上。从另一个角度看，乐高只需要延长价值链，进而延续到玩具后端的儿童益智教育、游戏，以及影视行业，就可以解决"多样少量"生产所带来的高成本问题。

　　为了增加客户黏性(消费者忠实程度)，乐高开发出针对消费者需求的长尾社区，可以让消费者在社区中尽情反馈自己的需求。同时，他们另辟蹊径地将客户纳入"合作伙伴计划"，让客户自己设计玩具，设计出来的玩具若市场反馈高，还可以给客户一部分的销售返佣，既激发了用户的参与积极性，又减少了公司的研发成本。

　　乐高的成功不仅仅在于他们生产的玩具，更多在于他们主动地将客户纳入自己的生产制造体系中，与消费者共创价值。

　　乐高积木的商业模式画布如图 3.10 所示。

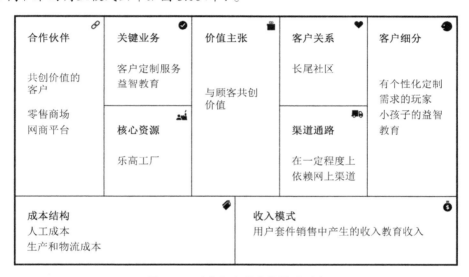

图 3.10　乐高积木的商业模式画布

　　在互联网高速发展、企业之间竞争日趋白热化的时代，单纯的产品和质量竞争已经越来越难以在激荡的市场中胜出。随着市场经济发展的日趋成熟，高昂的进入门槛带来了更多行业的"赢家通吃"，新兴企业要想在激烈的竞争环境中赢得往牌桌上凑的机会，就不得不考虑商业模式创新，从企业的基础逻辑上实现降维打击，才能使后发企业的弯道超车成为可能。

　　长尾商业模式为新兴的后发企业提供了捷径。只有关注那些在位企业尚未关注到的长尾市场，才可能剑走偏锋，为企业的发展开拓一片新天地。拼多多在夹缝中发展的事实也同时证明了长尾商业模式的活力。

　　平台商业模式与长尾商业模式都是单一生态位企业在市场中的运作表现。其中，平台商业模式的企业在市场中更多地起到了市场主导的作用，是规则的制定者和商业生态圈的组织者；而长尾商业模式企业更多的是市场的追随者，他们进入市场的时机较晚，只能剑走偏锋，在主体企业够不到的地方落叶生根，开拓自己的一方天地。

3.2　组织生态学视角下的多生态位分类

3.2.1　周瑜打黄盖——寄生型商业模式

在大自然界，广泛地存在着生物的寄生现象，如寄居蟹靠寄生在海螺里保护自己，寄生虫寄生在宿主体内以获取养料。"寄生"的核心要义是损人利己，这种现象在自然界弱肉强食的法则下普遍存在。

其实，在企业界，也同样存在着寄生现象。但寄生的发生需要两个前提：宿主和寄生者。同时，发生寄生必须满足一个条件：寄生者蓬勃发展，宿主避无可避。

那么，究竟什么是寄生型商业模式呢？

类似于自然界中的生物寄生，寄生型商业模式需要同时存在寄生者和宿主。当寄生型企业由于业务发展的需要，需要借助宿主企业的某些功能以发展壮大，而在一定程度的发展壮大之后，又在相当程度上损害了宿主企业的相关业务。满足这一种形态的企业的商业模式叫做寄生型商业模式。

可能有的人会奇怪，既然有一方要选择寄生，为何宿主企业不加以反击，反而坐以待毙呢？

其实不是宿主企业不反抗，而是避无可避。在寄生关系中，寄生发起者往往有着与宿主企业近似的业务类型，但业务的玩法完全不同。企业将会处于"无力反击"的境地。好比腾讯旗下的"微信产品之于移动运营商"。在这段关系中，微信是寄生的发起者，而移动运营商是宿主企业。虽然移动运营商中的移动、电信、联通都是商业巨头，但没有用，三大移动运营商如果不和微信合作，就会损失掉大量的线上用户，从而影响到自己的主营业务收入。同时，类似于经济学中的"囚徒的困境"，三大移动运营商中，只要有一方与微信合作，其他两方就不得不加入。而三方都选择不与微信合作，虽然更加符合三方的利益，但这种状态是不稳定的，只要有一家移动运营商选择与微信合作，这家移动运营商就可以获得其他两家无法获得的额外收益。因此，最终的结果是，三大移动运营商纷纷选择与微信合作。

为了便于理解这个问题，我们简化一下参与方，假定市场中只有移动和联通两家移动运营商。如果两家移动运营商都不与微信合作，两家移动运营商的得益都是 5；如果一家移动运营商与微信合作，另一家不合作，那么，与微信合作的一方将获得更多的市场，合作方的得益将会变成 7，同时，不合作的一方由于另一方抢占了部分市场，而蒙受损失，得益变成 3。如果两家移动运营商都与微信合作，那么，他们两家的短信和电话业务都会受到微信的侵蚀而减少，两家运营商的得益都将是 4。

为什么说这个"囚徒的困境"(如图 3.11 所示)是无解的呢？

其实可以看到，两家移动运营商都选择不与微信合作，对于移动运营商是最好的，两家企业是(5，5)的得益，优于两家企业均与微信合作的(4，4)状态(总得益从 10 降低到了 8，因为剩下 2 的得益被微信吃掉了)。但在现实中，(5，5)状态是极其不稳定的。假定刚开始在(5，5)状态下，对于移动来说，只要他们单方面选择与微信合作，移动就可以获得 7 的得益，虽然移动单方面与微信合作会损失联通的得益，使联通得益变成 3，但移动不会在乎联通的损失的；反之，联通也会这么想。而当移动与微信合作，联通不与微信合作的(7，3)状态时，联通只要选择与微信合作，就可以从 3 变成得益 4，这样的单方面选择对于联通是有好处的，因此，联通会选择与微信合作。从而不管如何，两家移动运营商都会选择合作，最终达成(4，4)的稳定状态。

只要移动运营商只考虑自己的利益，这个困境就无解。虽然两家运营商都排斥微信，都选择不与微信合作的方式，可以达到(5，5)的满意解，但移动和联通都会考虑增加自己的利益，从而破坏这个稳定状态。只有当两家移动运营商选择"共谋"——达成一致协议，都坚决不与微信合作，才能达到(5，5)的状态。但这种(5，5)的状态是极其不稳定的，因为任何一家都有单方面和微信合作的冲动。

	联通	
	合作	不合作
移动 合作	4，4	7，3
不合作	3，7	5，5

图 3.11　移动与联通的囚徒困境

不过，微信对移动运营商的寄生也并非完全没有好处，虽然移动运营商大面积地损失掉了传统的电话收入和短信业务，但用户对于流量的依赖却是一日大过一日，也算断臂求生了吧(用户对流量的需求成了新的业务增长点)。不管情愿与否，宿主企业都避无可避。

两家运营商尚且难以共谋，更何况移动、联通、电信三家运营商？

最后的结果只能是三家运营商各自为战，每家公司出于自己利益最大化的考虑选择和微信合作，最终被微信寄生于三大运营商中，吃掉了移动运营商的大部分短信和电话业务，从而带来了微信产品的高速发展期。

构建寄生型商业模式的第一步在于：寻找目标宿主。寻找那些自己主营业务无法避开的经营单位或企业作为目标宿主，一方面，需要利用他们的功能、资源或者渠道求得发展；另一方面，需要寻找弯道超车的方向，不与目标宿主在同一赛道竞争。腾讯公司出于产品定位、用户黏性以及增强用户社交属性等方面的考虑，于 2011 年推出微信产品。微信产品所寻找的目标宿主企业就是当时赫赫有名的移动运营商。在社交产品市场中，微信产品毕竟是新秀(腾讯 QQ 主要定位于聊天，社交属性不强)，要想做大，还需要借重于三大移动运营商的流量支持，才能够在移动市场中获得广泛传播的机会。

第二步：蛰伏与积累。布谷鸟会将自己的蛋产在鸽子或者其他雀类的窝中(动物世界中的"鸠占鹊巢")。小布谷鸟出生以后，会假装自己是原生的鸟宝宝，各种卖萌，和真正的原生鸟宝宝抢食物，因为他们明白一个道理，在自己不够强大的时候，需要蛰伏起来，积累资本。企业也是一样，明白了"寄生型商业模式"的本质是"借力打力"：在原本不大的市场中，需要借重竞争对手的力量达成自己的目标，反过来侵蚀竞争对手的部分市场，以成功获取自己的生态位。腾讯集团在刚刚开发微信产品的时候，需要默默蛰伏，积累自身的实力。无论是积累微信用户数，还是微信产品的内容创新(如增加微信小程序、微信"摇一摇"功能、微信公众号等)，都是为公司的发展积蓄力量，以便可以在关键时候雷霆一击。

第三步：鸠占鹊巢。当布谷鸟长得足够大的时候，会把鸟窝中的其他原生鸟排挤出去，自己独占食物。企业也是一样，当顺利渡过蛰伏期，获取了相当多的资源之后，就可以雷霆一击，获得市场中的主动权。当微信用户数积累到一定程度之后，便有资格和资本进行"雷霆一击"，最终侵蚀掉三大移动运营商原本的"短信业务"，以达到微信全面占领市场，改变用户消费习惯的目的。

用好这种商业模式，完全可以以小博大，实现逆风翻盘。现实中也有一些"寄生型商业模式"的典型成功案例，最典型的有"支付宝之于银行"。

3.2.2　互利共生的"共生型商业模式"

在自然界中，与寄生相对应的还有一种生物间的交互现象，叫做"共生"。如犀牛和犀牛鸟的组合，犀牛鸟需要在犀牛身上寻找寄生虫为食，而犀牛可以依靠犀牛鸟为自己清洁身体；海底的小丑鱼需要珊瑚帮助自己躲避天敌，珊瑚需要小丑鱼帮助自己吸引其他鱼类以获取食物。如果说寄生是"损人利己"，那么，共生就是"互惠互利"了。

在企业界，同样广泛地存在着共生现象。共生现象产生的前提是：每个企业都有所缺憾，无法独立完成使命，各方企业联合起来抱团取暖，可以集中彼此的优势，规避各自的劣势，互利共生，共同做大市场的蛋糕。

与寄生型商业模式类似，共生型商业模式也需要不止一个企业来完成。因此，与平台商业模式、长尾商业模式不同的是，寄生型商业模式与共生型商业模式都至少需要两个参与者，是一个企业无法完成的。寄生型商业模式需要首先寻找到宿主，共生型商业模式需要寻找到互利的伙伴企业。

那么，什么是共生型商业模式呢？

共生型商业模式解释了一种多生态位的模式，也就是当一家企业的资源禀赋和价值网络不足以单独承担企业使命之时，寻找具有资源互补性的企业共同完成同一目标任务的具有互补形态的商业模式。

与寄生型商业模式的"损人利己"不同，共生型商业模式的目标是抱团取暖，更容易得到合作者的认同与接受。因此，共生型商业模式建立起来也没有寄生型商业模式那么复杂，只要双方的资源和价值网络可以互利、互补即可。

案例 3.7

A 与 B 公司的互补

杭州的 A 公司是一家民营企业，依靠将线下拍卖转为线上拍卖的模式以及迅速的融资，成立了一家线上拍卖企业。其商业模式画布如图 3.12 所示。

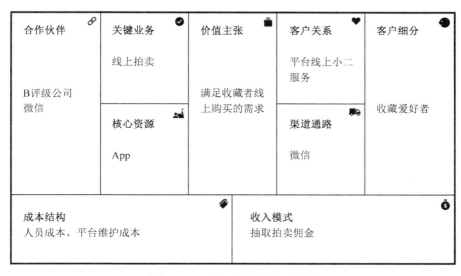

图 3.12　A 公司的商业模式画布

　　传统的拍卖都是线下进行的，比如嘉德等拍卖公司在全国各地征集拍品，然后线下组织大型的拍卖会。线下拍卖会对于参加者都是有一定的准入门槛的，第一次参加拍卖的人员，需要开个户，并在卡中存入至少 50 万元人民币，才能获得参拍的入场券；对于第二次参拍人员的要求适当放宽，入场的门槛是 20 万元。传统的拍卖规模固然宏大，但存在几个问题：第一，线下拍卖，参拍者必须乘坐交通工具在拍卖会当天到场，参拍成本高；第二，入会参拍门槛高，比如嘉德第一次参拍的入会门槛是 50 万元，第二次参拍的入会门槛是 20 万元，普通人无法参拍；第三，参拍的场次少，不能满足收藏者交换藏品的需要。

　　为了解决以上三个问题，A 嵌入到微信平台上，设立了线上拍卖模式，以满足收藏者的线上购买需求。手中有藏品的人员被平台认定为商家。商家只需要交付一定的店铺保证金，就可以在 A 上发布自己打算拍卖的藏品。对于买家而言，有从 V1 开始的新手到 V7 的资深玩家。同时，为了防止买家无故"放鸽子"，经过多次的改版，对买家给予退货和违约的百分比记录，对于退货和违约记录较高的用户，给予一定程度的参拍限制(如参拍时需要缴纳保证金)。转型到线上的 A，依旧靠抽取拍卖的佣金获取收益，每场拍卖的佣金提成是 3%。同时，对于卖家端，A 还会收取店铺保证金，用以监督店家。

　　B 评级公司与 A 处于同一商业生态圈，公司主要聚焦于古钱币的评级业务，评级的功能分为两部分：鉴伪和品相评分。B 评级公司的商业模式画布如图 3.13 所示。由于古钱币收藏领域存在着大量的现代仿品，评级公司的鉴伪服务，可以大范围地减少伪品对市场的冲击以及假币对泉友(圈内将古钱币的收藏爱好者称作"泉友")利益的侵害；传统的裸币(没有鉴定过的普通钱币被称作"裸币")收藏时代，同样一枚钱币往往会由于品相的不同导致成交价格天差地别，这对于新手无疑增加了收藏难度。评级公司对钱币品相的评分，在一定程度上有利于规范钱币交易市场，同时带领新人更快入门。

　　但是，评级公司在刚刚建立起来的时候，往往需要大量的宣传，让更多的泉友知道并认可，B 评级公司的市场知名度虽然不错，但在整个古钱币评级市场中，仍然处于第三位。单单依靠 B 评级公司自身的宣传，需要大量的宣传和广告费用。

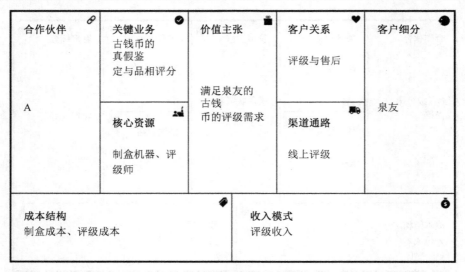

图 3.13　B 评级公司的商业模式画布

从另一角度看，评级市场中的龙头企业错漏百出，给 A 带来了不少的售后问题。同时，A 出于扩大宣传的考虑，也需要与一家评级公司合作，以"双向引流、互惠互利"。一方面，B 评级可以通过 A，进一步宣传自己，扩大公司的知名度；另一方面，A 也可以通过 B 的入驻与对 B 的大力推广，引入一部分 B 评级的铁杆粉丝，壮大 A 的线上拍卖生态圈。

在古钱币线上拍卖领域，A 与 B 两家公司各取所需，一拍即合，双方共同致力于扩大线上拍卖的生态圈及其影响，如图 3.14 所示。

图 3.14　A 与 B 的共生

正如 A 与 B 公司的联合，共生型商业模式满足的是生态圈中的互补需求，市场中的参与者各自发挥在自己领域的专长，优势互补，从而可以在整体上形成"1＋1＞2"的效果。共生型商业模式的核心要义是各取所需，市场的参与方共同做大蛋糕。当蛋糕整体变大，市场中的每个参与者都可以分到更多的果实。

寄生型商业模式与共生型商业模式分别对应于"锁定性"与"互补型"商业模式设计主题。

寄生型商业模式面临的市场规模有限，前期的大企业由于进驻市场的时间较早，利用规模优势和较大的进入壁垒，占据市场的绝大部分份额。新生企业要想在同一个锅里分一杯羹，只能采用"寄生"的方式，从不同的切入点切入市场。一方面，寄生者需要借重市场主导者的功能与帮助切入市场，另一方面，寄生者需要吞噬一部分原本属于市场主导者的市场，以确立新的游戏规则。寄生者寄生的过程就是旧秩序的打破与新秩序建立的过程。由于寄生者的打法不同于市场主导者，新兴的寄生企业才有了逆风翻盘的可能。

寄生型商业模式面对的市场是不大，或者"赢者通吃"的。只有通过"寄生"的方式，重新确立游戏规则，新生企业才有获取市场份额的可能。

共生型商业模式则更多地诠释了"互补"的特征，市场参与方各具特点和优势，通过优势互补的合作过程，做大市场整体的蛋糕，才能让市场中的参与方共同收益。

很难说寄生型商业模式更好还是共生型商业模式更优。在市场竞争中，适合的就是最好的，也只有更加适应市场、符合消费者最终诉求的企业，才能立于不败之地。

3.3　内部结构视角下的分类

3.3.1　天下武功，唯快不破——猎豹型商业模式

小米科技创始人兼 CEO 雷军在总结互联网公司成功的主要原因时，提出"专注、极致、口碑、快"的 7 字真诀，其中"快"是互联网公司成功的重要因素。

思科 CEO 钱伯斯十分推崇"速度制胜论"，他说："我们已经进入一个全新的竞争时代，在新的竞争法则下，大公司不一定打败小公司，但是快的一定会打败慢的——你不必占有大量资金，因为哪里有机会，资本很快就会在哪里重新组合。速度会转换为市场份额、利润率和经验。"

在线上视频播放领域，原本做得最大的是土豆网，而非爱奇艺。然而，由于某种原因延迟了土豆网的上市，使得爱奇艺抢先一步成为国内视频播放领域的龙头。

在一些行业内，市场的总容量是有限的，通常会存在"赢家通吃"的现象。在一个行业内，只要存在高网络效应或高的进入壁垒，就最终必然走向一家独大的"赢家通吃"现象。

为什么呢？

高的网络效应会给企业带来一种初期发展缓慢，突破一定瓶颈后指数级发展的势头，而当企业开启指数级发展势头之后，面对有限的市场空间，该企业可以迅速占领市场高地，让新来者无处可走；高的进入壁垒带来的是类似的效果，先进入市场的企业可以快速攫取市场，占领市场的制高点，后来企业本身就面临着市场即将饱和的困境。

从另外一个角度讲，高的网络效应本身就会带来高的进入壁垒。网络效应能否开启关键在于是否可以冲破引发网络效应的"阈值"。在冲破"阈值"之前，企业发展可能会走出类似于"一步一个脚印"的节奏，一旦冲破"阈值"，引爆网络效应，企业就会开启指数级的"暴走模式"，而在这种指数级的发展之下，企业也就相当于建立了壁垒，建立了让新企业无法短期超越的门槛。

在这种背景下，先进入市场，获取"锁定效应"的优势，也就成了很多企业的优先选择。

1. 猎豹型商业模式概念

猎豹型商业模式指的是面对巨大的移动互联网商机和市场竞争的挑战，企业要做到捷足先登、快速推出新产品，对市场变化做出快速反应，从而确保企业在市场竞争中处于优势地位的一种模式。

2. 猎豹型商业模式的主要特征

如今，市场的游戏规则已经改变，以前是"大鱼吃小鱼"，现在是"快鱼吃慢鱼"。在移动互联网时代，只有具备快速反应能力的企业才能获得生存和长远的发展。市场竞争，速度制胜。赢得速度，才能赢得市场。那如何做到速度制胜呢？

1) 快速的市场反应能力

所谓的"快速反应"是指在适当的时间、适当的地点，以合适的产品和服务提供给用户，以满足用户的现实需求，实现客户价值不断提升。三星集团创立于 1938 年，1969 年投资成立三星电子公司，涉及半导体、移动电话、显示器、笔记本、电视机、电冰箱、空调、数码摄像机以及 IT 产品等多个领域。比如，在电视机产品线方面，三星始终注重企业的快速反应能力。由于其很早就确立了出口导向的彩色阴极射线管批量生产体系，从而可以在韩国国内允许彩色电视投放市场的第一时间(1980 年)迅速做出应对措施，在极短的时间内完成产品线的更新与换代。

2) 捷足先登，抢占先机

从前，车马很慢，生活悠闲，对于很多老字号企业而言，最重要的是提升商品的品质，提高诚信和企业信誉。企业之间的竞争趋于平面化，六西格玛管理原则和精细化管理让人们更加聚焦于过程管理。但互联网的快速发展，直接改变了游戏规则。企业犹如逆水行舟，不进则退。

在短视频领域，快手和抖音的迅速出击，在 BAT 三巨头的天下杀出一条血路，等"大佬"们缓过神来，快手、抖音已经在短视频领域发展壮大，并深深扎根，成为互联网巨头之外的新星。即便是大佬们奋起直追，阿里推出了淘宝直播、腾讯推出了微信视频号，百度推出了百度贴吧视频号，也只能和抖音、快手平分天下。猎豹型商业模式成了新兴企业在夹缝中发展的另一选择。

3) 满足客户需求，快速推出新产品

在自媒体领域，BAT 可以说是"八仙过海，各显神通"。阿里推出了淘宝直播，推出了李佳琦等头部主播以吸引流量；百度推出了百度贴吧视频号，生怕赶不上自媒体领域的末班车；而腾讯反应最快，先行推出了微信公众号(图文自媒体)，然后在公众号的基础上推出了视频号(视频自媒体)，再打通公众号与视频号。凭借腾讯前期的流量基础，公众号与视频号的彼此联通，腾讯又一次抓住先机，走在了阿里和百度的前边。腾讯的产品多、流量多，又可以凭借流量优势构建平台内部的生态圈，单在自媒体领域，已经甩开百度和阿里好几条街了。

4) 快速执行

企业发展要成功，30%靠战略，70%靠执行。IBM 前董事长郭士纳说："一个成功的企业和管理者应具备三个基本特征，即明确的业务核心、卓越的执行力和优秀的领导能力。"日本软银公司董事长孙正义说过："三流的点子加一流的执行力，永远比一流的点子加三流的执行力更好"。移动互联网企业要成功，一方面取决于战略决策和战略定位，但更大程度上取决于执行能力，而且要快速执行，快速行动。

5) 快速变革

诺基亚之所以迅速跌落神坛，一个重要的原因就是变革速度慢，无法适应新的玩法。很多企业最大的问题就是坚持做过去正确的事。过去的成功和经验只代表过去，而在互联网经济中，游戏的规则随时可能会变，囿于老套玩法的企业只能因故步自封而被淘汰。

在这一点上，做得比较好的就是谷歌的安卓操作系统。谷歌在 2005 年收购了安卓团队，当时安卓研发的是带有全键盘的侧滑手机。然而，随着 2007 年苹果开发 IOS 系统之后，安卓瞬间被苹果炫酷的触屏模式所吸引，快速地变革与跟进，使得安卓并没有落后多久，以至于时至今日，果粉和安卓系粉丝仍旧在谁抄袭谁的问题上争来争去。

案例 3.8

快到"变态"的拼多多

说起互联网，拼多多的"砍一刀"活动直让很多网友又爱又恨。拼多多的"砍一刀"活动是这样的：注册用户会获得一个九十多元的红包，但想要取得红包需要邀请好友注册拼多多软件。如果受邀好友尚未注册过软件，邀请之人可以获得较多的红包提成(一般是几分钱)，如果受邀好友已经注册过软件，那么邀请之人只能获得 1 分钱的红包(同时，游戏规则是这样的，刚开始邀约好友所获得的红包提成较多，越往后，当红包金额越接近 100元时，红包砍一刀的难度越大，到了后期就是 1 分 1 分地获得邀约提成了)。有人成功邀请好友并获得红包，代价是需要邀请几十名好友助力"砍一刀"。为此，还有人专门成立所谓的"拼多多红包助力群"以帮助自己和周围的人获取红包。除了邀请好友获取红包之外，拼多多还推出了一些礼品。但这里边的玄机更多，用户要想获取礼品，看似只需要邀请 3 至 5 位好友注册，但如数邀请完好友之后，系统会开启新任务，如让用户再邀请 3 到 5个用户才能开始打包，打包完成后，再邀请 3 到 5 个用户，才开始邮寄。不论是拼多多的"红包砍一刀"还是"礼品砍一刀"活动，都需要邀请身边的几十人才能够最终助力成功。

很多参与过"砍一刀"的人都抱怨拼多多有些"变态"的砍一刀活动，百元奖励和礼品奖励确实对很多用户有着足够大的激励，但这样邀请好友注册的负面影响也很大。有些多年不联系的人，突然发过来"砍一刀"邀约，会让人觉得，彼此之间的关系仅仅限于帮助对方"砍一刀"获得红包而感觉不适。还有一些人觉得拼多多的"砍一刀"活动过多地影响到了自己和身边的人，以至于很多人在参与过拼多多"砍一刀"活动之后，对类似的邀请好友完成任务的活动非常排斥，哪怕仅仅需要几个好友就可以完成的任务，消费者也相当地抵触。

为什么拼多多的"砍一刀"活动给这么多人带来了烦恼和"后遗症"呢？

关键在于拼多多"砍一刀"活动背后的"玄机"。其一，无论是拼多多的红包还是礼品砍一刀活动都在一步步地"诱导"消费者。他们在刚开始给消费者一个较容易实现的"小目标"，如刚注册就可以获得 98 元红包，让用户觉得距离提现门槛的 100 元目标很近，任务应该不难完成，直到后期 99 元距离 100 元需要再拉几十人才能完成时，很多人已经在前期拉过很多好友了，如果不继续拉好友注册，前边的努力就会功亏一篑，因此，很多人即使很不情愿，也不得不继续拉人给自己"砍一刀"。其二，如果邀约好友的人感觉后期目标遥不可及，即使他放弃继续邀约好友"砍一刀"，拼多多未花费一分钱，就免费获得了相当多的新用户注册，性价比是非常高的。加上那些邀约几十人，最终成功拿到红包的人，平均分摊到每个新邀约注册用户身上的单位成本只有几元钱，这样拉新人注册软件的成本是非常低的。"礼品砍一刀"活动的机理也是类似的。

　　拼多多如此活动最重要的地方还不仅仅在于拓客成本低，最关键的是，通过人们朋友圈热络的"砍一刀"活动，在非常短的时间内，相当大数量的用户在朋友圈开展砍一刀活动，使拼多多在仅仅一年内的吸粉量就相当于淘宝许多年的总量，并且拼多多粉丝的增速也是远大于淘宝的。

　　在淘宝已经发展非常成熟的时候，拼多多能够在短时间内，从淘宝的眼皮底下迅速吸粉并成为"下沉"市场霸主的核心就是"快"。拼多多的"快"，实际上是利用了"砍一刀"活动的风靡一时，以及广泛的传播力，帮助拼多多在极短的时间内收获几亿用户。拼多多的商业模式画布如图3.15所示。

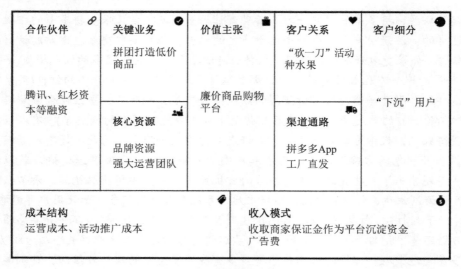

图 3.15　拼多多的商业模式画布

　　拼多多的"快"让淘宝根本来不及做出反应，以至于当淘宝推出自己的应对产品"淘宝特价版"的时候，用户已经对"砍一刀"，以及"下沉"市场不感兴趣了。"下沉"市场的绝大多数用户已经扎根拼多多，不愿意转向了，淘宝再着急，也只有干瞪眼的份。

　　正如电影《笑傲江湖》中令狐冲学来的"独孤九剑"一般，当武术的招式足够快的时候，快本身就是一种优势。尤其在互联网飞速发展的今天，企业的平均寿命不超过3年，如何能够快速发展，获得先声优势，进而占领市场形成"进入壁垒"已经成为很多企业能否成功"入围"的关键。

　　拼多多的"砍一刀"玩法提前透支了用户的耐心，以至于在其之后，很多公司再用相同的招数时，响应者寥寥。"砍一刀"玩法其实就是杀鸡取卵，只能玩一次。市场追随者再搞这种"拉人"噱头将越来越难。拼多多成功的秘诀就在于快，自己先把"砍一刀"玩法用尽了，消耗了消费者耐性，让后来者无法复制。

　　由于互联网快速发展，以及网络效应等特点，注定了互联网行业将最终走向"赢者通吃"的局面。在很多领域里只有头部的两家公司有肉吃。猎豹型商业模式尤其适合互联网企业，它有利于帮助企业快速占领市场，获得"锁定性"优势，进而攫取超额利润。

从价值创造视角考虑，构建猎豹型商业模式时，需要在商业模式的各大要素中，首先明确自己的市场定位，进而依托价值网络以获取更多资源，在更大程度上快速展开企业的运营活动，以迅雷不及掩耳的速度推广自身，进而获得"先到先得"的优先地位。猎豹型商业模式满足的是"锁定性"商业模式设计主题的要求。

3.3.2　可以"拼爹"的模式——集聚型商业模式

中国有句老话"龙生龙，凤生凤，老鼠生来会打洞"。这句话生动地展现了资源禀赋对于企业的重要性。集聚型商业模式解释了这样一类依托自身资源禀赋的特征，最大化资源禀赋优势而建立起来的模式。在企业的生产经营实践中，大量存在着集聚型商业模式的企业。

王建林曾经豪言他可以复制一个迪士尼乐园，让迪士尼在中国无钱可赚。然而，事实却不尽如人意。迪士尼的游乐设施其实很容易复制，无非是过山车、摩天轮之类的，但迪士尼的内容和故事很难复制，那些 80 后、90 后从小看过的"白雪公主与七个小矮人""灰姑娘""米老鼠与唐老鸭""绿野仙踪"等童话故事早已经深入人心。迪士尼的成功并非偶然，他们是有资源基础的，因为迪士尼是集聚型商业模式，常年深耕的深入人心的童话故事，就是迪士尼的资源基础。

同样做视频号，腾讯依托微信的社群平台，将视频号与公众号打通，构建了"私域＋公域"流量的体系；抖音、快手则因为做直播起家，里边的视频首先联通小店、直播等宣传形式；百度贴吧视频号既没有私域流量平台，也没有直播基础，建立起来的视频号依托其内的贴吧基础，以贴吧社群的讨论为特点；哔哩哔哩虽然与抖音、快手一样做视频，但由于其前身是动漫起家，视频的内容更倾向于趣味性与内容性。真正体现出"龙生九子，子子不同"的特点。

> **案例 3.9**

别有洞天的"微信视频号"

与抖音、快手等短视频平台相比，微信视频的起步(2020 年 1 月 21 日开始内测)明显晚了许多。但微信视频号之所以不落下风的关键在于它是"含着金汤匙"出生的。微信视频号是搭载在微信平台上的，而微信的前身又是具有海量用户的 QQ 聊天工具。因此，微信视频号虽然出生较晚，但从诞生起，就拥有海量的用户基础(微信平台的海量用户基础)，微信视频号是几乎可以"躺赢"的。

更何况微信视频号还有一个同胞兄弟"微信公众号"(2012 年 8 月 23 日正式上线)。早在微信视频号诞生前 7 年多的时间里，微信公众号由于良好的用户体验，已经积累了海量用户。在此基础上，微信只需要打通公众号与微信视频号，让微信用户可以通过视频号关注公众号，同时可以在公众号内打开视频号。更进一步地，将微信视频号打通微信朋友圈，以及微信旗下的卖货平台"微店"，"四位一体"的招数更是将微信用户牢牢地"钉"在视频号上。

在如此布局之下，即使微信视频号的起步较晚，其发展的势头也非常强劲，大有赶超抖音、快手平台的趋势。视频号的资源集聚与内循环如图3.16 所示。

在价值创造视角下，设计集聚型商业模式需要立足于企业的资源禀赋，结合企业打算设计的收入模式，渐次推进展开即可。与其他几种类型的商业模式相比，集聚型商业模式有着得天独厚的"资源禀赋"优势，企业需要做的就是，扩大自己资源禀赋优势的影响，"扬长"发展企业。集聚型商业模式对应着"新颖型"商业模式设计主题，其"新颖性"主要根植于资源禀赋的优势。

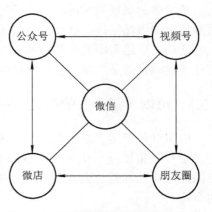

图 3.16　视频号的资源集聚与内循环

3.3.3　资源禀赋不足下的努力——贫乏型商业模式

如果说集聚型商业模式的企业是"含着金汤匙出生的"，那么，还有一种企业在资源禀赋方面是没有先天优势的。然而，蛇有蛇路，猫有猫道，资源禀赋的先天不足也是可以弥补的。

小黄车创始人戴威在创办小黄车之前不过是一位没有资源、没有人脉的学生。2014 年，OFO 共享单车计划在戴威以及另外三名北大学生的心中悄然萌芽。这样的计划足以改变世界的出行方式，但它能否从一个计划变成现实？对于没有经验、没有资金的学生来说，这的确是一个非常大的挑战。

摆在他们面前的有两个问题：第一个问题是钱从哪里来？第二个问题是车从哪里来？没有钱就没有车，没有车就没有规模，就没有办法证明商业模式的可行性。

计从心来，主攻心理战。

戴威花了几十块钱买了二十根羊肉串，用羊肉串捕获了北大中文系一个大才子的"芳心"，才子写出了轰动校园的公开信——《这 2000 名北大人要干一票大的》。信中大概表达了这样一个意思，许多北大人改变了北大，改变了世界，而现在是我们改变北大的时候了。

看了这封信之后，许多北大学子备受鼓动，心中那份征服世界的傲气也涌现出来。戴威就是靠着北大学子的心理，实现了他的第一步操作。短时间内，北京大学校园内上万台自行车如同一阵旋风般参与到小黄车共享单车计划中。

小黄车迅速风靡全国，金沙江创投总经理朱啸虎更是直接投资 1000 万元。

小黄车成功融资并一步步推向全国市场的案例证明了，对于资源禀赋不足的新创企业而言，也仍旧存在着发展的机会，关键在于如何展示自己。

1. 贫乏型商业模式概念

贫乏型商业模式描述了一种资源禀赋处于相对贫乏状态的企业，他们不甘于平庸，目标坚定，试图冲破资源"桎梏"，打开另一方天下。事实证明，只要方法得当，哪怕是资源禀赋不足的企业，也有机会"丑小鸭变天鹅"，实现公司的逆袭。

在现实的企业经营管理过程中，更多的企业是没有过多经验积累，缺乏足够资源禀赋的。贫乏型商业模式企业如何启动，进而一步步发展，成为众多中小企业亟待解决的问题。

2. 两种常用的创新路径

路径一：扩大价值网络影响。企业自身虽然资源禀赋不足，但可以通过说服其他公司加入自己所处的商业生态圈，从而利用其他公司所拥有的人脉、资金、资源，达成自己最终的商业目标。

路径二：全面降低成本。资源禀赋强的企业，自可以像拼多多那样全面铺开，大量撒钱地展开运营；而对于资源禀赋先天不足的企业，"躺平"却也不失为一种好的方法。美国零售巨头老板山姆·沃尔顿从不随便花钱，他甚至提出过"一分钱要分成两瓣花"的著名论调，从而被人们称作是"最有钱的抠老头"。为了节省几个灯泡钱，旗下的零售公司硬是被更名沃尔玛(沃尔玛比沃尔顿的英文写法少了三个字母)；为了节省广告费用，沃尔玛的所有广告都由员工自行参演；沃尔玛的一切装修从简，店铺员工数量保持不变等方面，都透露出他们"天天平价"的节俭观念。

有人说，有钱是其实是"抠"出来的。对于资源不足的企业而言，"躺平"的节俭模式也不失为一种稳扎稳打的好方法。

案例3.10

少年阿里的艰辛成长之路

如今的阿里巴巴与百度、腾讯集团共称为 BAT 的三巨头，渗透到人们生活的方方面面。但谁知道？曾经的少年阿里可是要钱没钱的"屌丝企业"。马云甚至一度因为无法给员工开工资而向员工借钱。马云曾经对彭蕾讲，自己拒绝了 17 家风险投资企业的投资，结果很多年后，彭蕾才知道，并不是马云拒绝了那么多的风投，而是那 17 家公司拒绝了马云。

阿里巴巴刚刚成立时，十几个人聚集在杭州湖畔花园的一个小出租屋内，除去吃饭、睡觉时间，团队成员一天常常要工作 18 个小时，外卖小哥送盒饭的时候，都还以为这里是一个"黑网吧"。少年阿里可以说是仅仅具备了初创的团队规模，要钱没钱，要客户没客户，即使是阿里巴巴交易平台做起来之后，运行和维护的费用也着实让当时这个小企业有些吃不消。

当时的阿里巴巴上门推销，遇到的第一个阻碍往往都不是门卫，而是门前的狗，走出去推销的员工不得不随身带一个文件夹用以"防身"。很多企业听到阿里巴巴来访，都觉得他们是骗子公司，是搞传销的。阿里巴巴吃了一个又一个的"闭门羹"。

直到出身于猎头公司的蔡崇信的加盟，一切才有了转机。蔡崇信将规范的企业管理与公司制度带入阿里巴巴，一改往常散兵游勇式的架势，同时，他还给阿里拉来了第一个 500万。阿里巴巴才终于开始"有些不一样"了。

不同于集聚型商业模式的豪放与大手大脚，面对一没有钱，二缺资源的窘境，贫乏型商业模式的起步往往举步维艰。企业能做的就是，稳扎稳打地躺平，等待伯乐出现，拓宽价值网络。

　　然而，更加悲观的情况是，伯乐或许根本不会来。阿里巴巴毕竟是幸运的少数，并非每一家企业都能够遇到自己的蔡崇信。贫乏型商业模式选择"躺平"，在自己不够强大时将各种可能的开销压到最低，以等待时机的到来。只要不放弃，放弃的就是别的公司。在一个更新换代不那么频繁的行业中，能够长时间坚持，本身就是一种核心竞争力。假以时日，即使再没有资源，再缺乏人脉，公司也会获得逆风翻盘的机会。

　　在价值创造视角下，设计贫乏型商业模式的企业同样需要聚焦于资源禀赋，适当拓展价值网络，同时注意控制成本，改善成本结构以支持长期作战。虽然贫乏型商业模式的资源禀赋没有那么突出，但也需要做出具有一定特点的产品，麻雀虽小五脏俱全，只要打法正确，即使是小企业也终将可以星星之火形成燎原之势。聚焦于资源禀赋，其实就是确立好企业的发展方向。拓展价值网络和控制成本结构代表了贫乏型商业模式的两种创新路径：要么扩大价值网络影响，要么全面降低成本。或者可以二者结合起来，在扩大价值网络的同时，全面降低成本。

3.3.4　专注于市场细分的"顾客型商业模式"

　　有一种类型的商业模式是尤其着重于关注顾客端的。不同于传统的科技优先型企业，顾客型商业模式首先关注市场与消费者需求，在明确了细分客户的核心诉求之后，再有针对性地研发技术，或者外包生产。其商业模式的核心逻辑在于如何更好地满足顾客需求。

　　顾客型商业模式的产生是产品社会化大分工以及生产力提升的必然结果。它集中地反映出，在市场经济中，交易的中心从"卖方"转移到"买方"的趋势。而顾客型商业模式在维系买方需求方面，力求做到极致。

　　在介绍平台商业模式的时候，本书介绍了苹果手机与诺基亚之争是平台与产品之争。苹果公司的降维打击将诺基亚赶下了手机行业的头把交椅。其实，苹果和诺基亚之争，不仅仅是平台与产品之争，同时还是买方经济观念和卖方经济观念之争。诺基亚更多地思考的是如何进行技术创新，如何推出新产品，其核心逻辑还是以企业为主导，或者说是"企业认为应该推出什么产品"，以及"企业应该向市场输出什么观念"；苹果则完全打破了卖方主导的观念，用心倾听消费者需求，从顾客端生产商品，先构建了一个可能符合消费者需求的产品模型，再不断细化，以提炼出足够让消费者满意的产品构念。在这个大的构念下，再进行技术创新，同时将部分功能外包出去，以构建平台。从这个意义上讲，苹果手机销售的是客户需求的构念，而平台仅仅是为达到这一构念的副产品。

　　随着生产力的发展以及生产资料的极大丰富，市场中越来越不缺少商品。市场中缺少的是可以符合消费者个性化需求的定制化产品。互联网的普及也同时将大众市场引向纵深，开发长尾市场成为可能。因此，顾客型商业模式是时代的产物，是互联网发展到一定程度的结晶。顾客型商业模式的产生时间要滞后于集聚型、贫乏型与猎豹型商业模式。顾客型商业模式代表了网络发展的最新诉求。

　　互联网上越来越热的"兴趣电商"就是顾客型商业模式的良好展现。主播们把消费者都放到一个篮子里，从而有针对性地带货，或者线上授课。"兴趣电商"真正实现了以顾客为目标，同时满足了消费者的"长尾"诉求。

案例 3.11

异军突起的"樊登读书会"

樊登读书会成立于 2013 年, 秉持的理念是"在中国, 每多一个人读书, 就多一份祥和"。在 App 中, 每周在读书版块更新一本图书的精华部分解读, 以音频、视频和图文的多种形式展现给读者, 解决了多数人"没有时间读书, 不知道读什么书, 读书效率低"的问题。"樊登读书会"的商业模式画布如图 3.17 所示。

图 3.17　"樊登读书会"的商业模式画布

谈起樊登读书会, 就不得不先了解樊登其人。樊登 2001 年加入中央电视台担任主持人, 曾主持的节目有《实话实说》《12 演播室》《三星智力快车》《财智时代》等。2007 年9 月, 樊登任职北京交通大学语言与传播学院、应用传播学研究中心主任。得益于樊登曾经的从业经历, 当过主持人的他, 社会知名度较高, 便于开展樊登读书会之后迅速积累粉丝, 这是他的资源禀赋。

迅速积累粉丝是樊登的资源禀赋给他带来的红利, 也是其成功运营的根本所在。然而, 真正支撑起樊登读书会商业模式, 让他快速营利的, 还是根植于其顾客型商业模式。樊登读书会聚焦了有读书需求的目标人群, 读书会的一切内容也都围绕读书人的需求展开。针对人群"没有时间读书"的特点, 樊登读书会采用"音频＋视频＋图文"的多种形式以满足用户的"碎片化阅读"习惯。针对消费者"不知道读什么书"的特点, 樊登将所读的书的内容进行了归类, 主要划分为心理学知识类, 以及小孩子教育类的两大类型(所读内容的分类, 主要依托于客户的类型, 年轻人适合心理学知识类, 宝妈们适合小孩子教育类)。针对用户"读书效率低"的特点, 樊登总结出一些经典书籍的"精华解读", 帮助人们即使在没有真正花时间读书的情况下, 也可以大致知道书籍的梗概。

很多朋友可能会意识到一个问题, 那就是, 樊登读书会的商业模式虽然是顾客型商业模式, 一切从顾客需求出发, 针对顾客的不同需求, 开展不同的商业服务, 但同时, 樊登读书会的商业模式也满足猎豹型商业模式以及集聚型商业模式的特点。

所以，我们会发现，不同的商业模式之间并不矛盾，只是分类的角度不同而已。同一个企业的商业模式，也可能同时分别属于不同类型的商业模式。

顾客型商业模式的核心要义是，一切以顾客为中心，围绕顾客的需求开展业务。

3.3.5　渠道创新之花——直销模式与 O2O 商业模式

互联网的飞速发展使得企业跨越层层的中间商，直面消费者成为可能。作为渠道创新的典型，直销模式与 O2O 模式给消费者购物带来了更多的便利。那么，什么是直销模式，什么又是 O2O 的商业模式呢？

1. 直销模式

戴尔直销做得最为出名，他们缩短了渠道，剪掉了传统的中间商环节，通过互联网使得消费者直接和厂家沟通，直接从厂家处拿货。直销创新省去了大量中间环节的成本，让利于消费者，实现了真正意义上的物美价廉。

简言之，直销模式砍去了中间环节，通过消费者直接从厂家订货，从而让利给消费者。直销模式缩短了传统的渠道链路。

直销模式是相对于渠道的长短而言的，它与传统的长渠道相对应，砍掉了长渠道中的中间商与零售商，使厂家的产品直接面向消费者。

传统的长渠道的价值链路为："生产者→一级经销商→二级经销商→三级经销商→零售商→消费者"或"生产者→一级代理商→二级代理商→三级代理商→零售商→消费者"。长渠道的优势在于可以通过一级一级的中间商，将产品触达三、四线城市，甚至乡村市场。但长渠道模式存在明显的短板，即渠道的参与者数量众多，每一级的渠道参与者都要从中获取极差利润，从而导致产品销售价格提升。

直销模式在传统的长渠道价值链路的基础上，砍掉了一层层的经销商、代理商与零售商，使得产品有机会直接触达消费者的终端。其优势在于，减少了中间渠道参与者对产品的层层加价，直销模式可以带来终端产品售价的降低。劣势在于，部分三、四线城市以及乡村市场中的消费者由于通信、物流等方面并不便利，直销模式难于触达互联网不发达地区市场。

2. O2O 模式

O2O 模式又叫线上线下模式。它是将线下商务的机会与互联网结合在一起，线上订购、线下消费，让互联网成为线下交易的平台，把线上的消费者带到现实的商店中去，真正使线上的虚拟经济和线下的实体经济融为一体。这一线下服务就可以用线上来揽客，消费者可以用线上来筛选服务，交易可以在线结算，很快达到规模。O2O 模式的核心很简单，就是把线上的消费者带到现实的商店中去——在线支付购买线下的商品和服务，再到线下去享受服务。通过打折，提供信息、服务等方式，把线下商店的消息推送给互联网用户，从而将他们转换为自己的线下客户。此外，O2O 模式的关键点就在于，平台通过在线方式吸引消费者，但真正消费的服务或产品需由消费者在线下体验，这就对线下服务提出了更高要求。在企业的商务实践中，有众多企业采用了 O2O 的模式，包括苏宁旗下的"苏宁易购"以及银泰百货旗下的"银泰网"等。

O2O 模式是移动商务业务针对用户个性化、情景感知等特点及移动网络强大的定位与搜索能力在商业模式方面取得的重大突破。百度地图的"寻址服务"也属于 O2O 模式，众多线下商家通过在百度地图身上的标注，可以通过线上的寻址，将消费者吸引到线下的实体店中来。

O2O 模式，是最近移动应用领域越来越流行的商业营利模式。从大众点评、地铁里的维络商城的营销模式可以了解，互联网企业联合各类线下商家开展优惠促销活动，让用户通过在线或者终端服务机下载打印各种优惠券，再到实体店凭券享受优惠消费。这样，商家一方面可以通过广大的移动互联网平台促使用户打印自己推出的优惠券，达到吸引更多顾客来店里消费的目的，同时，参与合作的互联网企业也可以从商家这里获得部分盈利。

直销模式精简了传统的渠道链路，O2O 模式对传统渠道做了改进，增加了客户的线上引流。从这个意义上讲，直销模式是 O2O 模式做到极致的体现(砍掉了 O2O 模式的线下模块儿)，O2O 模式是直销模式发展的前身。

案例 3.12

适应变化的苏宁易购

与国美一同称霸家电专业店市场的苏宁电器成立于 1990 年 12 月 26 日，以经营传统家电为主，2003 年开始多元化扩张，兼营消费电子、百货、日用品、图书、虚拟产品等综合品类。表 3.1 为苏宁内外部环境变化大事记。

表 3.1　苏宁面对的内外部环境变化大事记

年份	外部环境变迁	内部资源禀赋的变化[①]
1990 年	大量的电子商务企业蓬勃发展	—
2000 年	电商企业间竞争激烈，大批电商企业倒闭	—
2004 年	—	苏宁(002024)在深圳证券交易所上市
2006 年	—	公司上线 SAP/ERP 系统，依托信息系统的支撑，建立内部共享服务平台
2008 年	国内企业经营更加集约化	—
2010 年	—	上线苏宁易购
2013 年	—	更名苏宁云商
2014 年	—	并购满座网

2010 年，苏宁完成了迄今最后一次商业模式变迁，其营利方式从"传统实体店"转变为"线下到线上"的双线经营。2006 年，公司上线 SAP/ERP 系统，更加刺激了商业模式

---

① 苏宁上市在一定程度上体现出企业的内部资源禀赋的完善；上线 SAP/ERP 系统，显示出其技术水平的提高。

变异。简化的轮盘赌过程产生了"传统实体店"与"线下到线上"两个随机数，与 SAP/ERP 系统相匹配，"线下到线上"的营利方式，明显更能体现 SAP/ERP 系统的价值。

O2O 模式最难以处理的便是线上线下同价的问题。如果线上线下不同价，会损害品牌在消费者心中的形象，而线上线下同价，又会由于不同渠道成本不一的情况，带来生产与分配的不公。因为在传统模式中，线下店面的店铺租金、人员工资等费用要远大于线上店铺的成本，线上线下同价就会影响公司内部成本的统一核算与利润分配。比较常用的解决办法是，线上与线下的部分产品予以差别化，也就是有一部分的商品是线上有，线下不容易看到，还有一部分商品是线上没有，而线下有展示。另外一种解决方案就是改变结算方式，公司内部统一筹划，把线上线下的店铺经营权收归总部，便于统一调配。

O2O 模式还需要回答企业的渠道顺序问题，即遵循"线上→线下"，还是"线下→线上"的逻辑链路。大众点评平台由线上的平台信息吸引消费者去线下实体店消费，消费之后，客户在平台上对商户进行打分，从而又回到线上，其遵循的是"线上→线下→线上"的逻辑链路；银泰网、苏宁易购是线下体验，线上购买的模式，他们遵循着"线下→线上"的逻辑链路。

3.3.6　营利模式的创新——免费商业模式

人类有一种根深蒂固的本能：总想获得免费的午餐。俗话说"天下没有免费的午餐"，但与之形成鲜明对比的是，人们生活中随处可以看到免费报纸、免费食物、免费软件等各种免费产品。有一种企业的商业模式，叫做免费商业模式。免费商业模式指的并不是企业不赚钱，而是他们转换了收费对象。

在传统的商业逻辑中，企业生产出商品，卖给消费者，企业获得买卖差价以赚取利润。这种逻辑是好理解的。采用免费型商业模式的企业其实是将企业的价值链延长了。免费商业模式诞生在平台逻辑之下。在传统的单一的买卖关系下，企业的经营是单向传导的"链式"关系。在这场关系中，角色明了，上游的是供货商，下游的是客户。企业把上游的原材料经过加工销售给下游的客户，从而赚取利润。

但是在平台逻辑下，市场的参与者变多了。以盛大网游公司为例，他们的客户形态，变得多元化了。

案例 3.13

不在一只羊身上薅羊毛

作为领先的互动娱乐媒体企业，盛大网游公司通过盛趣游戏、盛大文学、盛大在线等主体和其他业务，向广大用户提供多元化的互动娱乐内容和服务。盛大游戏拥有国内最丰富的自主知识产权网络游戏的产品线，向用户提供包括大型多人在线角色扮演游戏、休闲游戏等多样化的网络游戏产品，满足各类用户的普遍娱乐需求。盛大网游的细分客户群如图 3.18 所示。

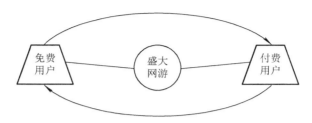

图 3.18　盛大网游的细分客户群

　　传统的单机版游戏的营利模式是依靠游戏软件销售获取收入的，其营利点单一；同时，由于付费的特点，总是难以在短期内获得大规模的传播。因此，众多的网络游戏提供商试图打破这一僵局。游戏依然是需要收费的，但他们改变了收费对象，将游戏用户划分为免费用户和付费用户两类。网游公司转向付费用户收费。而在通常情况下，付费用户是极少的，每 100 个游戏玩家中，大概仅有 5 人选择付费。那么，这样一来，盛大网游的收入是不是变少了？

　　其实不然。如果在游戏玩家总数不变的情况下，只对其中一部分玩家收费，收入是会减少的。但问题是，一旦网游公司选择让用户自由付费，虽然绝大多数玩家会选择不付费，但由于人们"贪便宜"的心理，这些免费玩家会主动宣传，让更多玩家加入到网游大军中，由于网络效应，会大大增加网游的玩家总数(增加了用户基数)，这样带来的收入反而可以超过单机版游戏的销售收入。

　　在网游世界里，多数玩家可以获得"免费"，他们可以尽享游戏的开心过程；而对于另外一部分的付费玩家，他们通过付费，可以更快地获得装备和升级，可以享受在游戏世界中的 VIP 服务，感受与免费玩家的"不一样"。

　　免费玩家的存在，让付费玩家有了玩游戏的 VIP 般的快感；付费玩家的存在，让网游公司有了收益。而免费的游戏体验，又可以让游戏玩家像滚雪球般地越来越多，从而可以增加更多的游戏付费用户。

　　免费商业模式的优势就在于其可以更好地利用网络效应，使平台的用户迅速增加，从而获取优势。因此，免费商业模式指的是通过将用户分门别类，只对其中一部分用户收费，对其他用户免费的方式攫取价值的一种商业模式。在免费商业模式中，免费的用户负责激发网络效应，获取"锁定性"效果，收费用户为企业提供收益。

　　免费商业模式的产生并不是一蹴而就的。早在 20 世纪初，"免费"的商业模式就十分盛行。例如，剃须刀厂商通过免费派送剃须刀具，从后续销售刀片中营利，就形成了典型的捆绑销售模式；早期的电视节目也是免费向观众播放的，通过第三方——广告商预付的广告费营利；咖啡厅免费为顾客提供 Wi-Fi 上网，其 3 美元一杯的拿铁咖啡每天都供不应求；1996 年，在微软与网景之间，爆发了历史上最为奇特的商战之一：双方争着把浏览器免费送到客户手中；在中国，前几年的移动、电信和联通大战中，三大运营商竞相推出各种移动电话资费套餐方案，其中包含一定的免费通话时间，一定的免费短信条数，甚至可以在使用了足够的服务之后，免费获赠一部手机。

　　腾讯 QQ、微信、电子邮箱、360 软件等免费网络工具或网络服务给人们的工作和生活提供了很大的便利，甚至在一定程度上改变了人们的工作和生活的方式：利用互联网可以收看免费的电影以及下载海量歌曲，而不用为此付费；大量的门户网站和专业类细分网站免费为人们提供了无穷无尽的信息资源。20 世纪末的互联网革命诞生了互联网经济，互联网经济的发展使它越来越成为免费经济的代名词，以数字时代的"免费"商业模式踏上了历史的舞台。

案例3.14

为何成功的偏偏是"腾讯"？

腾讯其实也走过一番坎坷之路。1999 年 2 月推出免费注册的腾讯 QQ 以来，马化腾一直找不到赢利点。2000 年 4 月，马化腾找到了李泽楷和 IDG，虽然两方都给腾讯投了钱，但均不看好腾讯。IDG 怎么也想不明白腾讯靠什么赚钱，为此，IDG 盘问了马化腾一夜，腾讯靠什么赚钱？马化腾说他也不知道。IDG 问马化腾，腾讯为什么值那么多钱的时候，马化腾的回答是，因为他们缺 200 万美元。IDG 很失望，但他们和李泽楷还是投资了腾讯，2 人各购入了 20%的腾讯股份，合计 40%的股份，投资价是220 万美元。

很快，钱就烧完了。当马化腾再次找 IDG 投资的时候，IDG 是拒绝的，因为他们看不到腾讯有什么希望。马化腾于是向朋友圈里的大佬们挨个问了一遍，没有一个人愿意投资他。

峰回路转，一个中国名字是网大为的外国人找到了马化腾，提出收购。马化腾非常不解，问这个外国人为什么要收购。网大为的回答很简单，网吧里那么多人嘀嘀嘀的，都在使用 QQ。

腾讯为什么可以聚焦如此众多的中国网民？

答案就是两个字：免费。

其实在企业最艰难的时候，马化腾找不到融资，也曾经尝试过 QQ 收费，并且 QQ 号只收一元，但很快就在用户的口诛笔伐中停止了。已经习惯了免费的用户受不得一点半点的收费。但免费的好处很快就显现出来了。

正是因为免费的特点，使得腾讯软件迅速积累了数以亿计的用户。在此基础上，腾讯终于在逐渐的探索中，找到了自己的赢利点。首先就是 Q 币的产品创新。充值了 Q 币的用户可以在腾讯的 QQ 空间里设置宠物的装扮等。更厉害的是，腾讯开始进行产品创新，模仿极品飞车搞出 QQ 飞车，模仿劲舞团搞出 QQ 炫舞，模仿开心网的偷菜，模仿冒险岛搞出 QQ 三国等。有趣的是，由于 QQ 强大的用户量基础，他们模仿的产品往往会比被模仿者做得更加成功。

很快，腾讯不满足于模仿游戏，模仿酷狗搞出了 QQ 音乐，模仿土豆搞出了 QQ 播客，模仿支付宝搞出了财付通，模仿 PPLive 搞出了 QQ 直播，模仿百度贴吧搞出了搜吧，模仿百度知道搞出了搜搜问问(QQ 的商业模式画布如图 3.19 所示)。虽然不是每一款模仿的产品都成功，但其中成功的不在少数。腾讯发现，只要自己的用户基础在，什么产品都可以尝试。

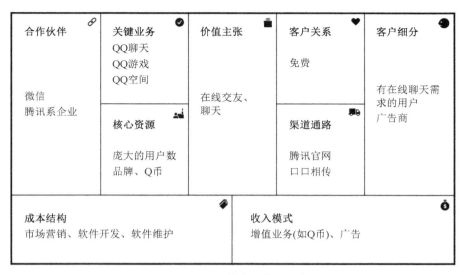

图 3.19　QQ 的商业模式画布

　　腾讯的成功得益于他们免费的商业模式，而免费商业模式通过巨量的网络效应，在突破一定的阈值之后，就可以爆发，达到指数级发展的速度。

　　为什么免费商业模式大行其道？

　　因为互联网的存在打破了传统的成本概念。在传统的经济学中，成本来自于商品的生产，即每生产一个商品，势必带来相应的固定成本和可变成本。企业的盈利来自于每一单位产品的销售额减去固定成本和可变成本。然而，互联网的成本不是这么算的。互联网将成本与收益割裂开来。在互联网企业中，前期是大量产生成本的，只能获得微利，甚至没有利润。直到企业做到足够大，积累数量足够多的用户以后，达到了所谓的"阈值"。突破这个阈值之后，成本增加的速度开始指数级地放缓，而收益开始指数级增加。比如，开发 QQ 软件，前期全部都是软件开发、运营和维护成本，无法产生收益。而当 QQ 发展到一定程度，开始拥有上亿用户，再开发出诸如 Q 币、QQ 三国等产品的成本有限，而一旦新产品开发成功，进入使用阶段的 QQ，每增加一个新客户，其边际成本是无限趋近于零的。在这之后，就可以坐享海量用户带来的暴利。

　　总结互联网企业的一个特点就是：成本可控，收益无上限。其难度就在于突破初创期的困境，冲破成长期的徘徊，进而达到成熟期的"阈值"。一旦企业冲破了这个公司发展的"阈值"，后边单位客户带来的边际成本接近于零，坐着收钱就是了。

案例 3.15

杀毒"怪咖"360

　　看懂了腾讯的成长逻辑，互联网领域中出现了另外一位"鬼才"，周鸿祎先生。周鸿祎旗下的 360 杀毒软件和 360 安全卫士独霸杀毒软件市场，长期占据了杀毒软件市场中的头把和第二把交椅。然而，在这之前很多年，杀毒软件市场是属于瑞星、金山毒霸和卡巴斯基的。在多年前，奇虎360甚至都不是做杀毒软件的。一个原本与杀毒软件风马牛不相及的公司，如何成为了市场的霸主呢？

奇虎360原本是一家做门户网站的平台企业。因得到了腾讯免费商业模式成功经验的启示，开始进军互联网杀毒市场。但与腾讯的商业模式创新之路相比，360走得要顺利许多。毕竟，腾讯是摸着石头过河，是第一个吃螃蟹的。360则不同，有了腾讯成功的经验作为参考，同时，可以借鉴360门户网站的前期基础，少走许多的弯路。

不同于腾讯早期面临着的大范围的经营困境，360刚开始就找准了自己的营利模式，搞清了自己的商业逻辑，初期的360靠门户网站补贴杀毒软件。直到杀毒软件靠"免费"的力量在短期内聚集了大量用户之后，再在杀毒软件的基础上，提出增值服务等盈利方式。

面对360的竞争威胁，金山毒霸、瑞星和卡巴斯基对360恨之入骨。虽然都是杀毒软件，但360的商业模式明显不一样，360不靠卖杀毒软件赚钱。360进入市场以来，让三家公司天天陷入亏损。于是三家公司天天对360口诛笔伐，甚至声称360是个怪胎，会迟早"胎死腹中"的。因为此时的传统杀毒软件公司还没有看明白免费商业模式的逻辑，还无法理解360这个"怪咖"。

事实上，即使3家杀毒软件公司看明白了360的招数，也无可奈何。因为360直接将他们赚钱的地方免费，他们如果想和360竞争，只能将传统的营利模式砍掉，那么这样一来，三家公司都得"喝西北风"。因此，即使看懂360的招数，也无可奈何。

事实上，360并没有在杀毒软件的专业度方面过于下功夫，而是通过免费商业模式迅速积累用户，从而攫取巨额利润。360安全卫士的商业模式画布如图3.20所示。

图3.20　360安全卫士的商业模式画布

消费者都是贪便宜和懒惰的。从贪便宜角度讲，相比于付费产品，人们会更加偏向于免费产品。免费产品可以撬动的海量网络效应，可以助力企业吸收海量用户。免费商业模式用的是巧力，公司体量可以不大，甚至于公司可以不赚钱，但免费的诱惑可以助力公司实现逆风翻盘，带来"以星星之火燎原之势"。看透了这个逻辑，阿里巴巴在自身尚不赚钱的时候，就轻松地打败了试图霸占中国网购市场的巨无霸 ebay。互联网的发展告诉我们一个道理，企业之间的竞争已经突破了传统的企业，甚至行业边界，公司的体量大小不再是企业之间竞争的决定性因素。左右公司胜败的是商业模式。

免费商业模式、平台商业模式与猎豹型商业模式共同被称作商业模式领域的"三剑客"。免费商业模式很巧，平台商业模式新颖，而猎豹型商业模式很快。三种模式的"武功"各有千秋。但商业模式"三剑客"都有一个共同的特点，要么不出招，出招甚至可以达到"以小博大""十步一杀"的特点。这也正是商业模式的魅力所在。商场如战场，而商业模式的存在告诉我们，公司之间的竞争不是单纯地靠公司的经营业绩和公司体量。公司的打法和商业模式，才是其成功的"杀手锏"。

案例 3.16

"羊毛出在猪身上，狗来买单"

很多朋友都听到过一句话"羊毛出在猪身上，狗来买单"。这句话形象地反映了商业模式对传统价值链的重构作用，用它来描述免费商业模式也再好不过。

"羊毛出在猪身上"这句话更改了一句俗语"羊毛出在羊身上"。要理解这句话，需要先理清"羊毛出在羊身上"这句话中"羊毛""羊"与商业活动的隐喻关系，即"羊毛"讲的是利润来源中的赢利点，"羊""猪"指的是产品。也就是说，在传统的单一价值链路中，最简单、直接的概念就是，企业收入来源于卖货的价格差。这一点非常好理解。

而"羊毛出在猪身上"却改变了原有的单一的价值链逻辑。"羊毛"还是利润点，但产生利润的利润源已经不再是原来的产品"羊"了。现在运用商业模式创新，延长了价值链，原来的产品"羊"免费了，但企业并不是不收费，只是转移了收费的目标。就比如杀毒软件，原来的利润点是"软件的销售收入"，但 360 将价值链延长了，原本的软件销售(软件销售就是原本的产品"羊")变成免费了，360 杀毒软件选择靠增值服务收费，那么，此时的增值服务成为了新的利润来源"猪"。

后半句"狗来买单"，这里边的"狗"隐喻客户，由于原本的产品"羊"变成了"猪"，那么，相应地购买产品的客户也发生了变化。再以 360 杀毒软件为例，原来的客户是杀毒软件客户，而现在杀毒软件免费了，增值服务收钱，原来购买杀毒软件的客户，变成了另外的增值服务付费者("狗"是新的产品或服务购买者)。

拼多多的"多多果园"就生动地诠释了什么是"羊毛出在猪身上，狗来买单"这句话。多多果园是拼多多平台上的一款"用户线上种水果"App。它的运作机制是用户选择某种类型的水果，每天通过"虚拟浇水"与"虚拟施肥"，线上培育的虚拟水果。与电子宠物不同的是，当"多多果园"中生产出来的虚拟水果成熟以后，用户可以免费收到邮寄的水果一箱。多多果园的商业模式如图 3.21 所示。

图 3.21   多多果园的商业模式

"多多果园"的线上种水果模式貌似不合理，很难用传统的生产、销售逻辑解释。其实是"多多果园"构建了一个平台。他们首先找到手中有多余水果的果农，承诺在"多多果园"平台上帮助果农寻找"买家"。然后，"多多果园"在平台上搞出"线上虚拟种水果"活动，吸引拼多多用户天天"线上种水果"。然而，在整个过程中，拼多多用户都是免费"种水果"，在水果成熟之后免费收获水果的，"多多果园"还需要解决平台的盈利来源问题。

于是，平台找到了有宣传需求的广告商，增加了拼多多用户"线上虚拟种水果"的游戏规则：用户每天可以浇水的次数是有限的，如果想每天多浇水，以加快果树生长和水果成熟的速度，就需要观看额外的广告，而平台可以根据广告展示的次数向广告商收取相应的费用。

"多多果园"构建的平台搭接了广告商、拼多多用户与果农三个边，是典型的多边平台市场。而在"多多果园"构建的平台中，完美地诠释了"羊毛出在猪身上，狗来买单"这句话。平台中的羊毛(赢利点)并非来自原来的水果种植业务(水果是"羊")，而是来自线上广告(这里的线上广告就是"猪")。对整个价值链买单的并非是线上种水果的拼多多用户，而是广告商(广告商成了买单的"狗")。

在"多多果园"的案例中，对于拼多多的用户，平台是免费的，而对于广告商，它又成了收费者。免费商业模式并不是不盈利，只是转移了收入来源，对部分的客户免费，转而向其他用户收费。

3.3.7　分阶段盈利——"诱饵＋陷阱"模式

在商业模式分类的叙述中，我们讲到过组织生态学视角下的单一生态位分类包括平台型商业模式、长尾商业模式；组织生态学视角下的多生态位分类包括寄生型商业模式、共生型商业模式；内部结构视角下的分类包括猎豹型商业模式、集聚型商业模式、贫乏型商业模式、顾客型商业模式、直销模式与 O2O 商业模式、免费商业模式。其中，很多类型的商业模式的构建不需要太多太复杂的工作，在很多人看来，这种类型的商业模式是近乎于"静态"的。然而，还有一些类型的商业模式构建明显是需要分阶段、分步骤进行的。例如：寄生型商业模式的构建需要遵循"寻找目标宿主→蛰伏与积累→鸠占鹊巢"的路径。其实，所有类型的商业模式都不是静止的，都是随着时间不断发展变化的，只不过有的商业模式构建的步骤复杂，需要很多步骤和时间，而另一些类型的商业模式结构相对简单，需要的构建时间较少而已。

　　"诱饵＋陷阱"模式就是这样的一类商业模式，它明显体现了商业模式动态性的特点，前期需要通过诸如"发放优惠券"等方式吸引客户(放出诱饵＋布设陷阱)，中后期在用户深度嵌入到企业的生态圈之后，再对一部分内容收费(收网)。这种类型的商业模式运用了人们爱占小便宜的心理，诱导用户一步步习惯产品以及产品相应的社群，再在充分建立信任并了解用户需求的基础上，进行收费。

　　相对于之前的免费商业模式，"诱饵＋陷阱"模式同样进行了价值链的重构，先抛出"诱饵"，之后再布"陷阱"进行收割。很多人可能会疑惑，"诱饵＋陷阱"模式与免费商业模式有什么区别呢？

　　首先，免费商业模式是对原来的客户完全免费，但"诱饵＋陷阱"模式可以抛出"诱饵"，这个"诱饵"未必完全免费，可以是收费少于原来标准的产品，只要给消费者带来让利，都有"诱饵"的作用。其次，二者面向的目标客户不同，免费商业模式是"羊毛出在猪身上，狗来买单"，通过进行价值链的重构，最终的消费对象也发现了迁移，但"诱饵＋陷阱"模式并没有改变消费者群体，这种商业模式仅仅是将客户消费的时间延长了，试图对某类客户进行长期深耕。

案例3.17

吉列剃须刀的"刀加刃"模式

　　很多男士都知道吉列剃须刀。不同于电动剃须刀，吉列剃须刀仍然是传统的刀片剃须模式。但和普通的刀片型剃须刀不同，吉列剃须刀采用了"刀加刃"模式。

　　何为"刀加刃"模式？

　　简单地说，就是吉列将刀头和刀身分开，将刀身免费，刀头收费。利用消费者爱占便宜的心理，免费的刀身吸引更多的消费者购买产品，在使用中，随着刀头的损耗，赚刀头的钱。其实该赚的钱，并没有少赚，只是人为地将产品进行了剥离，"刀身"免费、"刀头"收费，让消费者在心理上感到占了便宜，进而促销消费者购买。

　　滴滴出行、瑞幸咖啡、美团外卖等在刚开始发放免费的"消费券"就是典型的"诱饵"。随着消费者逐渐习惯使用自己的产品之后，再逐步布下"陷阱"开始收费。"诱饵＋陷阱"模式并不是免费，只是通过部分的"让利"，延长了向消费者收费的时间。通过部分的优惠，吸引消费者习惯使用自己的产品，从而锁定客户。

本章课件资源

第 4 章　商业模式演进

商业模式演进机制研究源于组织生态学理论。组织生态学建构在有关组织群落和组织种群的生态演进模型上，是宏观组织社会学研究领域的一个重要分支。该理论主要致力于剖析在较长的时间跨度内，组织结构的形成因素。

组织生态学理论兴起于 20 世纪 70 年代。当时组织社会学开始注重环境对企业、政府机构和其他类型组织结构和功能的影响。该领域中大多数理论都强调组织自身是否能够理性、灵活、快速地适应环境变化，组织结构的可变性本身也体现了组织对环境波动的局部适应。

研究商业模式演进机制，首先需要确定商业模式的基本研究单元。组织可以拥有类似于生物的遗传物质 DNA 的基本结构和指令，组织具有类似于生物 DNA 分子结构的一系列组织生命结构的指令，这种指令被称作"组织基因"。在商业模式的基础性研究中，学者们对商业模式的基本研究单位做了有益的探索。商业模式就像乐高积木，通过组装商业模式的构件，为元素之间建立联系，可以设计出完全超出想象的新型商业模式。商业模式就像生物的基因组，不同的商业模式要素组合表达了不同的商业模式类型。商业模式要素的排列组合的方式构成了商业模式研究的黑箱，这也是为什么长期以来，一直难以找到可用于程序化商业模式设计的商业模式理论原型的原因。

也正是因为上述原因，学者们开始对商业模式原型(原子商业模式)排列组合方式进行了探索性研究和理论推演。商业模式演进的三大作用机制是驱动商业模式原型排列组合的直接原因，也是商业模式演进的内部机制，它解释了商业模式演进驱动因素是如何作用于商业模式要素的。

商业模式演进三大作用机制的理论基础来自于组织生态学理论。早在 20 世纪 30 年代，费舍就在其著作《自然选择的遗传理论》一书中提出，组织的演进机制包括遗传、变异和选择。组织演进类似于达尔文进化论，是组织在较长的时间内变革和选择积累的过程，遗传、变异和选择机制是变革和选择的内部机制。其中，遗传机制更多地表现为"组织惰性"，可以帮助组织延续现有的战略和结构，使得组织具有刚性；变异是组织变革的最终推动力，变异机制可以帮助重塑组织结构，并激发组织的多样性；选择广泛地存在于生物种群的演进过程中，类似于生物种群演进，选择机制解释了组织多样性的动态演进，表现为社会环境变化与组织变革之间的相互影响。

遗传、变异和选择是商业模式演进的三大作用机制，表现为不同时期商业模式刚性(遗传机制占主导地位)或商业模式创新(变异机制占主动地位)占主导地位。

作为一种借鉴生物界自然选择和自然遗传机制的随机搜索算法，遗传算法的三种基本算法：交叉算法、变异算法和选择算法同商业模式演进的三大作用机制一一对应。其中，交叉算法是商业模式维持的形成机制，使得商业模式可以延续旧有模式的特征；变异算法是商业模式差异的形成机制，为商业模式带来新鲜的血液；选择算法是商业模式选择的形成机制，通过选择算法，可以保证商业模式与环境的较佳匹配。遗传算法的三大算法着眼于商业模式演进的内部机制，可以很好地实现商业模式演进过程的模拟。

图 4.1 显示了商业模式演进的内部机制。原始的商业模式，经选择、交叉或变异三大运算，判断其与企业内外部因素的匹配程度，直到令决策者满意，完成了一次商业模式的变革。

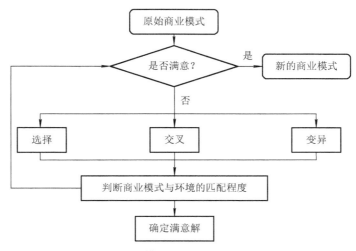

图 4.1　商业模式演进的环境选择机制

商业模式演进由长期的商业模式变革组成。每一次商业模式变革都是循序渐进的，变化并不显著；然而，长期看，把微小的差异积累，并不断放大，将产生出全新的商业模式。

商业模式演进本质上是从一种稳定状态变为另一种稳定状态的过程。商业模式一旦形成，便会在一定时期内保持稳定。因此，商业模式不会频繁变化。商业模式演进其实就是企业在原有的商业模式基础上进行多次创新的过程，也是商业模式创新的表现。

商业模式演进的过程比建立商业模式愈加重要，大多数的成功企业都是通过不断地创新商业模式来构建自身持续的竞争优势的。商业模式演进是在内外部环境变化的情况下，企业通过不断深化经营逻辑来不断调整原有的商业模式，从而完成的。商业模式演进得益于网络平台的发展，企业的商业模式演进都将经历萌芽阶段、发展阶段和成熟阶段。商业模式一直在持续演进的过程中，只有通过商业模式的可持续创新，才能够完成企业的价值主张、价值创造、价值传递以及价值获取。

在企业的经营管理创新实践中，商业模式演进的三大机制可以理解为：

(1) 遗传机制代表了目标企业商业模式对其他成功企业商业模式的模仿和学习。例如，阿里巴巴模仿了亚马逊及 Ebay，腾讯模仿了 MSN 及 Whatsapp，百度模仿了谷歌。

(2) 变异机制则表现了单个企业结合自身特征，对商业模式进行的有效创新。这种创新可以是对一个或者多个要素的变革，也可以是多种商业模式要素的协同变化。例如，苹果手机通过对手机业务领域进行商业模式创新，将原本的产品概念的苹果手机，变换成可以搭接各式各样 App 的苹果手机平台(平台概念)。

　　(3) 选择机制代表了目标企业在模仿多种类型商业模式的同时，基于多个对标企业商业模式的取舍逻辑。例如，瑞幸咖啡的商业模式同时属于平台型商业模式、"诱饵+陷阱"的商业模式以及O2O模式，就是同时模仿了苹果手机、吉列剃须以及苏宁，分别选择了其中适合自己公司的合理部分。

　　企业商业模式演进的三大机制是核心企业商业模式创新的内部机理。从微观讲，任何企业的商业模式创新都离不开商业模式演进的三大机制。

　　具体企业的商业模式演进可以用商业模式画布展现出来(如图4.2所示)。商业模式演进的描述需要在变动的环境下，结合商业模式要素，对部分商业模式要素随着时间变迁做出改动。如图4.2所示，"①→②→③"代表了从第一阶段到第二阶段，再到第三阶段某种要素的变化，在客户细分改变之后，渠道通路也相应地发生变化。

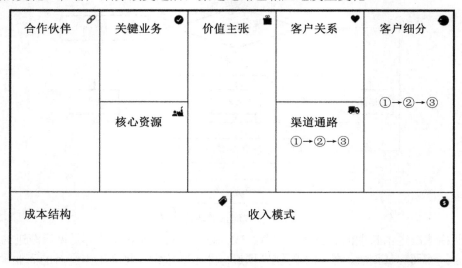

图4.2　商业模式演进画布

4.1　生意宝的商业模式演进

　　从2006年在深交所上市以来，网盛科技公司始终属于贫乏型商业模式。贫乏型商业模式对资源禀赋的要求较低，不同于汉王科技产品以创新为主的商业模式组合，网盛科技主要由"中华纺织网"和"中国化工网"等平台组成了"商业模式平台簇"。

4.1.1　萌芽期生意宝的商业模式

　　1997年，孙德良创建了英文版的中国化工网(China Chemical Network)，也就是后来生意宝的前身。从1997年到2002年是中国化工网(生意宝)商业模式的萌芽期。这一时期，生意宝主要依靠中国化工网实现盈利。

　　1. 价值主张

　　(1) 顾客价值。作为生意宝前身的中国化工网(生意宝)，首先致力于解决网商的化工、橡塑、冶金等方面的需求。

(2) 市场定位。从一开始，中国化工网(生意宝)就定位于 B2B 市场。自从 2000 年 5 月，中国化工网(生意宝)先后在山东、上海、广州成立办事处，由此形成了辐射全国的市场及服务体系。

2. 价值创造

(1) 资源禀赋。萌芽期，中国化工网(生意宝)的资源禀赋立足于企业的市场信息整合能力，以及对橡塑、化工、冶金、纺织、能源、农业、建材、机械、电子、电工、五金、仪器、汽车、照明、安防、服装、服饰、家电、百货、礼品、家具、食品等 40 多个大类商品的在线采购批发和营销推广。

(2) 价值网络。1997 年 12 月，中国化工网(生意宝)成立了杭州世信信息技术有限公司，和浙江省石化厅信息中心建立了合作关系；2001 年，被浙江省科技厅认定为浙江省高新技术企业。中国化工网(生意宝)在成立之初，建立了较好的政府关系。

3. 价值分配与获取

(1) 成本结构。中国化工网(生意宝)从成立之初就是平台企业，满足平台企业的成本结构要求，即注册和建立企业之初需要投入较大的成本，随着入驻的企业日益增多，企业的边际成本越来越小，逐渐趋于零。

(2) 收入模式。在成立之初，企业就开创了通过收取会员费和广告费用获取盈利的收入模式。

萌芽期生意宝的商业模式如图 4.3 所示。

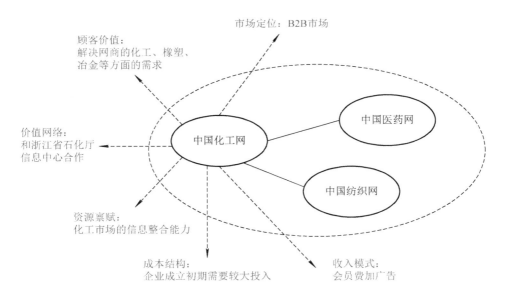

图 4.3　生意宝萌芽期的商业模式

4.1.2　扩张期生意宝的商业模式

从 2003 年到 2007 年是网盛科技(生意宝)商业模式的扩张期。2006 年，网盛科技在深交所上市，成为了中国 A 股市场上第一家纯互联网概念的上市公司。

1. 价值主张

(1) 顾客价值。不同于萌芽期网盛科技(生意宝)对中国化工网的过度依靠，这一时期，企业收购了中国服装网，参股中国机械网，并成功上市。推出"小门户＋联盟"模式之后，网盛科技(生意宝)真正成为一个平台，满足包括服装、机械、化工、医药、纺织等多个领域的顾客价值。

(2) 市场定位。这一时期，企业继续其地域扩张战略，在东北、湖北，甚至韩国等国内外多地都设有办事处。在经营业务领域方面，为了满足不同领域顾客的顾客价值，独创性地设计了"小门户＋联盟"的商业模式，并于 2007 年 9 月 16 日荣膺"2007 年最佳商业模式"，成功地实现了从单一化经营向多元化经营的转型。

2. 价值创造

(1) 资源禀赋。网盛科技(生意宝)在这个时期的资源禀赋主要表现为众多数目的会员，以及与近千家行业网站的行业联盟。2007 年 4 月 16 日，网盛科技(生意宝)上线了中国化工网行情中心，主要得益于其长期在中国化工网的经营，对中国化工行业搜集了众多的信息情报，这也是企业独有的资源禀赋。

(2) 价值网络。2006 年，网盛科技(生意宝)携手近千家行业网站，开创了"小门户＋联盟"的商业模式。2007 年，网盛科技(生意宝)以 51%的控制权并购了"中国服装网"，以 20%参股机械专家网，成功将主营业务拓展到服装和机械领域。

3. 价值分配与获取

(1) 成本结构。在企业成长期，最大的成本还是来自对新企业的收购和参与，以及成立新企业的需要，包括对机械专家网的参与和对中国服装网的收购，以及成立了中国化工网行情中心。

(2) 收入模式。在"小门户＋联盟"模式下，收入仍然来自于顾客会员费以及广告费。

成长期生意宝的商业模式如图 4.4 所示。

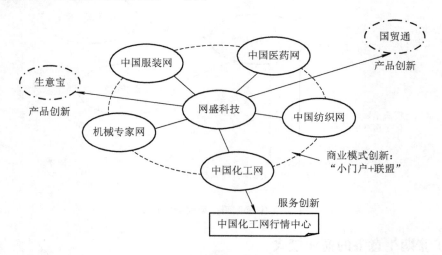

图 4.4　生意宝成长期的商业模式

4.1.3　调整期生意宝的商业模式

从 2008 年至今是生意宝商业模式的调整期。2008 年 2 月 28 日，网盛对外宣称改名为"生意宝"。企业变更名称，主要是为了做大做强网盛科技旗下的联盟网站"生意宝"，从而将以"小门户 + 联盟"的模式为核心的生意宝网站发展壮大。生意宝董事长孙德良表示，生意宝要通过平台打造 100 个"中国化工网"。这一时期，生意宝逐步实现了从技术服务向信息服务的转型。

1. 价值主张

(1) 顾客价值。面对 2008 年的全球金融危机，生意宝推出了 1800 元"中国供应商"服务(正常情况下，"中国供应商"服务费用需要几万元，1800 元的服务费是企业的主动让利行为)，回惠广大用户，帮助广大中小企业共渡难关。为了增加顾客黏性，生意宝还同时推出小、中、大的多层次不同产品。

为了打入互联网 + 金融业，生意宝开始尝试开展网络融资服务，并于 2010 年 6 月 1 日推出面向中小企业的融资服务产品"贷款通"，满足广大需要贷款而又不满足银行贷款要求的中小企业的贷款需求。

生意宝拓展顾客价值，同时进军线下、线上会展业务，以化工行业展销会为突破口，逐渐将会展业务拓展到其他细分业务领域，实施化工、医药、服装等方面的线下线上会展一体化。

2011 年，通过生意宝的创新产品"生意社"建立大宗商品资讯平台，该数据库涵盖橡胶、有色金属、化工、钢铁、纺织、建材在内的 10 大产业领域、1000 多个品种的海量行情资讯。

(2) 市场定位。从 2008 年起，生意宝开始全面向全国扩张，相继在上海、北京、南京、广州、成都等国内 12 个主要的经济发达城市设立营业点，并持续扩张。

在这一阶段，生意宝逐渐开始从 B2B 转向 B2C 市场。并购衣服网之后，生意宝将旗下的衣服网定位为 B2C 时尚购物网站，主要销售男装、女装、休闲装、运动装等商品。

不仅如此，生意宝开始进军农村电商市场，计划在浙江省的 1000 个乡镇试水之后向全国主要省市推广。

2. 价值创造

(1) 资源禀赋。生意宝有一支经验丰富的电子商务平台开发团队，涉及服装、医药、化工等不同的领域，为支付宝提供更好的电商服务提供技术支持。为了支持平台的海量数据处理功能，推出"云服务"平台。

(2) 价值网络。2008 年 4 月 30 日生意宝收购月海科技，持股率为 100%。2009 年，该公司又与中国通信运营商合作，联合投资，设立项目公司"网盛电信"。

为了打入互联网金融业，生意宝于 2010 年开始与多家银行合作，试水互联网 + 金融，先在浙江省进行试点，进而推广到全国。其与美亚财险的合作，拟将美亚的信用保险推荐给电商平台上的核心企业。

为了激励管理团队，生意宝首度与投资机构合作，2010 年 2 月生意宝将中国服装网的股权由原来的 51% 减持为 19.62%，将出售的股份分别卖给了浙江江浩坤元创业投资有限公司和以中国服装网董事长陈学军为代表的管理团队。

2011 年，为了构建"生意社"的数据库，生意宝和全国四百多家大宗商品电子交易市场建立了合作关系，并在 2014 年入股杭州数新软件技术有限公司，并将其更名为"杭州网盛数新软件有限公司"。

为了继续维持良好的政府关系，2014 年 8 月 29 日生意宝旗下的宁波子公司宁波网盛大宗商品交易有限公司和宁波电子商务城管委员会举行了签约仪式，并于 9 月 5 日宣布成立"宁波网盛综合交易平台"。

3. 价值分配与获取

(1) 成本结构。相比于城市电商，互联网 + 农业具有低成本的优势，可以通过互联网将商品推销深入到农户家里。这一时期，生意宝的成本主要由收购、并购企业(如收购浙江阅海)所需要的资金，开发"云计算"平台所需要的研发费用，网站运营费用，新产品开发费用(如开发新产品"生意社")，以及为回惠顾客所提供的让利服务费组成。

(2) 收入模式。生意宝在 2016 年上线大宗化工品交易平台。该平台改变了企业的收入模式，把企业的收入来源扩展到供应链金融、资金沉淀利息收入、交易佣金等方面。随着对浙江阅海科技有限公司等企业的收购和入股，生意宝逐步形成了以广告、会员费、会展收入、数据资讯服务费等为主要收入来源的收入模式。平台的入住率构成了生意宝收入模式的基础。在企业不断多元化运营的同时，其收入来源也日趋多样化。

生意宝调整期的商业模式如图 4.5 所示。在这一时期，生意宝作为网盛旗下的总的平台，也就是"小门户 + 联盟"中的联盟，联合了五大子公司，分别是：大宗商品资讯行情平台的生意社、经营海外 B2B 的网盛欧洲、运营线上线下新型会展的网盛会展、进军农村电子商务的网盛电信和掌管中小企业 B2B 生意的生意宝网络。截至调整期，在生意宝的联盟下，联合了包括中国纺织网、中国医药网、机械专家网、中国服装网和中国化工网等小门户网站。企业进行产品创新，共推出了"小生意""生意经""生意圈""生意旺铺""贷款通""检测通""生意通""比购宝"和"国贸通"(国贸通是成长期推出的创新产品)九大创新产品。其中，"生意搜"是经营 B2B 的垂直搜索引擎，"小生意"是连锁加盟、招商代理平台，"生意经"是生意人的交流社区，"生意圈"是生意人 SNS 的人脉圈，"生意旺铺"是企业的网上旺铺，"比购宝"是国内首家专业网购导航平台，"生意通"是专门为生意人士提供的有"即时通讯"功能的产品，"检测通"是为中小企业提供检测服务的电商产品，"贷款通"是生意宝联合多家银行办的网上融资服务产品。

以商业模式画布反映生意宝不同时期商业模式的演进，可以绘制出如图 4.6 的商业模式画布演进情形。将生意宝三个阶段商业模式要素的变化情况绘制到一张图上，可以明显看到生意宝在商业模式上的演进具体体现在价值主张、客户细分、客户关系与关键业务四个要素的演进。其中，价值主张由初创期的"解决网商的化工、橡塑、冶金等方面的需求"演进为成长期的"化工、服装、医药、纺织、机械市场的服务者"，价值主张在调整期未发生明显改变。价值主张的变化，体现了生意宝在经验方向方面的探索，从初期将主要精力放在化工市场，演进为成长期和调整期的全面扩张。企业的价值主张的扩充，也同时说明企业在"初创期→成长期"期间的发展不错，总体处于扩张阶段。

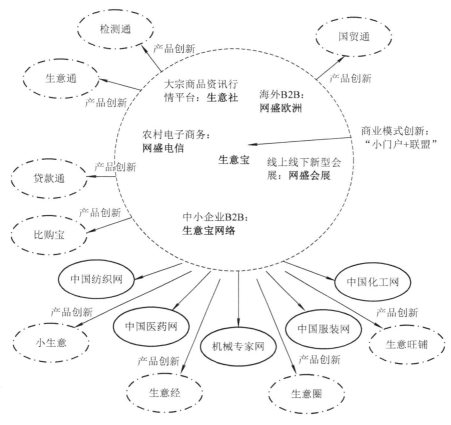

图 4.5　生意宝调整期的商业模式

图 4.6　生意宝的商业模式演进

关键业务由初创期的"B2B 交易平台"演进为成长期的"小门户＋联盟",主要是为了配合价值主张的变化。由初创期发展到成长期,B2B 交易平台本身并没有太多太大的变化,但由于价值主张变了,不仅仅服务化工企业了,新加入的服装、医药、纺织、机械市场需要平台的更多支持,于是生意宝的关键业务变成了"小门户＋联盟"平台,服务更加细化了。而客户关系由"线上平台支持"转变为"更加细致的服务"是为"小门户＋联盟"服务的。

最后再来看客户细分,从初创期的"以化工为主的 B2B 市场"到成长期的"化工、服装、医药、纺织、机械的 B2B 市场",再到调整期的"化工客户＋海外客户＋会展客户＋农村客户",见证了生意宝的一次次扩张,客户拓展到化工客户、海外客户、会展客户与农村客户。客户细分全程见证了生意宝事业的发展壮大,但也可以同时看出,在"成长期→调整期"的发展时期,生意宝的商业模式没有明显的创新。因此,长期看来,生意宝的商业模式过于单一,较容易受到市场变化的冲击。

进一步地,以组织内部结构视角研究生意宝商业模式演进过程中要素的变化与要素之间的交互作用关系,绘制生意宝的商业模式演进的要素互动图(如图 4.7 所示)。从图 4.7 中可以看出,在三个阶段的商业模式演进过程中,遵循了"客户细分→价值主张→关键业务→客户关系"的发展和演进顺序,层层递进;也从另一个角度说明,生意宝的商业模式演进更多的是来自于客户细分的变化,以及生产业务领域的扩张,价值主张的演进服务于客户细分的变化,关键业务的增减服务于价值主张的变化,而客户关系是为关键业务服务的。因此,从三个时期看来,生意宝的商业模式演进幅度较小,商业模式创新元素较少。生意宝构建了属于自己的平台商业模式(同时属于贫乏型商业模式)。

图 4.7　生意宝的商业模式演进的要素互动图

同时,从图 4.7 中可以看出,生意宝的商业模式要素之间动态一致性较高(有 3 条价值链路),可以发挥出商业模式较好的协同作用。

4.2　苏宁电器的商业模式演进

苏宁电器成立于 1990 年 12 月 26 日，以经营传统家电为主，2003 年开始多元化扩张，兼营消费电子、百货、日用品、图书、虚拟产品等综合品类。表 4.1 为苏宁内外部环境变化大事记。

表 4.1　苏宁面对的内外部环境变化大事记

年份	外部环境变迁	内部资源禀赋的变化①
1990 年	大量的电子商务企业蓬勃发展	—
2000 年	电商企业间竞争激烈，大批电商企业倒闭	—
2004 年	—	苏宁(002024)在深圳证券交易所上市
2006 年	—	公司上线 SAP/ERP 系统，依托信息系统的支撑，建立内部共享服务平台
2008 年	国内企业经营更加集约化	—
2010 年	—	上线苏宁易购
2013 年	—	更名苏宁云商
2014 年	—	并购满座网

传统的商业模式演进研究从企业生命周期着手，认为处在不同生命周期的企业具有不同的商业模式，并未考虑环境变化对商业模式的冲击。这里结合苏宁内外部环境变化大事记与生命周期，将企业的发展划分了八个阶段，分析其商业模式演进历程，如表 4.2 所示。

表 4.2　苏宁发展阶段

年份	企业发展阶段	特点
1990～1994 年	创业积累期(第一阶段)	专做一事，只做空调
1994～1997 年	快速扩张期(第二阶段)	借势批发，壮大规模
1997～2000 年	调整发展期(第三阶段)	扩建终端，探索连锁
2000～2003 年	二次创业期(第四阶段)	3C 升级，连锁全国
2003～2004 年	多元扩张期(第五阶段)	多元扩张
2004～2006 年	多元扩张期(第六阶段)	多元扩张
2006～2008 年	多元扩张期(第七阶段)	多元扩张
2008 年至今	多元扩张期(第八阶段)	多元扩张

---

① 苏宁上市在一定程度上体现出企业的内部资源禀赋的完善；上线 SAP/ERP 系统，显示出其技术水平的提高。

根据价值创造视角下的价值三维度研究框架，以及对零售企业商业模式要素的提炼(项国鹏、周鹏杰，2013)，项国鹏、周鹏杰从价值主张、价值创造、价值分配与获取三个维度划分了商业模式分类的指标体系，如表 4.3 所示。

表 4.3　商业模式的分类维度及指标选取

分类指标		表现形态(字母代码)
价值主张(X)	顾客细分(X)	大众型(P)、聚焦型(F)
	市场范围(X)	本地主导(D)、地区渗透(A)、区域扩张(E)、全国布点(N)[①]
价值创造(Y)	经营模式(Y)	专业市场(S)、连锁经营(C)、业态整合(I)
价值分配与获取(Z)	营利模式(Z)	传统实体店(T)、线下到线上(M)

根据苏宁的公告以及大事记，参照商业模式的分类指标，可以得到苏宁各个阶段的商业模式类型。第一阶段到第二阶段的商业模式类型是 FDST({12,13,17,110})；第三阶段为 FAST({12,14,17,110})；第四阶段，苏宁开始了区域扩张，商业模式变为 FECT({12,15,18,110})；第五、六阶段，苏宁开始在全国布点的 FNCT({12,16,18,110})商业模式；第七、八阶段，FNCM({12,16, 18,111})的商业模式显示，企业完成了其从传统经营向线上线下综合销售的转变。

从图 4.8 中可以看到，苏宁的商业模式演进过程中，没有交叉运算，演进是依靠变异和选择运算来完成的。从第二阶段到第三阶段，发生了商业模式模块的变异，具体模块由"本地主导"变为了"地区渗透"。由于 1997 年企业内部资源禀赋所限，市场范围功能下的模块变异只能限定在"本地主导"与"地区渗透"之间，企业的资源与能力不支持"区域扩张"和"全国布点"。为什么 1997 年会发生商业模式的变异？在苏宁面对的内外部

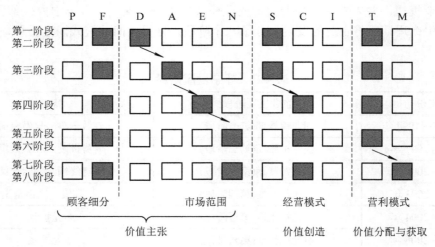

图 4.8　苏宁的商业模式演进基因图

---

① 根据项国鹏和周鹏杰的研究，本地主导指企业在一个城市的营业收入占总收入的 80%以上；地区渗透指企业在一个省份的至少 3 个地级市开展经营业务，每个地级市的营业收入不超过总营业收入的 40%；区域扩张指企业在 2 至 4 个省份开展业务，且在单个省份的营业收入不超过总营业收入的 40%；全国布点指企业在 5 个及以上的省份开展业务。

环境变化中无法找到答案。很可能的解释是，企业为了寻求突破，自发地产生商业模式变异，正如生活中突发的生物变异现象一样，变异，不总是发生在企业内外部环境改变的情形下的。

第三、第四阶段之间，商业模式发生了两处变异，市场范围功能区域的"地区渗透"变异为"区域扩张"，同时，经营模式功能区域的"专业市场"变成了"连锁经营"。2000 年，互联网电商企业间竞争激烈，大批电商企业倒闭。苏宁虽未参与电商竞争，但电商之争释放出部分的市场份额，加之苏宁自身的发展壮大，可以有更多的精力聚焦于"区域扩张"上。受资源所限，经营模式功能区域中，企业只能产生"专业市场"和"连锁经营"这一对随机数，简化了的轮盘赌运算，在"专业市场""连锁经营"与环境的匹配当中，"连锁经营"更符合企业扩张的要求。

第四、第五阶段之间，商业模式变异的时间点是 2003 年，2004 年苏宁的上市滞后于此，因此，它也是商业模式的自发变异选择。市场范围从"区域扩张"发展到"全国布点"。使用轮盘赌算法，共可以产生出"区域扩张"和"全国布点"，"地区渗透"与"本地主导"，"区域扩张"与"地区渗透"等六对随机数，分别与 2003 年苏宁所处的外部环境相匹配。2003 年，苏宁在一级重点城市有着众多的布点，可以发现，只有"全国布点"的模块才能与环境实现最佳匹配。

2010 年，苏宁完成了迄今最后一次商业模式变迁，其营利方式从"传统实体店"转变为"线下到线上"的双线经营。2006 年，公司上线 SAP/ERP 系统，更加刺激了商业模式变异。简化的轮盘赌过程产生了"传统实体店"与"线下到线上"两个随机数，与 SAP/ERP 系统相匹配，"线下到线上"的营利方式明显更能体现 SAP/ERP 系统的价值。这是苏宁资源禀赋提高所致，是环境的自然选择。

苏宁的商业模式演进机制如图 4.9 所示。从图中可以看到，环境变迁与资源禀赋的变化对商业模式演进的作用非常明显，在苏宁商业模式的四次商业模式变革中，有三次企业经营环境明显发生了变化。特别是在 2004 年上市之前的 2003 年，苏宁就已经完成了商业模式的变革，这是苏宁对将要上市的预判，企业提前变革商业模式以适应未来的环境变化。

在苏宁的创业积累期和快速扩张期，苏宁的商业模式是 FDST({12,13,17,110})。这时候的苏宁刚刚起步，需要积累资金、聚焦于现有商业网，并不断拓宽价值网络。苏宁始终致力于聚焦顾客价值，聚焦顾客价值可以集中企业的资源禀赋，满足特定顾客的需求；苏宁致力于满足家电市场顾客的需求，长期不变。起步阶段的企业适合于聚焦本地市场，此时的资源禀赋难以支持大规模扩张，因此，苏宁市场定位于"本地主导"。在创业积累和快速扩张期，苏宁的知名度尚不高，只有聚焦于专业市场，才能集中资源禀赋，满足顾客多样化的需求。由于 20 世纪 90 年代，我国电子商务尚未兴起，这个时期的苏宁仍以传统的实体店作为主要销售战场。

在调整发展期，苏宁已经基本完成了本地市场的布点，不断增长的资源禀赋和价值网络，客观上要求苏宁拓宽市场范围。因此，苏宁开始"地区渗透"战略，向省内更多地区布点，增加苏宁的市场份额。

从 2000 年起，我国电子商务行业竞争开始加剧，更多的企业转型线上经营模式。然而，苏宁没有意识到线上营业的好处，仍向传统市场进军，开始在不同省份布置网点的"区域扩张"战略。在二次扩张时期，苏宁第一次向省外进军，传统的专业市场经营模式已经不能适应新的形势，为了更好地管理下辖门店，苏宁采用全新的连锁经营模式。

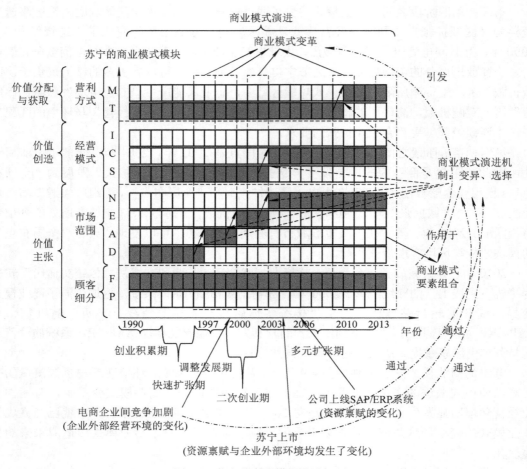

图 4.9　苏宁的商业模式演进机制

多元扩张期是苏宁发展的最新阶段。在此阶段内，企业的商业模式发生了跃变。苏宁基本完成了省际布点。从 2003 年起，企业开始进军全国市场，继续扩张实体店网点。然而，此时众多传统经营企业纷纷推出了网上经营业务，"线下到线上"(O2O)的经验模式备受推崇。苏宁意识到，自己的营利模式已经逐渐不能适应市场需求。终于在 2006 年，苏宁引进了 SAP/ERP 系统，并开始有意识地变革自己的营利模式。然而，由于商业模式变革的时滞，2010 年时苏宁易购才上线，商业模式的变革比企业规划整整滞后了 4 年。

在企业内外部因素的变化下，商业模式客观上需要改变，商业模式变革是对环境变化的预期和适应性改变，是对未来业务经营的预判。根据 PCAA 的价值创造模型，在价值创造视角下，价值三维度(价值主张、价值创造、价值分配与获取)是企业利润之源，是企业得以持续保持竞争优势的核心。企业内外部因素通过影响价值主张、价值创造、价值分配与获取维度下的要素，以及要素间的动态一致性，影响商业模式演进的进程。价值创造视角说明了商业模式的营利机制，创造价值是商业模式的最终目的。

为了适应变化了的内外部环境，企业会通过商业模式演进的三大机制——遗传、变异和选择，改变原有的商业模式要素组合，形成新的商业模式。商业模式演进的三大机制是商业模式变革的物理机制，它们影响着商业模式要素间的动态一致性。商业模式演进的三大机制是商业模式变革的必然路径和手段，是保证商业模式创新的核心机理。

商业模式要素组合是商业模式的载体，不同的商业模式要素组合通常代表着不同类型的商业模式。在企业内外部因素的驱动下，通过商业模式演进的三大机制，改变了的商业模式要素组合会引发商业模式变革。

以商业模式画布反映苏宁不同时期商业模式的演进，可以绘制出如图 4.10 的商业模式演进情形。将苏宁三个阶段商业模式要素的变化情况绘制到一张图上，可以明显看到它在商业模式上的演进，具体体现在关键业务、客户细分、渠道通路与收入模式四个要素的演进。其中，客户细分要素在前四个发展阶段都是"家电市场客户"，直到第五阶段，发展为"百货客户"，包括了消费电子、百货、日用品、图书、虚拟产品等综合品类。客户细分的变化主要体现了苏宁在经营产品品类以及业务范围的扩张总体发展不错，尤其在 2006 年之后开始了全面扩张。

图 4.10　苏宁的商业模式演进

在四个变动的商业模式要素中，渠道通路全程都在演进，从第一阶段的"本地主导"，到第二阶段的"地区渗透"，到第三阶段的"区域扩张"、第四阶段的"全国布点"，直到第五阶段转型"线上线下"，开启了苏宁易购。渠道通路一步步的变化也正是为了配合客户细分的扩张需要；同时，由于苏宁易购属于销售价值链终端的零售企业中的专业店，其店铺的推广与扩张也就成为了苏宁商业模式演进的最关键一环。因为零售企业就是要增加曝光率，从而进一步增加产品的销售额。

关键业务由第一、第二阶段的"专业市场"演进为第三阶段以及后期的"连锁经营"，本身也是满足企业扩张的需要。同时，关键业务变成连锁经营，也有利于渠道通路的进一步扩张，因为连锁经营模式推动了其他市场参与者共同经营。事实也验证了这一点，在 2000 年后，苏宁通过连锁经营开启了全国市场的布点。

最后再看收入模式的演进，苏宁的盈利来源从前四个阶段的"实体店销售"盈利转变为第五阶段之后的"线上＋线下"同步营利的方式，线上渠道与线下渠道同价。同时，线上渠道拓宽了苏宁的客户市场，增加了很多的线上消费者。从图中可以直接看到，收入模式演进是全面配合渠道通路变化的。渠道通路是"因"，收入模式是"果"。

进一步地，以组织内部结构视角研究苏宁商业模式演进过程中要素的变化与要素之间的交互作用关系，苏宁的商业模式演进的要素互动如图4.11所示。从图中可以看出，在五个阶段的商业模式演进过程中，遵循了"客户细分→渠道通路→收入模式"与"客户细分→关键业务"的两条发展和演进路径，层层递进。这也从另一个角度说明，苏宁的商业模式演进更多的是来自于客户细分的变化以及生产业务领域的扩张。其中，渠道通路的演进服务于客户细分，收入模式的改变服务于渠道通路，关键业务的改变也同样服务于客户细分。虽然同生意宝一样，两家企业的商业模式演进都是始自于客户细分，但在苏宁的商业模式演进中，渠道通路的变化特别活跃，其变化体现在每两个阶段交替的过程之中。因此，渠道通路的演进是苏宁商业模式演进中最核心的要素，而客户细分是诱因。如果说生意宝的商业模式是贫乏型商业模式，而苏宁的商业模式创新则更多地体现在渠道上，它是O2O的商业模式创新。

图 4.11　苏宁的商业模式演进的要素互动图

同时，从图 4.11 中可以看出，苏宁的商业模式要素之间动态一致性较高(有 3 条价值链路)，可以发挥出商业模式较好的协同作用。

4.3　汉王科技的商业模式演进

从 2011 年上市以来，汉王科技始终属于集聚型商业模式。汉王科技以产品创新和技术创新的交互作用推进商业模式的演进，其商业模式表现为以产品创新为主的商业模式集合。汉王科技从成立以来，就以不断研发新产品推动商业模式创新，是典型的科技型企业。

4.3.1 萌芽期汉王的商业模式

萌芽期的汉王科技，是其商业模式的第一个阶段。在该阶段，公司刚刚成立不久，主要担任"技术提供商"的角色，通过向高新技术企业出售专利使用权获取利润。

1. 价值主张

(1) 顾客价值。在萌芽期的汉王主要承担技术提供商的角色，满足众多高新技术企业对手写识别技术、OCR(Optical Character Recognition)识别技术等的需求；同时，企业兼顾终端生产，终端产品主要有手写系列产品和 OCR 系列产品两大类。

(2) 市场定位。在汉王发展的初期，由于企业资金来源不充足，主要承担其他科技型企业的技术提供商角色。

2. 价值创造

(1) 资源禀赋。出身于北京中关村产业园区的汉王，其核心竞争力来自于软件开发和技术集成。董事长刘迎建本身就是以软件开发见长的技术专家，汉王的手写识别技术和 OCR 识别技术，是其商业模式的核心。

(2) 价值网络。汉王与诺基亚、三星、索爱、联想等企业合作，为他们提供汉王手写技术，并成为微软在大陆的唯一合作伙伴。

3. 价值分配与获取

(1) 成本结构。在萌芽期，汉王的成本结构主要由研发成本、管理成本和销售成本等部分构成。由于企业规模还不大，汉王的管理成本维持在较低水平。

(2) 收入模式。在中国相对欠缺知识产权保护的大环境下，由于盗版猖獗，很多软件企业纷纷倒闭。汉王将软硬件结合，通过销售终端产品和专利技术获得营利。刘迎建认为，单纯的软件开发难以形成有效的技术壁垒，易于被别人模仿竞争，因此，在萌芽期的汉王将自有知识产权的软件附着在终端产品之上，开创了通过硬件销售软件的收入模式。

萌芽期汉王的商业模式如图 4.12 所示。在萌芽期，汉王拥有两大核心技术，即汉王手写识别技术和 OCR 识别技术。一方面，为了聚集资金，企业主要扮演技术提供商的角色，通过授权专利技术，为企业研发提供资金支持；另一方面，企业开始拓展价值网络，希望能够依托自有的技术，自行开发市场，生产汉王自己的、为广大顾客所接受的终端产品。汉王自行研发的文本王、汉王笔等产品吸引了部分商务顾客的眼球，但尚未聚焦于广大普通消费者群体。萌芽期汉王的商业模式是包括 OCR 识别系列产品模式与手写系列产品模式的产品模式组合。

在这一时期，技术创新为汉王的持续扩张提供了资金支持，由于企业处于商业模式的初期，没有足够的资金支持汉王自主开拓主流消费品市场，而技术提供商的角色有助于汉王积累"第一桶金"，为后续的发展积累力量。汉王的手写识别和 OCR 识别技术的创新驱动了商业模式创新，即通过硬件销售软件，以终端销售带动技术创新为特点的商业模式创新。

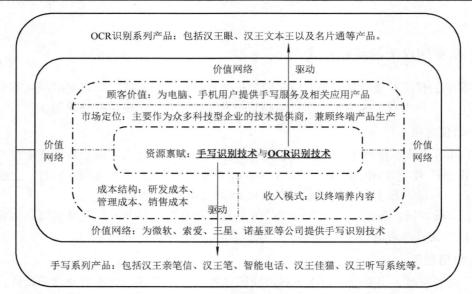

图 4.12　汉王萌芽期的商业模式

4.3.2　扩张期汉王的商业模式

2006 年 12 月，汉王科技与上海浦东发展银行合作，首次实现从技术提供商到开发集成商的转变，也实现了从商业模式的萌芽期到扩张期的转变。扩张期，是汉王商业模式的第二个发展阶段。在这一时期，企业着重打造以汉王书城为平台的微型商业生态系统，在该生态系统内，主要依靠销售终端阅读器——汉王电纸书获取利润。

1. 价值主张

(1) 顾客价值。刘迎建看到了国外电子书阅读器的蓬勃发展，果断决定进军电纸书业。电纸书有四大好处。第一，电纸书特有的电子墨水屏幕不同于传统电子阅读器的 CRT 显示屏，它依靠反射光，阅读感受和传统纸质书籍一样，不伤眼，适合于长期阅读。第二，电纸书具有超长待机功能，非常省电。第三，电纸书具有海量存储空间，可以存放大量电子书籍，便于携带。第四，便于摘抄和做批注，字体可以放大缩小，能够提供良好的阅读体验。

(2) 市场定位，主攻电纸书市场。刘迎建认为，由于电纸书便携、环保、护眼等特点，最终将成为传统纸质书籍的"杀手"；但纸质书籍不会消失，电纸书不会完全替代纸质书籍，未来纸质书籍将以精装的形式存在。然而由于汉王电纸书难于压缩其终端成本，电纸书较高的产品定价使其不得不锁定礼品市场，远离具有较低购买力的广大普通消费者群体。

2. 价值创造

(1) 资源禀赋。长久以来，绘画板领域一直被日本的 Wacom 公司技术垄断，由于技术门槛，其他企业一直无法进入这一领域。2007 年，在传统两大核心技术的基础上，汉王科技终于突破了无线压感技术，有效地解决了电脑笔输入的难题。与日本企业的产品相比，汉王绘画板的压力感受区间更大、更灵敏，压力感受区间达到了 7～500 克。

(2) 价值网络。在传统技术授权方面，汉王与微软合作，并于 2010 年全面推出了商务平板电脑产品。在新兴的电纸书市场，汉王先后获得了电子书复制资质和电子书总发行资质，并逐步推出以"汉王书城"为核心的汉王微型商业生态系统。在汉王微型商业生态系统中，"汉王书城"平台连接了传统书籍出版社和电子书阅读顾客两端，是典型的双边平台市场。传统出版商是内容方，他们为电子书阅读者提供大量的可供阅读的电子出版作品，电子书读者是内容接收方，也是终端购买者，是汉王微型生态系统的最终用户，汉王书城是搭接两者的平台，为有阅读需要的用户下载付费书籍。

3. 价值分配与获取

(1) 成本结构。在传统的技术授权领域，汉王始终非常注重研发，不管经营情况多么艰难，每年都要将主营业务收入的 8%左右投入新产品研发中。汉王的企业文化即是注重自主创新，研发是创新之源，也是汉王保证可持续竞争优势的技术来源。

(2) 收入模式。扩张期的汉王收入模式主要由两大部分构成。第一部分是依靠传统的终端销售(不包括汉王电纸书的销售)和技术专利的销售额获取利润。第二部分来自其微型商业生态系统，通过终端收入补贴内容，将电子书阅读者的终端购买费用中的一部分拿来补贴出版社，付费给出版社，并为读者提供低于纸质书价格的电纸书下载服务。在其微型生态系统中，电子书读者是补贴方，传统书籍出版社是被补贴方，汉王书城为两者搭接了平台。

扩张期汉王的商业模式如图 4.13 所示。在传统的绘画板领域，日本的 Wacom 企业

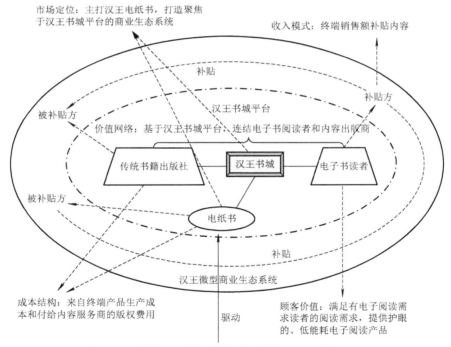

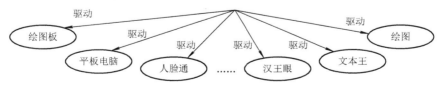

图 4.13　汉王扩张期的商业模式

由于特有的无线触屏技术，一直垄断市场。在无线触屏领域的技术创新，使汉王将其业务推广到绘画板领域。扩张期的汉王终于开发出拥有自己平台"汉王书城"的电纸书(产品创新)和拥有自主知识产权的产品——汉王绘画板(产品创新)。汉王电纸书系列产品奠定了其在中国电纸书领域老大的地位，汉王书城也与盛大等一同开创了国内电子阅读类线上平台，新兴的电纸书系列产品的销售量在礼品市场上迅速增加。在电纸书系列产品发展的巅峰时期，这一创新产品的销售额占汉王主营业收入的比重已经远超百分之七十。汉王这一时期的商业模式由以无线触屏技术产品绘图板为代表的OCR产品模式、以文本王为代表的传统手写识别模式，以及汉王电纸书商业生态平台模式的产品模式组合构成。

4.3.3　调整期汉王的商业模式

然而，汉王神话并未持续很久。自2010年5月起，汉王股价一路狂跌，从175元的高点一直跌到2011年末的23元，短短一年半，汉王市值大幅度缩水。汉王从扩张期，转变为商业模式演进的第三个阶段——调整期商业模式。

在调整期，汉王依托汉王书城的微型商业生态系统，分散利润来源，发展多种科技产品，其发展的四大业务主线分别是文字识别、人脸识别、轨迹输入和数字阅读。为了避免被"ST"(股票术语，ST股指境内上市公司经营连续两年亏损，被进行退市风险警示的股票)，汉王不得不在2012年卖掉优质资产"汉王智通"子公司实现当年的盈利。2014年6月汉王研发出大型室内空气净化产品，并于当年9月推出了汉王霾表。

1. 价值主张

(1) 顾客价值。苹果ipad的高品质个性化顾客价值给汉王电纸书产品带来了近乎毁灭性的打击。苹果ipad的iBooks平台能让用户阅读并购买电子书；同时，ipad还具有看视频、听音乐、下载App store中的任意一款互动式软件的功能。相比之下，汉王电纸书阅读器仅仅推出了新款彩屏阅读器，功能单一的汉王电纸书的顾客价值创新不足。

(2) 市场定位。拥有众多个性化功能的苹果ipad，价格却比汉王电纸书高不了多少，严重打击了汉王电纸书的市场份额。与此同时，盛大推出的Bambook电纸书阅读器和亚马逊kindle阅读器纷纷开始通过低价销售终端攫取原属于汉王的电纸书市场份额。根据产品划分汉王的主营业务收入，可将汉王产品划分为七大类，分别是电纸书、手写产品线、OCR产品线、人像识别、行业应用、技术授权和其他类(如表4.4所示)。从表4.4中可以很明显地看出，在调整期，汉王的核心主打产品逐渐从电纸书转向行业应用和OCR产品线。汉王似乎没有意料到苹果ipad、亚马逊kindle阅读器等竞争对手会在短时间内侵占其核心产品——电纸书的市场份额。在主打产品电纸书销量逐年下滑的情境下，汉王逐步开始分散利润来源，将经营的重心逐渐转移到OCR产品及行业应用产品上。

如表4.5所示，汉王的产品在国内外均有销售，从2010年到2014年，华北、华东一直都是汉王销售的主战场。由于汉王总部在北京中关村，因此，汉王首先以华北为中心进行销售，进而扩展到东南沿海发达城市。

表 4.4　汉王分产品收入比

年份	电纸书	手写产品线	OCR 产品线	人像识别	行业应用	技术授权	其他
2010	**75.63%**	10.81%	3.88%	3.34%	3.32%	2.80%	0.22%
2011	**44.94%**	16.32%	9.51%	7.82%	12.59%	6.94%	1.88%
2012	17.95%	14.31%	22.89%	11.61%	**23.57%**	8.14%	1.53%
2013	10.07%	22.83%	**29.73%**	21.27%	6.89%	6.99%	2.23%
2014	6.64%	**32.08%**	23.46%	19.87%	6.87%	9.90%	1.18%

(资料来源：汉王上市公司年报，表中粗体加下划线部分为该年度汉王的核心产品)

表 4.5　汉王分地区收入比

年份	东北	华北	华东	华南	华中	西北	西南	海外
2010	4.78%	**38.31%**	19.89%	10.37%	6.49%	4.72%	6.15%	9.30%
2011	4.66%	**39.19%**	17.18%	9.24%	6.24%	4.36%	5.55%	13.58%
2012	5.78%	**36.07%**	16.87%	12.00%	5.95%	3.60%	6.34%	13.40%
2013	5.58%	**44.45%**	13.14%	10.62%	7.14%	4.08%	4.14%	10.86%
2014	2.40%	**49.88%**	11.56%	15.07%	5.90%	2.32%	2.06%	10.80%

(资料来源：汉王上市公司年报，表中粗体加下划线部分为该年度汉王主要的销售市场地区)

2. 价值创造

(1) 资源禀赋。此时的汉王仍然聚焦于三大核心技术领域：手写识别技术、OCR 识别技术和无线压感技术。危机时候，汉王不得不重新聚焦于自己的核心技术：手写识别、OCR 识别技术相关软件的开发。

(2) 价值网络。为了打造更大的内容平台，汉王于 2011 年 6 月同盛大公司合作，加力推进汉王书城的扩大化进程。截止到 2015 年春，汉王书城已拥有 10 万多种电子书，百余种国内外畅销电子书。

3. 价值分配与获取

(1) 成本结构。从销售费用和管理费用考察汉王的成本结构。2010 年到 2011 年，汉王的成本结构以销售费用为主，说明在调整期的前期，汉王仍未觉察到市场变化对公司主营业务的严重影响，或者注意到市场变化对核心产品的冲击，却未来得及采取相应的反制措施。从 2012 年起，汉王逐渐发现了商业模式中的一些问题，开始加大对管理费用的支出比例。

(2) 收入模式。不同于盛大和亚马逊以内容养终端的商业模式，汉王电纸书系列产品以终端养内容的商业模式难以压缩终端的价格，汉王电纸书系列产品开始逐渐亏损。调整期的汉王不得不转向行业应用及 OCR 产品的技术领域，以技术养终端，采用以技术养内容、以技术养终端的收入模式。

调整期汉王的商业模式如图 4.14 所示。汉王微型商业生态系统将汉王带入了平台商业战争的漩涡中。随着苹果 ipad 等新电子产品的热卖，占据汉王主营业务最大份额的电纸书业务受到了极大的冲击，汉王被迫同具有国际领先技术创新水平的苹果 ipad 平台、在欧美具有广大线上内容图书的亚马逊 kindle 平台，以及具有在线内容优势的盛大 Bambook 平台企业竞争。这些企业的共同特征是：不以终端盈利，以内容养终端，或者是以软件下载收费养终端的收入模式，这严重地威胁到汉王以终端养内容的收入模式。

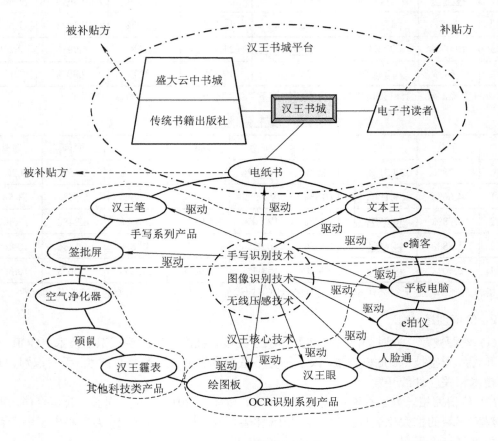

图 4.14　汉王调整期的商业模式

这一时期，汉王仍不断推出创新产品，包括空气净化器、汉王霾表等产品，但商业模式创新没有跟上技术创新的脚步。汉王微型商业生态系统没有得到有效扩张，生态系统中的成员数量有限，汉王书城的顾客也没有出现大幅度增加，汉王微型生态系统的收入模式难以支持企业的扩张需求，对比苹果的开放式平台商业模式，汉王模式明显处于下风。

以商业模式画布反映汉王不同时期商业模式的演进，可以绘制出如图 4.15 的商业模式画布演进情形。将汉王三个阶段商业模式要素的变化情况绘制到一张图上，可以明显看到它在商业模式上的演进，具体体现在：关键业务、价值主张与收入模式三个要素的演进。其中，关键业务由第一阶段的"汉王笔等产品销售"，发展到第二阶段的"汉王书城、电纸书销售"，直到第三阶段的"多元化产品销售"。汉王科技关键业务的演进，其实主要来源于公司技术创新的发展，手写识别技术的发展推出了汉王电纸书，OCR 识别技术推出了汉王人脸仪,无线压感技术推出了汉王绘画板。每生产出一款新产品,其关键业务的销售领域就会相应地发生变化。

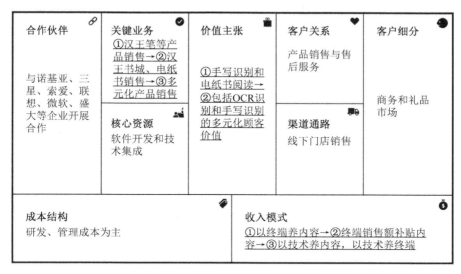

图 4.15　汉王的商业模式演进

汉王科技的收入模式从初创期的"以终端养内容"发展到成长期的"终端销售额补贴内容"再到调整期的"以技术养内容,以技术养终端"。汉王科技的收入模式演进全程为关键业务服务,"以终端养内容"对应于初期的产品汉王读写笔等;成长期的"终端销售额补贴内容"主要得益于成长期在拳头产品"汉王电纸书"基础上开创的汉王书城平台;但汉王书城平台并未得到很好地发展,主要原因包括亚马逊 kindle 阅读器以及苹果 ipad 等产品的竞争。与苹果 ipad 等产品相比,汉王电纸书的功能显得有些单一了。皮之不存,毛将焉附,汉王电纸书的销售热度都受到了影响,构建在电纸书产品基础上的汉王书城也就没有得到用户的认可,在不得已之下,汉王逐渐开始转向包括汉王霾表等的多元化产品销售,其收入模式也不得不发展成"以技术养内容,以技术养终端"的模式。

价值主张由初创期的"手写识别和电纸书阅读"演进为成长期的"包括 OCR 识别和手写识别的多元化顾客价值"。与收入模式类似,价值主张同样是为关键业务服务的,生产出不同类型的产品,需要不同的价值主张与之相对应。

进一步地,以组织内部结构视角研究汉王商业模式演进过程中要素的变化,与要素之间的交互作用关系,绘制汉王商业模式演进的要素互动图如图 4.16 所示。从图 4.16 中可以看出,在三个阶段的商业模式演进过程中,遵循了"关键业务→价值主张"与"关键业务→收入模式"的两条发展和演进路径,层层递进。这也从另一个角度说明,汉王的商业模式演进更多来自于关键业务的变化。汉王科技是技术主导型,其关键业务的演进主要来自于技术创新生产出来的新产品。这也就不难理解,价值主张的演进为何服务于关键业务,收入模式的变化也为何服务于关键业务了。汉王在成长期构建了以汉王书城为中心的平台商业模式,但由于竞争对手的打击,该平台并未很好地吸引消费者,造成了调整期不得不做业务调整,做多元化产品销售的结果。

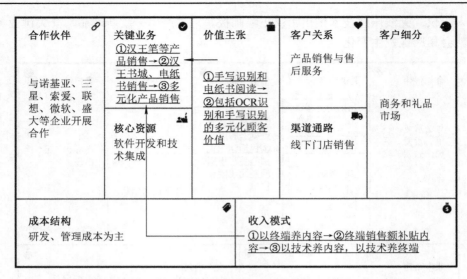

图 4.16　汉王的商业模式演进的要素互动图

同时，从图 4.16 中可以看出，汉王的商业模式要素之间有一定的动态一致性(有 2 条重要的价值链路)，可以发挥出商业模式较好的协同作用。

本章课件资源

第 5 章　商业模式创新

　　狭路相逢勇者胜，商业模式创新是中小企业实现逆袭的唯一通道和可能。从战略视角看，企业的商业模式反映了其战略落地的过程。商业模式的好坏，直接体现了企业战略规划的愿景是否有机会实现。商业模式创新，是实现企业战略的唯一通道。

　　商业模式与创新是密不可分的，创新是跟随着商业模式出现的，而商业模式的创新是一家企业持续发展的核心。如果说，商业模式是一个静态的概念，那么商业模式创新则更强调动态性，更关注企业在现有的商业模式上进行新的设计过程。商业模式创新是通过先选择出对企业有价值的全部活动，并对其中的一些核心活动进行创新、重新排列组合最终优化而成。企业应当在原有商业模式的基础上找到创新之处，创新的过程是企业不断发展的过程，在这过程中的试错性学习是一个不可或缺的重要因素。而从低级的商业模式通过创新不断演进成高级的商业模式则是企业实现其可持续发展的最佳途径，同样商业模式创新也是创业者实现竞争优势的一大工具。

1. 学术角度的商业模式创新

　　从商业模式的系统观中可以看出，商业模式创新是企业在原有商业模式的基础上，改变其中的单个或多个要素，乃至改变所有要素的集合以及连接各要素之间结构的系统过程。早期商业模式创新的研究，比如商业模式创新是改变原有的商业模式或是设计新的商业模式，因此在研发上并不需要投入大量的资源。商业模式的创新其实就是从根本上改变企业与客户、重要伙伴等利益相关者之间交易的方式。

　　基于价值创造视角，商业模式创新是企业原有的商业模式内部各个不同要素间的交互导致新的选择，促成企业打破原有的价值主张，重新组合资源，这其中一个环节的改变会对其他要素以及要素构成的结构产生影响，从而反过来导致整个行业的根本性创新，甚至动摇整个行业的基础。商业模式创新将企业现有的商业模式进行重新组合和优化，企业原有的商业模式才是创新的目标，而不是其中的某个产品或某个流程。商业模式创新是企业改变内部结构、价值创造与获取从而提出新的价值主张的过程。研究商业模式的意义就是创新原有的商业模式，商业模式创新是企业通过降低企业成本，增加企业利润，助力企业展现最佳竞争优势的、具有巨大经济价值的重要方式，从而实现企业价值的最大化。然而，商业模式创新在落地过程中会存在资源冲突的情况，导致企业的业绩在一定程度上存在着许多不确定性。

　　基于战略视角，在外部环境没有改变的前提下，企业可以通过类比推理以及概念组合这两个过程来进行商业模式的创新。

然而，无论从商业模式的系统观、价值创造视角还是战略视角，对商业模式创新的研究都更加倾向于结果导向。目前商业模式创新的研究方面仍存在缺口，学者们并没有分析企业商业模式的结构，也没有明确提出企业商业模式构建过程的相关理论，商业模式创新以及演进迫切需要更多的研究来解答。企业的商业模式在创新时应从客户的利益出发来分配所拥有的各种资源，对本身的商业模式不断地进行优化，不断进行商业模式创新，从而赋能企业获得长期的竞争优势。

2. 企业实务中的商业模式创新

商业模式领域的企业实务要早于学术研究。商业模式创新正式地诠释了什么叫作"逆水行舟，不进则退"。

商业模式创新改变了传统企业的游戏规则：自行车的竞争对手不仅是自行车生产商，还可能是互联网金融企业；手机的竞争对手不仅有手机制造商，还可能是电脑企业；相机的竞争对手不仅是相机生产商，还可能是手机……一家企业什么都没做错，只是没进行商业模式创新，就可能被市场远远地甩在后边。

如今，创新商业模式对产业版图改变的影响之大、之快是史无前例的。一个企业可能什么都没做错，但大环境变了。

对于消费者而言，企业界大范围的商业模式创新则更多地带来了正面影响。叮咚买菜让足不出户买菜成为可能。更有甚者，市场上开始出现所谓"预制菜"——居民们动动手就可以做出简易的名品名菜，比买菜做饭方便，比外卖健康；支付宝的出现让我们不知不觉忘记了钱包的作用，出门不再惦记着"自己有没有带现金"；线上 App 助力线上投资，不再需要去交易所看大盘，也不需要长时间盯着电脑，手机线上 App 一键搞定投资问题；游戏达人可以在地铁、旅店、机场随时随地打游戏，不再拘泥于电脑与网络；亲朋好友出国联系也不再需要昂贵的跨国电话，一款微信应用轻松打电话、发语音、发文字……商业模式创新使以上种种生活方式成为了可能，它改变了人们的生活方式，而生活方式的改变是单向不可逆的，人们一旦习惯了便捷，就再也不愿意回到从前。

商业模式创新的好处不言而喻，但如何才能够系统地创造、设计以及使用这些强大的商业模式呢？如何去质疑、挑战以及改变旧的、过时的商业模式？如何将具有远见的理念转化为改变游戏规则的商业模式，以挑战既有的模式或者使自己的商业模式更加有活力？

商业模式创新为以上问题提供了解决方案。

系统性的商业模式创新需要遵从以下步骤：设计商业模式→绘制商业模式画布→商业模式创新必杀技(七板斧)→商业模式的动态设计→商业模式的评价。

5.1　设计商业模式

设计一个企业的商业模式就好比金庸武侠世界中的"修炼内功"，设计决定方向，企业商业模式设计得好坏直接决定着企业未来的走向。

那么，如何创建能够在市场中取得成功的商业模式呢？

5.1.1　遗传算法

用遗传算法设计商业模式，并不是传统意义上通过 matlab，使用商业模式演进的三大机制，通过编代码进行商业模式迭代，设计商业模式的过程。编程设计商业模式过于复杂，且不是普通商业模式设计者能够掌握的。

用遗传算法设计商业模式是分别选择父系、母系两种商业模式，通过商业模式演进的三大机制——遗传机制、变异机制以及选择机制，在两种商业模式的基础上选择合适的要素(选择机制)，继承合理的要素(遗传因素)，并对重要的方面进行相应的变革(变异机制)，最终设计出合适、合理而又具备创新性的全新的商业模式。

在用遗传算法设计商业模式的过程中，通常母系商业模式来自于公司产品本身，它代表了公司的核心资源与重要合作关系，母系商业模式可以成为新商业模式构建的蓝本。

父系商业模式通常来自企业创新商业模式所处的行业中做得较好的竞争对手企业。模仿父系商业模式，可以给本企业产品的商业模式带来更多的创新元素。同时，以竞争对手企业(产品)作为对标的基准，更容易获得行业内最新的商业模式所带来的优势。企业获得可持续竞争优势的重要手段就是模仿行业内的成功者，做到"比竞争对手多走一步"。

然而，在互联网发展以及互联互通的大背景下，企业之间的商业模式竞争更多会来自于跨越行业的"超竞争"。因此，仅仅模仿父系商业模式并不足以让企业持续获得竞争优势，采纳母系商业模式中的合理部分有助于帮助企业立足于自身的核心资源、渠道通路、重要合作等优势，减少来自行业外部竞争对企业商业模式的冲击。

使用遗传算法设计商业模式的优势是：在现有企业商业模式的基础上进行商业模式创新，简单易学，可以同时获得行业内先进商业模式的合理部分，并获取母系商业模式中天然的优势。然而，这种方法设计商业模式的缺点是：以现有企业的商业模式作为设计的蓝本，设计出来的商业模式中的创新度不足。

5.1.2　商业模式设计主题法

商业模式设计主题包括四种，分别是新颖型、效率型、补充型和锁定型。四种主题分别对应不同的商业模式创新情形。

根据战略视角下的商业模式，前两种创新主题面对的都是单一生态位企业，企业仅仅需要考虑自己相对于竞争对手的竞争战略；后两种设计主题面对的是整个的商业生态系统，在这种情形下，企业的商业模式设计需要通盘考虑，考察清楚在生态系统中自己和竞争对手所处的商业生态位以及市场可攫取的剩余空间。因此，设计商业模式，需要从战略角度进行宏观把握，从战略视角分析是合适的。

根据传统的三种典型的战略——差异化战略、成本领先战略以及聚焦战略，四种商业模式设计主题都可以找到其中的定位。

根据战略视角下的商业模式概念，一个企业的商业模式就是其战略落地的过程。企业的商业模式设计主题也应该为其商业战略服务。与差异化战略相匹配的是新颖型的商业模式设计主题，新颖是企业战略落地的过程，以新颖促差异化，以新颖体现企业的不同，从而产生不同的竞争优势；与成本领先战略相匹配的是效率型商业模式设计主题，低成本是效率型设计的执行手段，核心目标是降低成本、提高效率，获得在成本端与竞争对手的不同，进而获取竞争优势；聚焦战略分为差异化聚焦战略与低成本聚焦战略两类。与差异化聚焦战略相匹配的是锁定型商业模式，与低成本聚焦战略相匹配的是补充型商业模式。在企业差异化聚焦的过程，可以逐步形成进入壁垒，从而满足"锁定"的特点；类似地，在企业的低成本聚焦的过程中，企业放弃高端市场，聚焦于低成本领域，作为市场主导者的补充而存在，成为补充型设计主题。依此看来，四种类型的商业模式设计主题分属于不同类型的企业战略落地过程。

但在具体实践中，商业模式设计主题与企业战略的一一对应关系并不完全固定。例如，满足低成本战略的企业，隶属于效率优先的商业模式设计主题，但反过来是不成立的。效率为中心的商业模式设计主题企业，未必是完全追求成本的，因为成本和效率并不能完全等同。

以第三章所讲的商业模式类型分析不同类型商业模式匹配的设计主题，进而寻找其所体现的战略落地过程，是设计商业模式的关键。在企业设计商业模式的具体实务过程中，这个过程是反过来的。其设计路径应该是：① 结合自身优势选择行业→② 发现问题→③ 制定解决问题的大致思路(蓝本)→④ 制定企业战略→⑤ 确定要达成的商业模式设计主题→⑥ 选择合适的商业模式类型。

1. 选择行业

设计商业模式的第一步首先是选择行业，结合"互联网+"培训行业常用的商业模式行业划分，有利于帮助企业的商业模式设计者触发设计灵感，进而设计出实用的商业模式。

"互联网+"培训行业常用的商业模式行业划分包括：① "互联网+"现代农业；② "互联网+"制造业；③ "互联网+"信息技术服务；④ "互联网+"文化创意服务；⑤ "互联网+"商务服务；⑥ "互联网+"公共服务；⑦ "互联网+"公益服务七个大类。

其中，① "互联网+"现代农业包括农、林、牧、渔；② 互联网+"制造业包括智能硬件、先进制造、工业自动化、生物医药、节能环保、新材料、军工；③ "互联网+"信息技术服务包括工具软件、社交网络、媒体门户、企业服务；④ "互联网+"文化创意服务包括广播影视、设计服务、文化艺术、旅游休闲、艺术品交易、广告会展、动漫娱乐、体育竞技；⑤ "互联网+"商务服务包括电子商务、消费生活、金融、财经法务、房产家居、高效物流；⑥ "互联网+"公共服务包括教育培训、医疗健康、交通、人力资源服务；⑦ "互联网+"公益服务只包括公益创业一项。

需要特别注意的是，不是所有的行业都适合选择。首先需要考虑自己具有什么优势，有什么样的社会资本，以自己熟悉的领域以及社会资本类型切入，选择相应的行业，成功率更高。

2. 发现问题

其实只要仔细观察，生活中处处都有问题。例如：① 虽然遍地都是养老院，但高质量、专业化服务的养老院微乎其微，同时，很多养老院的护工以及相应的服务得不到有效监督，老年人的权益难以得到支持。② 很多人都喜欢养宠物，但当自己过年需要回老家，或者遇到单位出差的时候，家里的宠物就面临着无人照管的问题。自己不得不出门的时候，宠物应该寄养到哪里？自己可以看到宠物寄养的情况么？③ 虽然我们进入了"大众创业、万众创新"时代，但随着人口红利逐渐耗尽，互联网经济带来的就业也同时面临瓶颈，国内、国际的经济也由于种种原因进入低发展周期，很多人创业面临着更多的困境。对于这些迷茫的创业者，怎样才能够给予足够的指导，帮助中小企业以及创业者走出困境？④ 随着人口结构的变化，出现了大量的单身人口。然而，由于两性天然的差异，很多男性在追求女性的时候，往往出力不讨好，成为所谓的"舔狗"，付出大量的金钱和精力，最后可能一无所有，能不能有一种一对一的服务，帮助不会追求女性的男性解决单身问题？⑤ 当进入房地产后时代，房价再难像过去那样暴涨。同时，股票投资也很难赚钱。在这种情况下，很多人投资无门，能否设身处地地做教学，教会广大投资者合理、适当地进行投资？

只要认真思考，生活中处处都有不完美，生活中处处存在可以完善的地方。

3. 制定蓝本

首先，需要确定核心问题对应的行业。例如：① 养老相关问题属于"互联网＋"公共服务中的医疗健康；② 寄养宠物属于"互联网＋"商务服务中的消费生活；③ 创业指导项目属于"互联网＋"公共服务中的教育培训；④ 男追女指导的属于"互联网＋"信息技术服务中的社交网络；⑤ 投资指导类属于"互联网＋"公共服务中的教育培训。

明确了问题之后，需要考虑自己具备什么样的社会资本，自己所具备的社会资本能否支持相关的创业活动。

如果社会资本较为丰富，可以直接制定蓝本；如果社会资本不足，则需要书写项目书，参加各大创投场合，为自己拉融资。各种行业的具体蓝本如下：

(1) 养老项目可以有多种蓝本，包括高端定制化养老、老年人健身指导、老年人娱乐项目、老年人陪伴项目、家政养老项目等。

(2) 寄养宠物项目蓝本，包括宠物寄送站、宠物医院的代管服务、宠物寄养交友项目等。

(3) 创业指导项目蓝本，包括线下培训项目、创业指导自媒体拓展、创业培训 O2O 等。

(4) 男追女指导项目蓝本，包括男追女一对一辅导项目、男追女话术指导项目、男追女心理辅导、线上交友项目、爱好社群等。

(5) 投资指导类项目蓝本，包括线下培训项目、投资指导自媒体拓展、股票学习教学、财商教育指导、收藏品教学、理财专家等。

通过以上分析可以发现，即使是同一类的项目，也完全可以有多种不同的创业蓝本，每种蓝本都对应着不同类型的商业模式。

4. 制定企业战略

如前所述，根据波特的战略理论，企业主要包括三种基本战略，即低成本战略、差异化战略与聚焦战略(包括低成本聚焦战略、差异化聚焦战略战略)。

每种企业战略都对应有不同的商业模式设计主题(包括四种：新颖型、效率型、补充型与锁定型)。其中，新颖型商业模式设计主题对应差异化战略，效率型商业模式设计主题对应低成本战略，补充型商业模式设计主题对应低成本聚焦战略，锁定型商业模式设计主题对应差异化聚焦战略。

5. 确定商业模式设计主题

了解了企业战略与商业模式设计主题之间的一一对应关系，就可以开始确定商业模式设计主题了。因为根据战略视角的商业模式定义，商业模式是企业战略落地的过程。确定企业商业模式设计主题，也就是将战略逐步落地的过程。

6. 选择合适的商业模式类型

1) 平台商业模式

与长尾商业模式一样，平台商业模式也属于单一生态位下的商业模式类型。也就是说，这两种类型的商业模式在其设计过程中，只需要企业自身确定其战略，并依据战略落实商业模式即可，整个的商业模式设计及其落地过程不会受制于其他企业。即使有企业反对，也不影响公司商业模式的正常运作过程。

不同于免费商业模式、猎豹型商业模式等立足于企业要素，反映企业实际运营的特点，平台商业模式更多解释的是企业实现其商业模式的外在形式，而非内在逻辑。也就是说，不同的商业模式类型划分标准产生了不同的类型，平台商业模式注重其外在，而免费、猎豹型商业模式则注重其内在。从这个角度讲，一个企业完全可以既是平台商业模式，又同时属于免费商业模式或者猎豹型商业模式。

由于平台商业模式注重外在表现的特点，注定了其内容可以满足任何一种商业模式设计主题，进而符合任何一种战略的落地过程。

满足新颖型商业模式设计主题的平台商业模式有微信，满足效率型商业模式设计主题的平台商业模式代表有拼多多，满足锁定型商业模式设计主题的代表有淘宝，满足补充型商业模式设计主题的代表有喜马拉雅。

因此，平台商业模式仅仅是一种形式，平台搭台，参与者唱戏，企业在设计商业模式的过程中，仅仅设计平台商业模式是不够的，还需要同时考虑其内部要素的排列组合，只有同其他商业模式一起，平台商业模式才具有实际意义。

2) 长尾商业模式

虽与平台商业模式同属于单一生态位分类的商业模式，长尾商业模式却有其自身的不同之处。不同于平台商业模式对于外部形式的过多关注，长尾商业模式同时明确了企业所面对的细分客户类型。

由于长尾商业模式本身就聚焦于"多样少量"的长尾市场，因此，长尾商业模式首先就是聚焦于细分市场的，其满足于聚焦战略下的差异化聚焦或者低成本聚焦战略的落地过程。拼多多就是典型的长尾模式，由于放弃了主要的小商品市场(小商品市场有淘宝在做)，聚焦于细分的"下沉"市场(低价格市场)，拼多多(追求低成本)属于补充型商业模式设计主题。同样聚焦于长尾市场的乐高积木(追求细分市场的差异化)属于锁定型的设计主题。

3) 寄生型商业模式

不同于平台商业模式与长尾模式，寄生型与共生型商业模式同属于多生态位的商业模式分类。也就是说，寄生型与共生型商业模式是否能够成功实现，不仅取决于制定战略的企业本身。寄生型商业模式企业需要寻找到宿主企业，共生型商业模式设计也需要寻找到愿意合作的伙伴，寄生型商业模式与共生型商业模式对环境的要求较为苛刻。

寄生型商业模式的寄生特点决定了其不属于新颖或者效率优先的商业模式设计主题。或者说，相比于差异化，或者成本领先战略，寄生型商业模式设计更多考虑的是如何占领市场，以及在市场中所处的位置。

与其他几种类型的商业模式相比，企业生产运营实践中的寄生型商业模式典型案例并不多。典型的案例企业有阿里巴巴集团的支付宝以及腾讯集团的微信。寄生的结果我们已经知道，支付宝、微信均属于锁定性的商业模式设计主题，其满足的是差异化聚焦战略。

4）共生型商业模式

虽然同属于多生态位的商业模式分类类型，但与寄生型商业模式相比，共生型商业模式少了一点进攻性，多了一些合作。在具体的操作策略上，共生型商业模式也显得更加缓和。

但与寄生型商业模式类似的是，共生型商业模式同样不属于新颖或者效率优先的商业模式设计主题。典型的共生型商业模式例子有苹果手机、B 评级公司等。苹果手机搭建平台，允许经过认可的 App 生产商在 App Store 里挂售软件。在苹果构建的商业生态中，苹果处于主导地位，苹果手机属于锁定型商业模式设计主题。B 评级公司在与 A 的合作中，处于劣势，属于补充型商业模式设计主题。

因此，共生型商业模式与寄生型商业模式类似，有可能属于锁定型商业模式设计主题，也有可能属于补充型商业模式设计主题。

5）猎豹型商业模式

猎豹型商业模式属于根据商业模式要素划分的商业模式类型。但不同于其他几种商业模式类型更多、由单一强势要素决定的特点，猎豹型商业模式不仅由一个两个要素所决定，其整体特征是由各个组成要素通过排列组合以及相互协调而综合实现的。

根据猎豹型商业模式的定义，这种类型的商业模式追求效率优先。其满足的是效率为中心的商业模式设计主题。相应地，猎豹型商业模式满足的是成本优先的战略。这里有一种特殊情形，比如拼多多的运营模式就是追求效率优先，在早期的推广运营中并没有吝惜资金，而是通过广泛而快速的"砍一刀"活动，迅速获取优势。拼多多的运营看起来并非是运用了成本优先战略，但从单位吸粉的成本看，拼多多的"砍一刀"活动确实在极大程度上减少了单位粉丝成本。同时，由于快速的吸粉效率，阻止了更多竞争者在同一时间争夺粉丝，拼多多的模式是成本优先战略的商业模式落地。

6）集聚型与贫乏型商业模式

把集聚型与贫乏型商业模式放在一起考虑，主要是因为两种类型的商业模式都是由企业的资源禀赋决定的。集聚型商业模式企业的资源禀赋具备较强的先天优势，而贫乏型商业模式企业是资源禀赋不足的典型代表。

集聚型商业模式的特点是充分利用企业自身的资源禀赋优势，围绕资源特点展开扩张。由于企业的资源禀赋都是具有差异化的，因此，一般的集聚型商业模式企业都属于新颖优先的设计主题，其反映的也是差异化战略。

贫乏型商业模式由于先天资源禀赋的不足，只能走两条路：低成本发展或者与一些企业共创价值。第一种方法属于效率优先的商业模式设计主题，满足的是低成本战略；第二种方法，由于不得不依附于行业内的其他成功企业，属于补充型商业模式设计主题，满足的是低成本聚焦战略。

7）顾客型商业模式

顾客型商业模式企业的一切都围绕客户的特点展开，其商业模式的核心诉求并非围绕市场主导者或者市场跟随者展开。因此，顾客型商业模式不属于锁定性和补充型商业模式设计主题。

在商品市场由卖方经济转为买方市场的大背景下，很多企业转而开始深耕一些细分市场，比如"樊登读书会"聚焦的就是一些"时间碎片化，但有阅读需求"的人群。因此，顾客型商业模式企业更多针对不同消费者特征展开营销，其满足的是客户的差异化需求，属于新颖型商业模式设计主题，满足的是差异化战略需要。

8) O2O 或直销模式

O2O 与直销模式同属于渠道主导的商业模式类型。不同于顾客型商业模式专注于客户特点与内容，渠道创新的商业模式更多聚焦于渠道的差异，而渠道的差异恰恰体现的就是新颖型的商业模式设计要求。

在渠道创新的过程中，直销模式直接砍掉了线下渠道，O2O 模式是兼顾线上和线下的渠道，两者都是在渠道方面进行了"创新"，在渠道方面足够"新颖"。因此，渠道创新的商业模式类型(如 O2O 和直销模式)满足的都是差异化战略需要。

9) 免费商业模式

免费商业模式的实质是企业收入模式的创新。顾客型商业模式体现的是对客户不同需求的满足，针对于客户和内容的创新；渠道创新商业模式(直销模式和 O2O 模式)采取的是渠道创新方式；免费商业模式则瞄准了收入模式，三者虽然创新的要素不同，但都是对某一个商业模式要素进行创新。

因此，免费商业模式属于新颖型商业模式设计主题，其满足的也是差异化战略的需要。

10) "诱饵 + 陷阱"模式

与免费商业模式类似，"诱饵 + 陷阱"模式同样聚焦于企业收入模式的创新。靠推出"诱饵"，延长收费时间赚钱，"诱饵 + 陷阱"模式本身就很"新颖"。免费商业模式是"羊毛出在猪身上，狗来买单"，通过延长价值链，并且最终转移收费的目标客户，而"诱饵 + 陷阱"模式的目标客户并没有变化，只是延长了向客户收费的时间。

"诱饵 + 陷阱"模式属于新颖型商业模式设计主题，其满足的也是差异化战略的需要；同时，撒下的"诱饵"有助于吸引更多客户而"锁定客户"，其与免费商业模式一样，都同时属于锁定型商业模式设计主题。

总结 11 种类型的商业模式与设计主题和企业战略的关系，可以得到表 5.1。从表 5.1 中可以看到，相比于其他类型的商业模式，平台商业模式有着更多的外部形态含义，这种类型的商业模式设计主题可以是新颖、效率、锁定和补充中的任何一种，其可以满足差异化、成本优先、差异化聚焦以及低成本聚焦的任何一种战略的落地过程。

长尾商业模式、"诱饵 + 陷阱"模式、寄生型商业模式与共生型商业模式设计通常适合锁定或补充型的设计，满足差异化聚焦或者低成本聚焦战略。从商业模式的特点看，寄生型和共生型商业模式设计首先需要核心企业与其他公司共同完成：寄生型商业模式企业需要一个相应的宿主企业，共生型商业模式企业需要一个相应的共生企业。寄生型与共生型商业模式在设计上就是针对于其特定的企业生态位而设定的。那么，在整个商业生态中，若核心企业处于中心地位，则属于锁定性的商业模式设计；若核心企业处于补充地位，则属于补充型商业模式设计。因此，寄生型与共生型商业模式满足的差异化聚焦或者低成本聚焦战略是由其定义决定的。而长尾商业模式在设计之初就是为满足"多样少量"的长尾需求而设计的，长尾市场本身就是针对企业的商业生态位而言的，其内在要求也决定了长尾商业模式企业的锁定性或者补充性的设计主题。

表 5.1　商业模式类型与设计主题、战略对照表

商业模式类型	商业模式设计主题				企业战略			
	新颖	效率	锁定	补充	差异化	成本优先	差异化聚焦	低成本聚焦
平台商业模式	√	√	√	√	√	√	√	√
长尾商业模式			√	√			√	√
寄生型商业模式			√	√			√	√
共生型商业模式			√	√			√	√
猎豹型商业模式		√				√		
集聚型商业模式	√		√		√		√	
贫乏型商业模式		√				√		
顾客型商业模式	√				√			
O2O 或直销模式	√				√			
免费商业模式	√				√			
"诱饵＋陷阱"模式	√		√	√	√		√	

猎豹型商业模式与贫乏型商业模式在设计主题方面有相似的地方，二者都有可能选择效率优先的商业模式设计主题，以满足成本优先战略。猎豹型商业模式本身就是追求快速出击、快速反应，效率优先的商业模式设计主题可以很好地满足这一诉求。而贫乏型商业模式由于资源禀赋的先天不足，可以采取两种战略：第一种是成本优先战略，通过效率优先的商业模式设计，可以帮助新生企业更加平稳地渡过创业期；第二种是成本聚焦战略，通过补充型的商业模式设计主题可以寻求其他企业的合作与庇护，进而获得发展。

集聚型、顾客型、渠道创新(O2O 或直销模式)、"诱饵＋陷阱"模式以及免费商业模式对应于新颖的商业模式设计主题，满足的是差异化的商业战略。五种类型的商业模式在创新点上有所区别，集聚型商业模式聚焦于资源禀赋创新，顾客型商业模式聚焦于细分客户创新，O2O 或直销模式聚焦于渠道创新，而免费型商业模式、"诱饵＋陷阱"模式则聚焦于收入模式创新。不同商业模式的创新要素不同，但都满足新颖型设计主题，针对企业的差异化战略落地需要。

总而言之，可以参照表 5.1 的商业模式类型与设计主题、战略对照表。结合第四、第五步骤得到的企业战略，商业模式设计主题，同时结合自己的企业社会资本，选择合适的商业模式类型。

5.1.3　随机数法

根据第二章的商业模式要素描述，客户细分要素包括大众市场、小众市场与多边市场

3 个维度；价值主张要素包括创新、定制、功能、品牌、便利性/实用性、标准化 6 个维度；渠道通路包括传统渠道、现代渠道、特殊渠道、长渠道、直销渠道、线上渠道、线上线下渠道 7 个维度；客户关系要素包括私人服务、自助服务、社区(社群)、价值共创 4 个维度；收入模式(这里主要讲的是收入模式中的收入来源)要素包括产品销售、广告收益、会员费、租赁或使用费用、许可使用费、经纪人佣金 6 个维度；核心资源包括实物资源、知识性资源、人力资源、金融资源 4 个维度；关键业务要素包括生产、解决方案、平台/网络 3 个维度；合作伙伴要素正常描述即可，没有细分维度；成本结构要素包括固定成本与可变成本 2 个维度。

根据排列组合，各个不同要素总共可以有 $3 \times 6 \times 7 \times 4 \times 6 \times 4 \times 3 \times 2 = 72\,576$ 种排列组合，虽然某种类型的商业模式可以同时包括多种要素组合，72576 种商业模式排列组合并不代表这么多种类型的商业模式，但起码代表了多种商业实践的可能性。

随机数法需要在选择行业并发现问题之后，使用 Excel 产生随机数，并且不断在此基础上进行迭代，直到得到合适并且可行的商业模式。因此，随机数法设计商业模式的具体路径应该是"随机数产生九大要素→留下合理的部分继续进行迭代(或者主观调试)→……→完成商业模式设计"。在具体的商业模式迭代过程中，选择继续产生随机数还是主观调试需要按情况而定，以设计出来的商业模式符合实际，是否可以操作为主。

组织内部结构视角绘制商业模式画布的优点是：以随机数法绘制商业模式，可以实现无限的可能性。这种商业模式绘制方法尤其适用于没有典型成功案例可以参考的新领域，以及新行业的拓展。

其缺点是：这样的商业模式绘制方式会产生多种多样的商业模式要素组合，不同商业模式要素的排列组合，将产生大量的商业模式。而这些大量的商业模式中，绝大多数都是无用的且不符合市场情况的，这样的商业模式画布绘制过程是无序且低效率的。

5.1.4 头脑风暴法

这种方法的商业模式画布的绘制以"头脑风暴"法为基础，通过视觉化思考以及讲故事的逻辑，激发创业者天马行空般的想象，绘制商业模式画布。头脑风暴法绘制商业模式符合组织内部结构视角下的商业模式要求。

1. 客户洞察

第一步，通过访谈，了解客户在生活中存在的不方便之处，引导客户详细描述问题(提出痛点)。第二步，对客户所说的痛点问题进行编码，从相关编码内容中提取价值主张与客户细分概念。

2. 构思

商业模式构思的第一步是通过思路的启发，绘制相关图片。第二步是描述各个图片，并将其以故事线(构思故事线)的方式讲述出来(图形启发法)。

因果故事线回答商业模式要素中的客户细分以及价值主张是什么的问题；而构思故事线回答客户细分、价值主张之外的其他要素是什么的问题。

5.2　绘制商业模式画布

　　商业模式创新的第二步就是绘制商业模式画布。绘制商业模式画布之前，首先需要考虑清楚：企业的战略是什么？企业的商业模式设计主题是什么？企业所想要设计的商业模式属于哪种类型？

　　回答以上三个问题之时还需要注意，同一企业可能分属于不同类型的商业模式。比如奇虎360既属于平台商业模式，又属于免费商业模式。其中，平台商业模式是企业的展现形式，体现了企业的外部形态；免费商业模式则更多地体现了企业如何盈利的逻辑，是企业能否成功胜出的关键。企业的商业模式设计不仅仅需要考虑其外在形态，还需要考虑清楚其内在如何盈利等问题的完整逻辑。因此，同一个企业的商业模式设计，可能不仅仅是单一形态的商业模式。

5.2.1　遗传算法

　　以苹果手机为例，构建企业的商业模式画布。首先需要考虑清楚的是，苹果手机的战略是什么？

　　众所周知，苹果手机原本是做电脑的，其电脑是优势，从电脑产品拓展到手机领域是不能脱离其电脑基础的。因此，在考虑苹果手机的发展战略之时，首先需要考虑清楚苹果电脑的战略是什么？

　　苹果电脑以其新颖的设计以及 MacOS 独立的操作系统在电脑巨无霸 IBM 的包围中脱颖而出。苹果电脑的战略就是差异化战略，处处体现与 IBM 的不同，甚至操作系统都另起炉灶，不用著名的 Windows，自建操作系统。传统的电脑是个大杂烩，电脑搭台，软件唱戏，但并非每一个电脑公司都意识到这一点，他们依旧延续着传统的产品思维，拼技术创新、拼产品。苹果电脑意识到了这一点，秉承新颖的商业模式设计主题，在苹果电脑的设计方面处处匠心，将苹果电脑设计得尽量轻而薄，像一个工艺品，让用户欣赏它的美。苹果意识到其电脑的商业模式是平台商业模式。苹果电脑的平台模式是半封闭式的，苹果搭台，软件制造商唱戏，只有苹果官方审核通过的软件，才被允许搭载到苹果电脑上。

　　将苹果电脑的一切模式引申到手机里，问题就简单多了。苹果电脑的战略是不同于 IBM 的差异化战略，商业模式设计主题满足新颖性特点，其商业模式是平台商业模式。那么，手机也完全可以照搬电脑的商业模式，将电脑的战略、设计主题完全照搬过来即可。

　　这样一来，问题就简单多了。原本的商业模式设计问题直接转化成原有商业模式的"复制＋粘贴"。苹果如此，其他企业的商业模式设计也是类似的。想明白了这个逻辑，苹果手机不过是移动端的"电脑"而已，把电脑各个方面缩小了放到手机里，完全可以做出苹果自己的手机。苹果电脑的商业模式画布如图 5.1 所示。

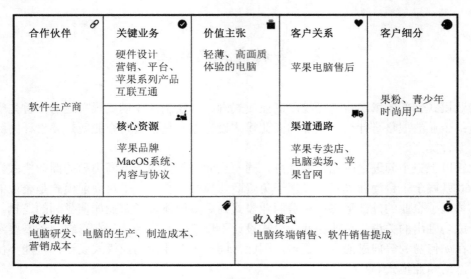

图 5.1　苹果电脑的商业模式画布(母系商业模式)

但手机毕竟是手机，自身有着诸多不同于电脑的地方。绘制苹果手机的商业模式画布时，还需要模仿当时手机市场的大佬"诺基亚"。一切就好像苹果电脑逆袭电脑巨人"IBM"一样，要想超越对手，首先需要学习对手。

因此，绘制企业商业模式的第一步就是绘制行业内最大竞争对手的商业模式画布。诺基亚手机的商业模式画布如图 5.2 所示。从图 5.2 的诺基亚手机商业模式画布中可以看出，诺基亚仍然停留在产品思维里。

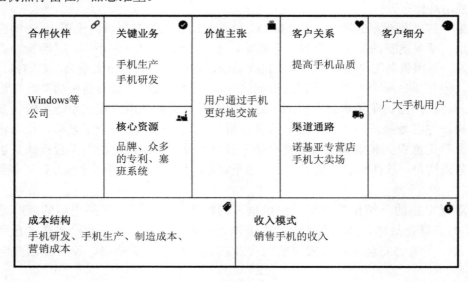

图 5.2　诺基亚手机的商业模式画布(父系商业模式)

对于苹果手机的商业模式绘制，其实分为父系、母系两种类型商业模式的传承。苹果电脑是母系商业模式，代表了苹果手机商业模式的平台逻辑；诺基亚是父系商业模式，代表了苹果手机所处行业的典型商业模式以及产品特征，其逻辑是产品逻辑。严格来说，苹果手机的商业模式是在苹果电脑及诺基亚手机基础上演进而来的。苹果手机选择了苹果电脑商业模式(母系商业模式)的平台逻辑以及诺基亚商业模式(父系商业模式)中的手机产品销售相关产品细节(满足商业模式演进的选择机制)。

　　根据苹果手机差异化战略、新颖的设计主题，以及平台商业模式的特点，需要总结出苹果手机不同于诺基亚的一些特点：将手机打造成平台(诺基亚仍旧是产品)、设计更加艺术化的手机(诺基亚的手机外形呆板)、将手机打造成微缩电脑(诺基亚的功能局限在打电话、发短信等传统功能)、延续苹果电脑的半开放的平台(诺基亚全封闭的塞班手机操作系统)、与众多的 App 生产商合作(诺基亚更加注重自主研发)、丰富收入模式(诺基亚靠卖产品盈利)。

　　结合苹果电脑商业模式的诸多特点以及诺基亚手机的一些功能，苹果手机的商业模式画布绘制如图 5.3 所示。其中价值主张选择了母系商业模式中的"良好用户体验"元素(选择机制)，并在母系价值主张"轻薄、高画质体验的电脑"的基础上结合手机行业的特征，将价值主张变异为"高画质体验的手机→畅想移动生活"。从"轻薄、高画质体验的电脑"到"高画质体验的手机"经历了一次"遗传＋变异"机制，从"高画质体验的手机"到"畅想移动生活"则又经历了一次变异机制。关键业务则分别选择了父系商业模式中的"手机研发、手机生产"与母系商业模式中的"营销、平台、苹果系列产品互联互通"形成了"硬件设计、营销、平台、苹果系列产品互联互通"的关键业务(选择机制)。核心资源要素以母系商业模式为模板，进行适当的"遗传＋变异"，由母系核心资源的"苹果品牌 MacOS 系统、内容与协议"变更为"苹果品牌、IOS 系统、内容与协议"，其中的变异机制体现在由电脑操作系统的"MacOS 系统"变异为手机操作系统的"IOS 系统"。

　　合作伙伴在母系商业模式中进行了简单的"遗传＋变异"，由"软件生产商"变异为移动端的"App 软件生产商"。客户关系依旧在母系商业模式的基础上进行"遗传＋变异"，从"苹果电脑售后"变异为"苹果手机售后"，并在此基础上增加了"超出用户预期的移动端用户体验"(变异机制)。客户关系的演进路径为："苹果电脑售后→苹果手机售后→苹果手机售后＋超出用户预期的移动端用户体验"。客户细分单纯使用了遗传机制，遗传了母系商业模式中的"果粉、青少年时尚用户"。

　　渠道通路在母系商业模式的基础上"遗传＋变异"，其中的遗传机制体现为遗传了母系商业模式中的"苹果专卖店、苹果官网"渠道通路，变异机制体现为：由母系商业模式中的"电脑卖场"变异为更加适合手机销售的"手机大卖场"。成本结构遗传了父系商业模式的"手机研发、手机生产、制造成本、营销成本"。收入模式在母系商业模式的基础上进行了"遗传＋变异"，由"电脑终端销售"变异为"手机终端销售"，由"软件销售提成"变异为适合手机的"App 销售提成"。

　　图 5.3 所示的苹果手机商业模式画布完美地结合了苹果电脑的平台商业模式特点，将平台思维带入到手机市场中(主要以母系商业模式为蓝本)；同时，结合了手机产品本身的一些特点，对诺基亚的画布进行了一些改进(主要以父系商业模式为蓝本)。

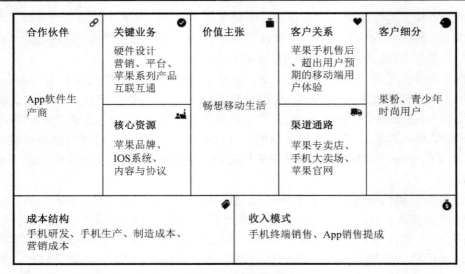

图 5.3　苹果手机的商业模式画布

　　苹果手机的商业模式设计破天荒地改变了整个手机行业。在苹果手机之后，手机的功能不再仅仅局限于传统的打电话、发短信，凡是电脑端的功能，手机移动端都可以实现。不仅如此，手机还开发出了一些电脑端无法做到的功能，比如移动支付、手机定位、手机导航等。可以说，苹果手机的成功是完全离不开其成功的商业模式设计的。

　　完成了商业模式构建过程并不代表一个新商业模式设计过程的完结。企业还需要巩固已建立好的商业模式，增强其核心竞争力，建立竞争壁垒，以防止竞争对手迅速模仿。

5.2.2　商业模式设计主题法

　　根据价值创造视角，企业的商业模式就是延续"价值主张→价值创造→价值分配与获取"这样一条路径的实现价值的过程。因此，价值主张是一切价值的起点。在商业模式画布绘制的时候，通常需要首先考虑"价值主张是什么"，然后考虑如何围绕价值主张一步步创造价值。比如，关键业务、核心资源、合作伙伴、渠道通路是如何围绕价值主张要素服务的。在此基础上，最后再确定"价值分配与获取"维度下的成本结构与收入模式，进而整个商业模式画布就可以绘制出来了。

　　从这个角度讲，商业模式画布的绘制过程是三种商业模式视角的完美融合。首先，商业模式设计起始于战略视角，即遵循"战略→商业模式设计主题→商业模式类型"的思路；其次，商业模式画布的绘制本身就遵循了企业内部结构视角的商业模式要素排列组合，不同的商业模式要素组合将产生全新的商业模式类型；因此，商业模式画布的绘制起始于价值主张，补充在价值创造过程中，完善于价值分配与获取。

　　结合第五章第一节的商业模式设计方法，即通过"① 结合自身优势选择行业→② 发现问题→③ 制定解决问题的大致思路(蓝本)→④ 制定企业战略→⑤ 确定要达成的商业模式设计主题→⑥ 选择合适的商业模式类型"的步骤绘制商业模式画布，遵循"战略→商业模式设计主题→商业模式类型"的思路再进行商业模式画布的绘制，将更加聚焦，更加有效地设计出实用的商业模式画布。

　　结合第五章第一节提出的①养老项目，确定差异化聚焦战略，适用于锁定型的商业模式设计主题；结合表5.1的商业模式类型与设计主题、战略对照表，有平台、长尾、寄生、共生，以及"诱饵＋陷阱"五种商业模式类型可供选择。结合第 5 章第一节提出的商业模式蓝本，有"高端定制化养老""老年人健身指导""老年人娱乐项目""老年人陪伴项目""家政养老项目"这五个细分项目蓝本。

　　选择其中的"老年人娱乐项目"蓝本着手绘制商业模式画布，选择平台商业模式以链接不同利益相关者，可以绘制出如图 5.4 所示的老年人娱乐的多边平台商业模式。

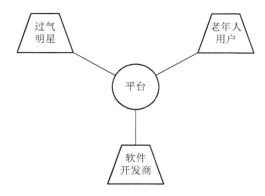

图 5.4　老年人娱乐的多边平台商业模式

　　由于老年人口数量巨大，同时老年人娱乐方式匮乏，建构老年人的娱乐平台有非常大的市场潜力。平台的一个边连接一些过气的明星，可以有多种好处。好处一：过气明星的聘用成本较低，可以降低成本。好处二：过气明星通常年龄较大，而他们当红的年代也正好是老年人年轻的时候，因此，老年人反而对过气明星更加认同。这样的搭配也在无形之中提高了两个边的市场参与者的契合度，增加了平台商业模式构建的成功率。

　　结合图 5.4，可以绘制老年人娱乐的商业模式画布，如图 5.5 所示。首先需要确定价值主张，为商业模式画布"定调"。在选择了"老年人娱乐项目"之后，价值主张应该结合老年人娱乐展开，因此可以定为：丰富多彩的老年人娱乐生活。接下来需要解决的问题就是如何为老年人的娱乐生活增光添彩。这就涉及关键业务有哪些内容了。声乐教学是普通人都可以接受并喜闻乐见的艺术形式，因此，关键业务可以定为明星线上教唱歌。

　　在图 5.4 的平台中，通过将过气明星与老年人搭接，以线上明星声乐教学作为接口进行授课作为收入模式是合理的。比如一节课 199 元，价格不高不低，老年人可以接受。其他相关的商业模式要素结合价值主张展开。

　　结合第五章第一节提出的②寄养宠物项目，确定差异化聚焦战略，适用于锁定型的商业模式设计主题；结合表 5.1 的商业模式类型与设计主题、战略对照表，有平台、长尾、寄生、共生，以及"诱饵＋陷阱"五种商业模式类型可供选择。在此基础上，结合第五章第一节提出的商业模式蓝本，有"宠物寄送站""宠物医院的代管服务""宠物寄养交友项目"三个项目蓝本。

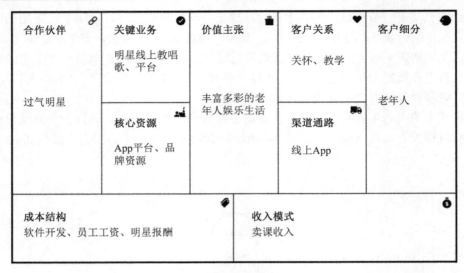

图 5.5　老年人娱乐的商业模式画布

选择其中的"宠物医院的代管服务"蓝本着手绘制商业模式画布，选择长尾商业模式。首先需要确定价值主张。宠物医院代管服务是建立在原有宠物医院基础上的增项服务，可以将价值主张定为：有温度的宠物代管。"宠物医院的代管服务"的优势在于，它既是宠物医院，也是宠物代管机构，可以通过宠物代管服务增加原来宠物医院对宠物主的吸引，因此其关键业务是宠物医疗与宠物代管。同时，可以在抖音、快手等平台上制作视频，结合线上自媒体上的内容引流，实现线上引流到线下。制作的视频内容可以包括宠物养护、宠物代管的近况。因此，这样的商业模式创新有利于增强原本宠物医院的客户黏性，开展特色化的宠物医院模式。宠物代管医院的商业模式画布绘制如图 5.6 所示。

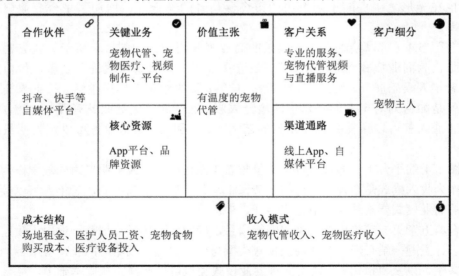

图 5.6　宠物代管医院的商业模式画布

结合第五章第一节提出的③创业指导项目，确定差异化战略，适用于新颖型的商业模式设计主题；结合表 5.1 的商业模式类型与设计主题、战略对照表，有平台、集聚型、顾客型、O2O 或直销模式、免费、"诱饵＋陷阱"七种商业模式类型可供选择。在此基础上，再结合第五章第一节提出的商业模式蓝本，有"线下培训项目""创业指导自媒体拓展""创业培训 O2O"三个项目蓝本。

选择其中的"创业培训 O2O"项目蓝本着手绘制商业模式画布，选择 O2O 模式。O2O 模式是渠道商业模式创新，其核心在于线上与线下同步经营。传统的创业培训以线下培训指导为主，这样会丧失掉大部分的线上市场。而单独的线上培训市场，一方面会由于短视频内容短小，无法完成完整、全面的培训服务；另一方面，线上的视频与直播无法一对一地对企业进行服务，服务质量偏低。O2O 的培训方式有效地结合了线上与线下的渠道，可以同时获得两种渠道的客户，线上培训的便利性结合线下培训的直观与针对性的服务，可以更好地服务于创业企业。

当然，如今的咨询与培训市场上不乏 O2O 的创业培训机构与个人，但创业培训市场并不存在明显的头部机构，市场仍然存在空间。其一，目前市面上的创业培训体系仍不完善，各自为战。比如创业中的商业模式创新模块，在很多创业培训中是较大的空缺。培训商业模式的企业和个人更多是处于实践的角度，目前市面上尚自缺少完善的、成体系的商业模式培训资料。其二，目前市面上的创业体系培训难以复制。比如，创业中的商业模式创新模块，企业培训人员的培训内容包含很多很"玄"的、难以量化的内容。市面上的商业模式培训要么不落地，要么不成体系，或者过于形而上。商业模式创新的培训难以复制和量化，培训市场存在空缺。

创业培训项目的商业模式画布绘制如图 5.7 所示。首先需要确定项目的价值主张。比如，由于创业培训项目的服务性是为了解决广大的创业者、中小企业老板(客户细分)的创业困境以及商业模式问题，可以将价值主张定位为"解决创业者的创业困境"。为满足价值主张要求，结合 O2O 的商业模式设计需要，渠道通路应该构建为"线下培训、线上视频与直播"。与渠道通路相对应，关键业务应该是"卖课、培训、咨询、做视频"。而与关键业务相对应，收入模式也就顺理成章地成为"卖课收入、培训收入、书籍销售、企业咨询"。

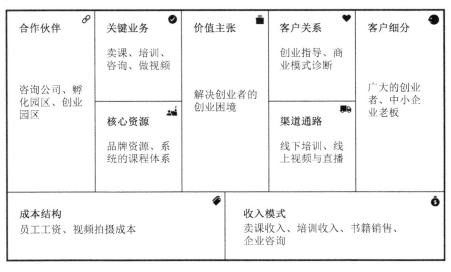

图 5.7　创业培训项目的商业模式画布

创业培训项目的商业模式要点是新颖型的设计，其新颖性不仅来自渠道创新，还应该来自培训内容，因为市面上不乏 O2O 创业指导项目。因此，应该在项目上马之前提炼出成体系的商业模式创新内容与创业内容，这样才能成为视频的内容基础与线上、线下培训的内容基础。创业培训项目的核心和难点并不在于商业模式的设计，而在于其内容和教学体系。

结合第五章第一节提出的④男追女指导项目，确定差异化战略，适用于新颖型的商业模式设计主题；结合表 5.1 的商业模式类型与设计主题、战略对照表，有平台、集聚型、顾客型、O2O 或直销模式、免费、"诱饵＋陷阱"七种商业模式类型可供选择。在此基础上，再结合第五章第一节提出的商业模式蓝本，有"男追女一对一辅导项目""男追女话术指导项目""男追女心理辅导""线上交友项目""爱好社群"五个项目蓝本。

选择其中的"男追女一对一辅导项目"蓝本着手绘制商业模式画布，选择长尾商业模式。首先需要确定价值主张。根据项目蓝本，价值主张可以定为"解决男性的单身问题"。围绕价值主张，关键业务可以定为"'一对一'追女生辅导""话术辅导"，其他商业模式要素都围绕价值主张适当展开(如图 5.8 所示)。

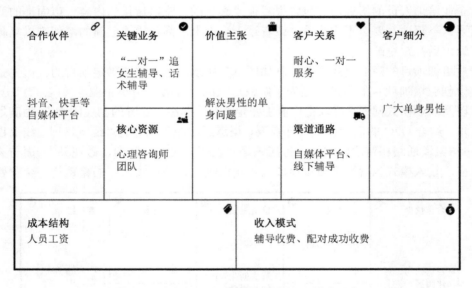

图 5.8 男追女一对一辅导项目的商业模式画布

在国内的婚恋市场上，多数都是男性主动追求女性。由于性别的差异，多数男性在追求女性的时候往往会出于男性思维追求女性，他们只会一味地对女性好，最终只能是"竹篮打水一场空"。很多男性在追求女性的过程中尽管投入了大量的时间、金钱，还是一无所获；还有的男性沦为"宅男"，不再主动追求女性，转而投身游戏与宅文化。传统的世纪佳缘等婚恋平台仅仅是单纯进行数据比对，通过对比双方的居住环境、家庭情况、工作情况、收入水平、身高等数据进行人工配对，让男女双方互相见面，进而放任不管。这样的商业模式本身是存在硬伤的。其一，会主动登录婚恋平台的男女通常是"最不会追求女性的男性"和"最挑剔的女性"这样的两个人群，他们之间的匹配本身难度就很大。其二，男女的婚恋是活生生的人，他们有交流需要，有不同的价值观。单纯地通过数据进行匹配难以匹配人与人之间的交流、眼缘以及感觉。匹配出来的更多是门当户对，而非喜欢。其三，传统的婚恋交友平台仅负责介绍男女互相认识，而不进行更多的沟通与帮助。男女之间由于思维差异而吵架时，由于缺少彼此沟通的纽带，很容易分手，甚至离婚。传统婚恋市场的服务不能做到一对一的耐心的服务。

由于男性更多是逻辑思维，相比于女性，在追求异性的过程中会更具目的性，进而比较容易暴露需求感。而女性更多是感性思维，在短时间内如果没有感觉到舒适与情绪价值，就不会有恋爱体验。这就好比一个人在用象棋和另一个人用围棋下棋，两人的游戏规则不一样，是很难建立有效关系的。如图 5.8 的商业模式可以通过对男性的"话术辅导"，手把手教会男性如何高情商聊天，教会男性理解女性思维；同时，手把手教会男性学员如何有效邀约女性，进行约会指导，教男性学员如何快速推进双方的感情。

其实，对于④男追女指导项目，只要稍微更改项目的战略目标，商业模式就会呈现出完全不同的样子。例如，若将战略修改为低成本战略，其对应的商业模式设计主题就变成了效率型。结合表 5.1 的商业模式类型与设计主题、战略对照表，可知有平台、猎豹和贫乏型商业模式可供选择。选择猎豹型商业模式，则价值主张将变成"帮助单身男性快速脱单"。这样一来，商业模式完全不同了。若打算制定猎豹型商业模式，则可以绘制如图 5.9 所示商业模式画布。

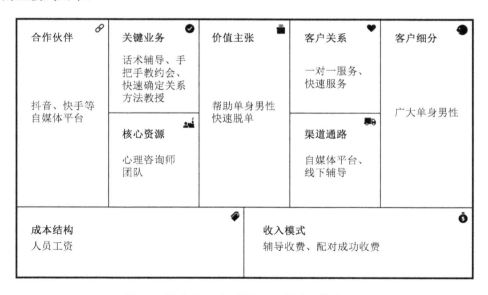

图 5.9　男追女一对一辅导项目的商业模式画布

当提高了配对效率后，就相当于降低了项目成本，并同时增加了收入来源(因为效率的提升可以拉到更多的单子)。

这就是商业模式画布绘制的乐趣，稍微修改战略，其画布的面貌将焕然一新。

结合第五章第一节提出的⑤投资指导类项目，确定差异化战略，适用于新颖型的商业模式设计主题；结合表 5.1 的商业模式类型与设计主题、战略对照表，有平台、集聚型、顾客型、O2O 或直销模式、免费、"诱饵＋陷阱"七种商业模式类型可供选择。在此基础上，再结合第五章第一节提出的商业模式蓝本，有"线下培训项目""投资指导自媒体拓展""股票学习教学""财商教育指导""收藏品教学""理财专家"六个项目蓝本可供选择。

选择其中的"收藏品教学"蓝本着手绘制商业模式画布，选择"诱饵＋陷阱"模式。根据项目蓝本，价值主张可以定为"掌握收藏基本功，让财富保值、增值"。为配合价值主张，关键业务可以确定为"收藏知识教学、制作视频"，其他商业模式要素都围绕价值主张适当展开。特别需要注意的是，收入模式确定为"知识付费、藏品销售收入"以配合关键业务。其中，"知识付费"对应于"制作视频"，"藏品销售收入"对应于"收藏知识教学"。收藏品教学项目的商业模式画布绘制如图 5.10 所示。

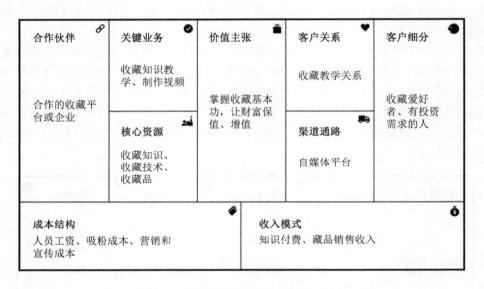

图 5.10　收藏品教学项目的商业模式画布

在房地产涨价的黄金年代过去之后，股市迟迟没有达到牛市，很多人投资无门，收藏品成为一个选项。选择线上的收藏知识教学可以帮助一些想要收藏却缺乏相关知识、没有门路的新人入门。同时可以通过知识付费和收藏品销售的收入盈利。

5.2.3　随机数法

结合第五章第一节提出的①养老项目，在 Excel 表格中设计随机数函数，即"*RAND()*"函数，根据不同要素所含的维度数，确定其随机数函数，比如"客户细分=*3*RAND()*"、"价值主张=*6*RAND()*""渠道通路=*7*RAND()*""客户关系=*4*RAND()*""收入模式=*6*RAND()*""核心资源=*4*RAND()*""关键业务=*3*RAND()*""成本结构=*2*RAND()*"。

1. 随机数法模拟一

根据设计的随机函数，可以产生如表 5.2 所示的随机数序列一，可以将其解读为："大众市场、定制化、直销渠道、私人服务、会员费、金融资源、生产、可变成本"。

表 5.2　随机数序列一

客户细分	价值主张	渠道通路	客户关系	收入模式	核心资源	关键业务	成本结构
0.823522	2.467122	4.583159	1.215287	3.054285	3.60891	0.127151	1.911914

根据产生的随机数序列，商业模式画布绘制如图 5.11 所示。

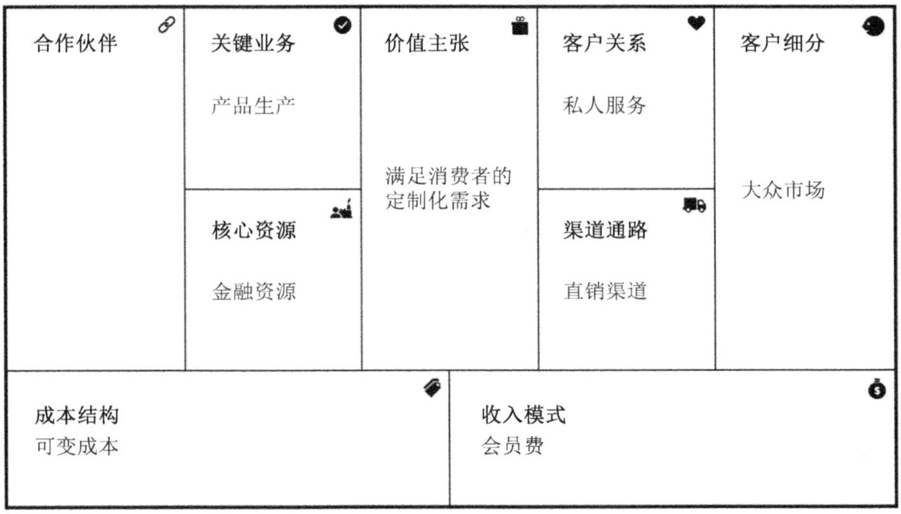

合作伙伴 🔗	关键业务 ✔ 产品生产	价值主张 💼 满足消费者的 定制化需求	客户关系 ❤ 私人服务	客户细分 🎨 大众市场
	核心资源 👷 金融资源		渠道通路 🚚 直销渠道	
成本结构 🏷 可变成本		收入模式 💲 会员费		

图 5.11　随机数法设计的商业模式画布

从图 5.11 可以看出，价值主张与关键业务、客户关系、渠道通路、成本结构都比较匹配，而根据以上五个商业模式要素，这种类型的商业模式已经基本成型，没必要进行下一步的随机数迭代，留下五个合理的商业模式要素，对核心资源、收入模式以及客户细分进行合理的修改，对成本结构进行微调和修改，可以得到如图 5.12 的商业模式画布。

进行了如图 5.12 的商业模式画布修改之后，一个基本的商业模式就已经呈现出来了。将原本的价值主张"大众市场"修改为"细分市场"，将原来的核心资源"金融资源"修改为"品牌(知识性资源)"，将原来的收入模式"会员费"修改为"产品销售、租赁或使用费用"，将原来的客户关系"私人服务"修改为"私人服务、价值共创"，并根据商业模式的特点，补充重要合作为"原材料供应商"。这个商业模式满足的是差异化聚焦战略，属于补充型的商业模式设计主题，对应于长尾商业模式、直销模式两种类型的商业模式。长尾商业模式描述了其面向的长尾细分市场，而直销模式重点强调渠道方面的短渠道模式。

图 5.12　商业模式画布的修改

图 5.12 的商业模式画布修改版适合于第五章第一节"互联网＋制造业"中的工业自动化，或者"互联网＋文化创意服务"中的动漫娱乐项目。

2. 随机数法模拟二

根据设计的随机函数，还可以产生如表 5.3 所示的随机数序列二，可以将其解读为"多边市场、创新、线上渠道、自助服务、广告收益、知识性资源、平台/网络、可变成本"。

表 5.3　随机数序列二

客户细分	价值主张	渠道通路	客户关系	收入模式	核心资源	关键业务	成本结构
2.725859	0.300084	6.14559	1.701251	1.617489	2.415363	2.588772	1.837325

根据产生的随机数序列绘制的商业模式画布如图 5.13 所示。从图 5.13 可以看出，此次的随机数产生的商业模式要素之间的匹配度非常高，只需要对商业模式进行微调即可。对图 5.13 的商业模式画布进行微调，可以得到商业模式画布的修改如图 5.14 所示。将原本的

合作伙伴	关键业务	价值主张	客户关系	客户细分
	平台/网络		自助服务	
		创新		多边市场
	核心资源		**渠道通路**	
	知识性资源		线上渠道	

成本结构	收入模式
可变成本	广告收益

图 5.13　随机数法设计的商业模式画布

成本结构"可变成本"修改为"可变成本、固定成本",将原来的收益模式"广告收益"修改为"广告收益、会员费、知识付费、周边销售收入"。

图 5.14 的商业模式画布修改版适合于第五章第一节"互联网＋商务"中的金融、财经法务,或者"互联网＋公共服务"中的教育培训项目。根据需要可以将合作伙伴设为"咨询公司"。修改的商业模式属于平台商业模式。

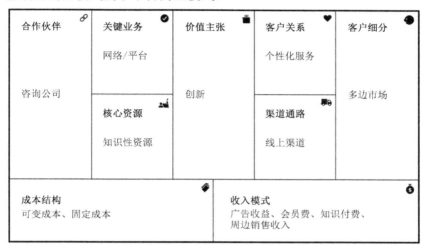

图 5.14　商业模式画布的修改

5.2.4　头脑风暴法

本节以两个案例模拟头脑风暴法绘制商业模式画布。

1. 情境一

客户甲的问题描述:不知道如何看合同,看合同的关键点是什么;看合同需要注意的细节问题;尤其是面对商业类的具体文书,自己没有经验,有被哄骗的可能性;看不出合同中隐形的不合理点。

1) 客户洞察

使用逐行编码方法对客户痛点问题进行编码,可以得到如表 5.4 中所示的四条编码,他们分别是:不会看合同、看合同细节、商业类文书、合同中隐形不合理点。

表 5.4　情境下的痛点编码示例

数　据	编　码
不知道如何看合同,看合同的关键点是什么,以及看合同需要注意的细节问题。尤其是面对商业类的具体文书,自己没有经验,有被合同哄骗的可能性。不会看,看不出合同中隐形的不合理点。	不会看合同 看合同细节 商业类文书 合同中隐形不合理点

根据四条编码内容,可以归纳出价值主张为"商业助理——帮助客户解决合同相关问题"。由价值主张可以推导出客户细分应该是"有看商业类文书需求者"。

2) 构思

根据头脑风暴法，进行相关商业模式画布绘制还需要进行商业模式设计构思。这里的主要方法就是图形启发法。依据"商业助理——帮助客户解决合同相关问题"进行相关构思，绘制出情境一的头脑风暴构思图(如图 5.15 所示)。

图 5.15　头脑风暴图片绘制一

图 5.15 中的①画帖中是两个人握手的形象，可以理解成合作；画帖②中一个"一锤定音"的形象，象征了公正和法律；画帖③中描绘了四种形制的路标，至于每种路标的含义并不重要，关键的是各个路标所代表的"规则"意义；画帖④中描绘了一个"方片尖"的扑克牌，它表示了"手中的底牌"的含义；画帖⑤中描述的是签订合同或者是写材料的形象，它可以告诉我们签订正确条款的重要性；画帖⑥描绘了一位"思考者"的形象，它代表了阅读合同的过程中思维的重要性；画帖⑦描绘了一个天平，意思是公平、公正对于合同的重要性；画帖⑧描绘了一枚铜钱的形象，意思是商业类文书归根到底还是要立足于利益，最终回归到企业利润本身。

结合图 5.15 中各个画帖的含义，可以绘制出情境一的商业模式画布(如图 5.16 所示)。

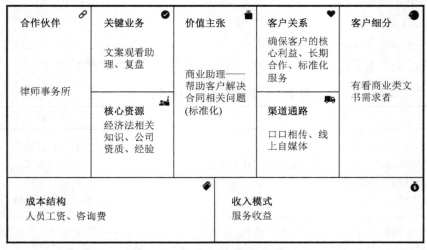

合作伙伴	关键业务	价值主张	客户关系	客户细分
律师事务所	文案观看助理、复盘	商业助理——帮助客户解决合同相关问题(标准化)	确保客户的核心利益、长期合作、标准化服务	有看商业类文书需求者
	核心资源 经济法相关知识、公司资质、经验		渠道通路 口口相传、线上自媒体	

成本结构	收入模式
人员工资、咨询费	服务收益

图 5.16　情境一的商业模式画布

结合图 5.15 中画帖①和画帖②，画帖①讲的是合作伙伴，画帖②讲的是法律相关，因此，合作伙伴可以考虑设为"律师事务所"；基于画帖③的"规则"含义，可以确定客户关系要素中的"标准化服务"。

画帖⑤中签订合同的形象，可以将关键业务考虑为"文案观看助理"；结合画帖⑥中思考者的形象，可以考虑在关键业务中增加一项"复盘"。结合画帖⑦中天平的形象，可以考虑将核心资源设为"经济法相关知识、公司资质、经验"。因为只有公司具有相关法律知识、资质与经验，才能保证更加公平，并且同时"确保客户的核心利益"的客户关系。最后，画帖⑧中铜钱的形象，需要确定"服务收益"作为盈利来源（收入模式）。图 5.18 的商业模式满足差异化聚焦战略，属于锁定性的商业模式设计主题下的集聚型商业模式。

2. 情境二

客户乙的问题描述：如何可以更快、更好地销售自己家乡浙江仙居生产的杨梅？杨梅每年 5-6 月成熟，而成熟后的杨梅很难存放很长时间。因此，与香蕉、苹果等水果的销售不同，杨梅难以存放的特点要求在短时间内将其卖掉。问题在于，如何更加准确地找到客户，将杨梅更快地卖出？如何将杨梅卖出更好的价格？

1) 客户洞察

使用逐行编码方法对客户痛点问题进行编码，可以得到如表 5.5 中所示的六条编码，他们分别是：杨梅产地、杨梅成熟季节、杨梅难以长时间存放、快速卖掉杨梅、精准寻找客户、卖出更好的价格。

表 5.5　情境下的痛点编码示例

数　据	编　码
如何可以更快、更好地销售自己家乡浙江仙居生产的杨梅？杨梅每年 5-6 月成熟，而成熟后的杨梅很难存放很长时间。因此，与香蕉、苹果等水果的销售不同，杨梅难以存放的特点要求在短时间内将其卖掉。问题在于，如何可以更加准确地找到客户，将杨梅更快地卖出？如何将杨梅卖出更好的价格？	杨梅产地 杨梅成熟季节 杨梅难以长时间存放 快速卖掉杨梅 精准寻找客户 卖出更好的价格

根据六条编码内容，可以归纳出价值主张为"快速、精准地推销杨梅"，由价值主张可以推导出客户细分应该是"爱吃杨梅的人"。

2) 构思

图 5.17 中画帖①描绘了一篮子的杨梅，它代表了杨梅的大小、包装；画帖②中是一个农民的形象，意为杨梅的利益相关者农民很重要；画帖③展示了一个直播用的自拍杆，意为杨梅相关直播；画帖④中描绘了一个茶壶，意为可以宣扬杨梅文化，比如"吃杨梅，搭配绿茶更好吃"这样的观念推销；画帖⑤中描述的是一杯杨梅饮料，它代表着过季的杨梅可以制作成杨梅饮料，或者杨梅酒，以利于保存和销售；画帖⑥描绘了一架飞机的形象，象征是旅游，比如，以摘杨梅为主题的农家乐旅游；画帖⑦描绘了一位美女的形象，意思是可以将客户细分锁定女性用户；画帖⑧描绘了一张"健康卫士"的抽象画，意为健康对人们生活的重要性，可以将杨梅与健康元素相结合；画帖⑨描绘了一个胡萝卜的形

象，意为可以将杨梅与相关的蔬菜联系起来，做搭配销售，以宣传健康饮食，这种搭配与画帖④有异曲同工之妙。

图 5.17　头脑风暴图片绘制二

　　结合图 5.17 中各个画帖的含义，可以绘制情境二的商业模式画布(一)，具体如图 5.18 所示。结合画帖①中一篮子的杨梅，可以将客户关系设为"美味、新鲜"，并在关键业务中写下"杨梅推销"业务，将核心资源设为"大批量的杨梅"；结合画帖③中的自拍展示杆图片，可以考虑将渠道通路设为"自媒体直播"；结合画帖④中描绘的茶壶，以及画帖⑨的胡萝卜形象，可以将原来"快速、精准地推销杨梅"的价值主张更改为"健康吃杨梅"，同时在关键业务中写下"健康饮食搭配"项目；结合画帖⑤中杨梅饮料的形象，可以考虑在关键业务中增加"杨梅饮品推销"项目；最后结合画帖⑧"健康卫士"的形象，进一步增强了"健康吃杨梅"的价值主张定位。图 5.18 中的商业模式满足差异化聚焦战略，属于新颖型商业模式设计主题下的集聚型商业模式。

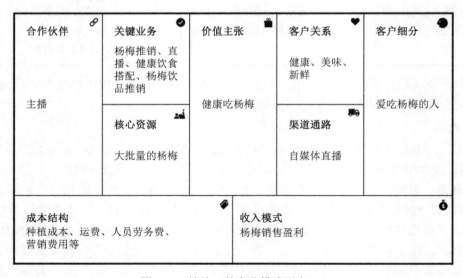

图 5.18　情境二的商业模式画布(一)

　　然而，情境二中的商业模式设计情形不仅仅有一种可能，如果从平台角度设计商业模式，可以得到如图 5.19 所示的另一种类型的商业模式。

　　结合画帖②中的农民形象，可以考虑在合作伙伴中增加农民，意为在售卖自己家杨梅的同时，帮助其他农户售卖杨梅，由于此时不仅售卖自家的杨梅，还在代售其他农户家的杨梅，可以考虑在收入模式中增加"杨梅代售收益"。

　　当然，销售任务增加的同时需要做商业模式画布的改变，体现为在关键业务中增加了"平台"业务，将"健康吃杨梅"业务做成平台模式；结合画帖⑥的飞机形象，可以考虑在合作伙伴中增加"旅行社"，在自媒体直播中，同时增加杨梅农家乐旅行与健康饮食两个内容。在宣传内容的同时，还可以收获广告收益(收入模式)。图 5.19 中情形同样满足差异化聚焦战略，属于新颖型商业模式设计主题下的集聚型商业模式与平台型商业模式。集聚型商业模式是从资源角度讲的，平台型商业模式更多的是描述商业模式的形式。

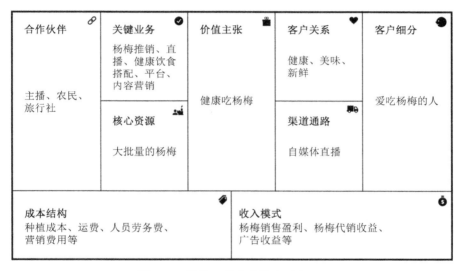

图 5.19　情境二的商业模式画布(二)

5.3　商业模式创新必杀技

　　在金庸武侠小说中，主人公要想获得绝世武功，无非两种途径：向高手学习或者机缘巧合得到武学秘籍。无论是《射雕英雄传》里的"降龙十八掌"，还是《天龙八部》里的"六脉神剑"都是有招式的。虽然《神雕侠侣》中独孤求败曾经说过"无招胜有招"，但是对初学者而言，招式的学习还是非常重要的。

　　其实，对于商业模式创新，也同样是有招式的。总结企业经营实务中的几种典型案例，商业模式创新的招式可以归纳为"七板斧"。掌握好这"七板斧"，即使不能在商海中无往不利，也至少可以帮助创业者在设计商业模式时"有的放矢"。当然，使用以下七种招式的前提是已经考虑好了商业模式的设计主题，"七板斧"的招式，只有结合商业模式设计主题的"内功心法"才能有效。

1. 改头换面(重构价值主张)

苹果手机的成功得益于其价值主张的重构。当传统的手机生产企业仍旧停留在产品思维中，考虑如何进行技术创新，进行多次手机防摔试验以提高手机质量时，苹果手机重构了手机的价值主张，直接改变了游戏规则。这就好比扛着火箭炮与对手的大刀长矛对战，完全不是一个量级。

传统企业"玩"的是产品(让更多用户更方便地互联互通)，而苹果"玩"的是平台(手机变成微型电脑)，成功实现了高维打低维的逆袭。

重构价值主张，是改变游戏规则的高阶玩法。相较于游戏的参与者，游戏规则的制定者将游戏规则制定得更加有利于自己的企业，自然而然就可以获取更多的超额利润。换言之，重构价值主张是企业商业模式创新的高阶玩法。

2. 釜底抽薪(改换营利模式)

如果说重构价值主张更多的是"阳谋"，那么改换营利模式就是可以对竞争对手釜底抽薪的新方法。阿里巴巴在无法盈利的情况下，通过将淘宝平台的交易完全免费(Ebay 是对每一笔交易抽取佣金的模式)，同时设置阿里旺旺聊天软件，方便买家、卖家随时沟通，在很短时间内将当时的巨无霸 Ebay 挤出了中国市场。

改变企业营利模式的操作使得"小鱼吃大鱼"成为了可能。奇虎360 击败瑞星、金山毒霸、卡巴斯基时，用的也正是这种方法。面对这种操作，即使竞争对手看明白了企业的商业模式，也避无可避，因为他们改变营利模式本身就意味着亏损。最终，大企业只能选择妥协。

3. 排山倒海(深耕客户细分)

第三种商业模式创新招数是对客户细分进行深耕。樊登读书会聚焦于其细分用户"想读书，又没有完整读书时间"的特点深入制作包括音频、视频等多种读书产品，将各种书目中的梗概以言简意赅的方式呈现给用户。同时，针对客户的诉求，将读书的主要着力点集中于小孩子的教育以及心理疏导两个方面。

深耕细分客户，可以让企业形成纵深的进入壁垒，从而限制竞争对手进入行业，从而攫取更多的利润。

4. 瞒天过海(渠道通路创新)

传统的产品销售都无法脱离"生产商→中间商→零售商→消费者"的产品销售路径。对于产品生产厂商而言，如果产品无法销售获得现金流，企业就无法进行下一步生产，企业的生存都会成为问题。但如果企业专门成立销售部门，自己进行"渠道下沉"，又会深入到新的不熟悉的领域，从而产生更多的成本。因此，传统厂商更多地选择将渠道外包给经销商或者代理商，一层一层地销售产品。产品外包出去，对于生产厂商固然是省事了，但过于受制于中间商和零售商；同时中间商、零售商都会一层层地收取利润，产品到达消费者手中时，已经比出厂成本高出了许多。消费者买到的商品很贵，而产品制造商也并没有赚到多少钱。针对于此，戴尔开创性地进行渠道创新，建立网站让消费者可以直接从厂家购买，采取直销模式，直接让利给消费者。这样，一方面可以让消费者低价拿到电脑，另一方面，企业自身也赚到了更多的利润。

然而，当戴尔电脑进军中国电脑市场的时候，却发现由于三四线城市以及互联网难以完全覆盖的乡村的存在，企业不得不重新启用一些传统的"中间商→零售商"的渠道，借以拓宽戴尔电脑销售范围。戴尔的因时制宜、因地制宜的渠道创新，帮助他们在大企业林立的电脑领域攫取了一杯羹。

5. 降维打击(专精成本结构)

在企业的商业模式创新中，除了重构价值主张，还有一种操作同样可以实现降维打击。低成本经营在很多场合都是适用的，沃尔玛将这一策略运用到了极致。沃尔玛的广告由自己企业的员工拍摄，店铺装潢极尽节俭。沃尔玛店铺的宣传语是"天天平价"，为了达到这一目标，山姆·沃尔顿不惜豪掷千金购买了企业卫星，同时自建运输队以降低采购成本。在多管齐下降低成本的操作中，沃尔玛这样一家零售企业常年居于世界五百强名录的前三名。

6. 精耕细作(变换关键业务)

如果说，价值主张是商业模式的掌舵者，那么，关键业务就是商业模式的舵手(实际执行者)。关键业务的复杂程度直接决定了商业模式该怎么运营以及商业模式将以什么方式呈现给消费者。因此，对于很多企业而言，增加关键业务的种类，变换关键业务的玩法成为其商业模式创新的重要选择。

比如，在"诱饵+陷阱"的商业模式中，最能够体现"诱饵"和"陷阱"的部分往往都来自于关键业务不同时期的布局。滴滴出行早期通过发放一定金额的用户打车"优惠券"(诱饵)吸引用户使用平台(陷阱)，在极短的时间内收获了大量的打车用户。类似地，支付宝支付与微信支付在早期推广的时候，也都会给线下消费的用户提供一定程度的现金返利(诱饵)，进而形成了如今腾讯和阿里巴巴雄踞移动支付市场的局面。

7. 裂变发展(扩充合作伙伴)

在商业模式画布的九要素中，只有"合作伙伴"要素是完全对外的，合作伙伴也成为了企业社会资本的主要来源。企业合作伙伴方面的创新有利于帮助企业获得外部的投资与合作。更重要的是，在某些情形下，外部的合作可以提高企业经营管理的效率，助力企业更快地发展。

可口可乐的核心资源是其配方。而真正将可口可乐推而广之的，却是他们快速裂变的商业模式。可口可乐以合作伙伴为突破口，通过"特许经营"的方式，在很短时间内将可口可乐饮料销往全世界。在现如今的可口可乐市场中，绝大多数的可乐都并非是可口可乐公司本部生产的。

然而，了解了商业模式创新的"七板斧"尚不足以进行合理、合适的商业模式创新选择。这就好比习武之人需要结合自己的身体素质选择合适的武功以及之后的招式。例如，在武学中有截拳道、跆拳道、咏春拳、拳击、泰拳等不同的类型。有的人身体素质过硬，适合学习截拳道或者泰拳；有的人上肢力量强，适合学习拳击；腿部和下盘基础好的人适合学习跆拳道；而力量不足的人，适合学习咏春拳。进行商业模式创新的企业，首先需要了解自身的情况，再相应地采用一些"武功招式"进行学习。这里所讲的企业自身情况，就是企业做生意的"入口"。

入口是什么意思呢？

比如，同样做到商业巨头的 BAT 三家企业，百度的入口是"搜索服务"，搜索服务是其一切服务和产品的根基；阿里巴巴的入口是"网购"；而腾讯的生意入口则是"线上交流"。围绕各个企业不同的入口，就可以了解到，百度没有赶上移动支付的列车是因为客户网上搜索没有付费的习惯；使用支付宝的用户数量和用户使用支付宝的频率要高于腾讯是因为网购直接需要对接钱包，而线上交流中，现金不是必需的；腾讯的短视频直播领域做得更快是因为腾讯的入口就是朋友圈交流，便于视频号与公众号等内容的切入。

星巴克的入口是体验式咖啡消费，而瑞幸咖啡的入口是"互联网＋咖啡"；凤凰自行车的入口是自行车销售，共享单车的入口是自行车租赁；诺基亚的入口是打电话、发短信，而苹果手机的入口是互联互通的移动端互联网。

以苹果手机的商业模式创新为例。不同于诺基亚等传统手机"打电话、发短信"的简单功能，苹果手机的入口是互联互通的移动端互联网。因此，参照诺基亚的商业模式画布(图5.2)绘制出的苹果手机商业模式画布如图5.3所示。图5.3之于图5.2最大的改进在于价值主张从"用户通过手机更好地交流"变成了"畅想移动生活"。因此，苹果手机的商业模式创新使用的是第一板斧的——重构价值主张。

5.4　商业模式的动态设计

在企业商业模式设计出来之后，还需要对其商业模式进行不断的修正，动态化地改进和完善企业商业模式，才能使企业在激烈的竞争中，始终立于不败之地。

动态设计商业模式需要在变动的环境下，结合商业模式要素，对部分商业模式要素随着时间变迁做出改动(如图5.20所示)。"①→②→③"代表了从第一阶段到第二阶段，再到第三阶段某种要素的变化，在客户细分改变之后，渠道通路也相应地发生变化。

图5.20　商业模式的动态设计

5.4.1　诺基亚的商业模式设计案例

以苹果手机为例，假设苹果手机打算在一定时期后拓展客户，在果粉以及青年的时尚用户之外，增加学生用户群体，以培养未来用户(比如增加优惠实用的学生机)，那么就需要在原本的商业模式画布上，做出动态调整。经过调整，可以修改原本的商业模式画布(如图 5.3 所示)为新画布(如图 5.21 所示)。为了满足动态的苹果手机商业模式需要，在满足当期的苹果手机销售之后，就需要考虑设计新产品系列，需要同时具备年轻、时尚与高性价比的特性。例如设计一款新型的苹果手表，在原有苹果手表的基础上增加一些学习功能以及剧本杀沉浸体验功能的 App 宣传和推广，以培养新用户黏性。等到学生用户群体毕业，这帮用户就有可能成为其他苹果产品，如 ipod、苹果电脑等的用户。这也同时是一种"锁定型"的商业模式设计(平台型商业模式)。

图 5.21　苹果手机商业模式画布的动态修正(变异机制)

以第三节商业模式创新七板斧来论，苹果手机的商业模式创新属于重构价值主张的方式，因此，它带来了商业模式整体的重构，这也是为什么相比于诺基亚的产品逻辑，苹果手机成为了平台逻辑的原因。

动态的商业模式设计，可以提高单个企业对环境的适应性。同时，在企业动态的商业模式设计中，可以拓展思路，发现一些潜在问题，为企业持续盈利提供基础。

需要注意的是，在通常情况下，动态的商业模式设计不会仅仅是一个要素变动，在一个要素变动后，多个要素联动变化，才能起到更好的互动和耦合效果，才能更好地适应企业外部的环境变化。

5.4.2　男追女"一对一"辅导项目商业模式设计案例

传统婚恋交友平台有三大硬伤：其一，匹配本身难度大；其二，单纯地通过数据进行匹配难以匹配人与人之间的交流、眼缘以及感觉；其三，传统的婚恋交友平台仅负责介绍男女互相认识，而不进行更多的沟通与帮助。传统婚恋市场的服务不能做到一对一的耐心的服务。作为男女沟通的中间纽带，在彼此感情出现问题之后，如果可以进行后续的中间沟通与调解的角色。这样的商业模式就可以很好地弥补传统婚恋交友平台的不足。这就需要动态跟踪男女会员的感情状态，进行长期化服务。

男追女一对一辅导项目的商业模式的动态设计图绘制如图 5.22 所示。这个商业模式的核心在于，关键业务由初期的"'一对一'追女性辅导"发展到后期的"红娘调解服务"，进而可以对客户进行长期服务。其实在情侣相处过程中，出现矛盾，进而导致分手和离婚都是大概率事件，良好的商业模式不应该仅把会员作为简单的一次服务对象。把时间放长，当情侣之间发生矛盾的时候，以中间人的身份，同时获得双方的信任，作为红娘为服务对象做调解。这样的方式，一方面成本低，另一方面效率也高(因为彼此都信任红娘)，还能提高会员的满意度。

图 5.22　男追女一对一辅导项目的商业模式的动态设计(变异机制)

相比于传统的世纪佳缘等公司，男追女一对一辅导项目的商业模式创新来自于对关键业务的修改，细化的"一对一"辅导与之后的"红娘调解服务"提高了男性脱单和结婚的概率，同时可以提升客户满意度。

男追女一对一辅导项目同时属于平台商业模式与长尾商业模式。长尾模式讲的是该项目的市场定位，平台模式强调的是链接各方市场参与者，两种类型的商业模式融入一家企业的商业运营中，彼此并不矛盾。该项目满足的是补充型的商业模式设计主题(成为世纪佳缘、心心缘等平台之外的补充)，通过构建平台碾压产品思维的企业。

5.4.3　收藏品教学项目商业模式设计案例

在本章第二节关于收藏品教学项目的商业模式画布绘制中，只是粗略地展示了其商业模式的大致形态。然而，由于项目选择的是"诱饵+陷阱"模式，第二节的商业模式画布仅仅停留在静态的情形下，并没有体现该类商业模式的特点。"诱饵+陷阱"模式的特点必须通过商业模式的动态设计加以展示。

收藏品教学项目的动态商业模式画布绘制如图 5.23 所示。在这里"诱饵+陷阱"模式的特点重点体现在关键业务方面，初期可以制作大量免费的收藏知识相关教学，等到用户有足够的黏性之后，挑一些重点的内容制作成付费视频。那么，初期的免费教学视频就成为了"诱饵"。

在商业模式创新的过程中，藏品教学项目最重要的商业模式要素创新来自于客户细分与关键业务这两"板斧"。从图 5.23 可以看出，客户细分与关键业务相互支持，关键业务通过"收藏知识的免费教学"到"重点知识点付费"以服务客户细分要素，目标是极大程度地吸粉，从而便于对客户进行深耕。

图 5.23　收藏品教学项目的商业模式动态设计(变异机制)

收藏品教学项目属于顾客型商业模式。其商业模式的核心是通过关键业务吸引足够多的用户，进而通过用户基础盈利，因此，其商业模式最关键的就是增加用户数。维护好用户的利益，就是其商业模式可持续发展的关键。该项目满足的是新颖的商业模式设计主题需要，通过差异化实现用户的分流。

5.5　商业模式的评价

商业模式创新成为企业创新的主要趋势，在我国已成为社会的共识。其表现为：全国各地有各种形式的创业大赛，这些大赛实质上是商业模式设计大赛。全国性的大赛有"挑战杯"大学生创业大赛、全国大学生创业大赛、中国科技创业计划大赛，中国(深圳)创新创业大赛等。地方性的创业大赛更是不胜枚举，许多科技园、学校甚至学院还有各种创业大赛。这些大赛，在普及商业知识、推动创业方面发挥了重要的作用。

1. 指标体系评价

《21 世纪商业评论》从创刊以来就一直特别关注商业模式的评价。其具体的评估指标与体系如表 5.6 所示。

表 5.6　《21 世纪商业评论》商业模式评价指标体系

	要素	描　述	权重
产品	价值主张	公司通过其产品或服务所能向消费者提供的价值。价值主张确认了公司对消费者的实用意义	15
顾客界面	消费者目标群体	公司所瞄准的消费者群体；这些群体具有某些共性，从而使公司能够(针对这些共性)创造价值；定义消费者群体的过程也被称为市场细分	5
	客户关系	同其消费者之间所建立的联系	5
	分销渠道	公司用来接触消费者的各种途径；这里阐述了公司如何开拓市场，它涉及公司的市场和分销策略	5
管理架构	价值配置	资源和活动的配置	10
	核心能力	公司执行其商业模式所需要的能力和资格	20
	合作伙伴网络	公司及其他公司之间为有效地提供价值并实现其商业化而形成的合作关系网络，亦即公司的商业联盟范围	10
财务表现	成本结构	所使用的工具和方法的货币描述	10
	收入模式	公司通过各种收入流创造财富的途径	20

　　基于商业模式的要素，奥斯特瓦尔德提炼出一套商业模式要素评价指标体系(如表 5.7 所示)。

表 5.7　商业模式要素评价指标体系

评 价 题 项	所属要素	极不同意←→完全同意				
我们的价值主张良好匹配了客户的需求	价值主张	1	2	3	4	5
我们的价值主张有很强烈的网络效应		1	2	3	4	5
我们的产品和服务是强耦合的		1	2	3	4	5
我们的客户很满意		1	2	3	4	5
我们有很高的利润	收入模式	1	2	3	4	5
我们的收入是可以预期的		1	2	3	4	5
我们有很多经常性收入，有很多回头客		1	2	3	4	5
我们的收益来源是多样化的		1	2	3	4	5
我们的收益来源是可持续的		1	2	3	4	5
我们在支出成本之前就有收入进账		1	2	3	4	5
客户真正想买的就是我们提供的		1	2	3	4	5
我们的定价机制能够抓住客户全部的购买意愿		1	2	3	4	5

评 价 题 项	所属要素	极不同意←→完全同意				
我们的成本可以预测	成本结构	1	2	3	4	5
我们的成本结构正确地匹配了我们的商业模式		1	2	3	4	5
我们运营的成本效率高		1	2	3	4	5
我们从规模经济中获益		1	2	3	4	5
竞争对手很难复制我们的核心资源	资源禀赋	1	2	3	4	5
资源的需求可以预测		1	2	3	4	5
我们在正确的时间部署了合适的资源		1	2	3	4	5
我们有效执行了关键业务	关键业务	1	2	3	4	5
我们的关键业务很难被复制		1	2	3	4	5
执行质量很高		1	2	3	4	5
我们的自有活动和外包活动达到了理想的平衡		1	2	3	4	5
我们很聚焦，而且在必要的时候与伙伴合作	合作伙伴	1	2	3	4	5
我们与重要合作伙伴的关系很融洽		1	2	3	4	5
客户流失率很低	客户细分	1	2	3	4	5
客户群被很好地分类		1	2	3	4	5
我们不断地获得新的客户		1	2	3	4	5
我们的渠道很有效率	渠道通路	1	2	3	4	5
我们的渠道有很好的效果		1	2	3	4	5
渠道连接客户的能力很强		1	2	3	4	5
客户能够轻易地看到我们的渠道		1	2	3	4	5
渠道被高度整合		1	2	3	4	5
渠道产生了规模经济		1	2	3	4	5
渠道良好地匹配了客户群体		1	2	3	4	5
客户关系强	客户关系	1	2	3	4	5
关系质量正确地匹配了客户群体		1	2	3	4	5
客户的切换成本很高，客户和我们绑定了关系		1	2	3	4	5
我们的品牌很强		1	2	3	4	5

2. 商业模式设计评价

第一种方法(商业模式指标体系评价)综合权衡影响商业模式的不同因素，力图面面俱到，但评价体系过于平面，有些方面容易理想化；第二种评价方法(商业模式设计评价)从商业模式设计的角度考察商业模式的市场定位以及市场实践情况，更加符合商业模式的实用状态，但两种商业模式设计主题的评价容易遗漏一些类型的商业模式，不能够包含所有的情形，具体如表 5.8 和表 5.9 所示。

表 5.8 效率型商业模式评价指标

效率型商业模式设计主题	极不同意←→完全同意				
1. 以效率为中心的商业模式能够降低参与者的库存成本	1	2	3	4	5
2. 在以效率为中心的商业模式中，从用户的角度来说交易是简单的	1	2	3	4	5
3. 以效率为中心的商业模式可以降低在交易执行时的错误率	1	2	3	4	5
4. 以效率为中心的商业模式，成本比那些已经提到的商业模式参与者更少(市场营销和销售成本；交易处理成本；通信费用)	1	2	3	4	5
5. 以效率为中心的商业模式能促使参与者做出明智的决定	1	2	3	4	5
6. 在以效率为中心的商业模式中，交易透明：流动和使用信息，服务好，可以验证	1	2	3	4	5
7. 以效率为中心的商业模式是把给参与者提供信息，让双方了解彼此作为交易的一部分的	1	2	3	4	5
8. 从以效率为中心的商业模式中可以获得大范围的产品，服务信息和其他参与者的信息	1	2	3	4	5
9. 以效率为中心的商业模式可以使需求聚合	1	2	3	4	5
10. 以效率为中心的商业模式能快速地交易	1	2	3	4	5
11. 以效率为中心的商业模式能使商业模式的整体具有较高的交易效率	1	2	3	4	5
12. 以效率为中心的商业模式具有可扩展性(可以处理或多或少的事务)	1	2	3	4	5

新颖为主导与效率优先的两种商业模式设计主题可以较好地衡量一种商业模式的特点与其倾向性特征。

表 5.9 新颖型商业模式评价指标

新颖型商业模式设计主题	极不同意←→完全同意				
1. 以新颖为中心的商业模式提供将产品服务与信息相结合的消息	1	2	3	4	5
2. 以新颖为中心的商业模式带来了新的参与者	1	2	3	4	5
3. 以新颖为中心的商业模式提供给参与者的奖励是新颖的	1	2	3	4	5
4. 以新颖为中心的商业模式提供了前所未有的参与者数量和商品的品种	1	2	3	4	5
5. 以新颖为中心的商业模式以新颖的方式将参与者与交易联系起来	1	2	3	4	5
6. 在以新颖为中心的商业模式中，参与者之间的一些链接的丰富性和深度是新颖的	1	2	3	4	5
7. 以新颖为中心的商业模式一定程度上依赖于商业秘密和版权	1	2	3	4	5
8. 焦点公司自称是以新颖为中心的商业模式的先驱	1	2	3	4	5
9. 以新颖为中心的商业模式促使焦点公司不断推出创新的商业模式	1	2	3	4	5
10. 在以新颖为中心的商业模式中，焦点公司的商业模式是其他企业商业模式之父	1	2	3	4	5

　　此外，商业模式要素之间的动态一致性也是评价商业模式好坏的重要参考因素。只有拥有良好商业模式要素动态一致性的模式才能发挥出商业模式最大的潜力。企业商业模式要素之间的动态一致性的判断也很简单，引向核心要素的价值链路(以"→"表示)越多，说明要素之间的动态一致性越高。

　　然而，需要注意的是，商业模式要素之间的动态一致性更加适合做参考，商业模式要素之间动态一致性并非一定越高越好。比如，有的价值主张单一、关键业务少的商业模式，通常要素之间的动态一致性极高；而复杂的商业模式设计中，商业模式要素间的动态一致性通常没有那么高，但这并不意味着商业模式要素间动态一致性高的商业模式要优于动态一致性低的商业模式。商业模式要素间的动态一致需要结合企业的价值主张、关键业务等的复杂程度综合判断。

　　此外，企业商业模式的评价还需要综合考虑其盈利价值与社会价值，具有良好社会责任的企业才是更加符合社会主义核心价值观和人们日益增长的需要的。

5.6　商业生态系统与商业生态位

　　一个原本做电脑的苹果公司，因何可以在极短的时间内超越盘踞手机市场多年的手机霸主诺基亚呢？作为 BAT 的三巨头企业为何越来越在市场中根深蒂固，以至于无法轻易被撼动？多种多样的自媒体平台企业里众多的主播以及数量庞大的观众所构建的庞大的商业综合体，既无法用传统的企业加以说明，也不适用于传统的管理学理论。支撑着整个自媒体平台运转的逻辑又是什么？

　　这一切问题都指向了一个答案：企业所处的商业生态系统。如果将单个企业比作自然生态系统中的某个生物个体(动物或者植物)，那么他们所处的外部环境(比如生物体所处的自然生态系统)就构成了企业所处的商业生态系统(商业生态系统又叫商业生态圈)。从经济角度看，可以把商业生态系统理解成市场参与者之间相互作用的经济联合体。

　　想要深刻理解单个企业的商业模式，是不能将其与所处的整个环境相剥离的。在周围企业都用胶片的时候，柯达"卡片机＋胶片"的模式是完全合理的，而当周围出现第一批数码相机产品时，柯达模式就显得有些跟不上时代了。柯达并没有做错什么，错在柯达的商业模式没有与其周遭的生态环境相匹配。因此，学习和了解商业生态系统相关知识成为深刻领悟企业商业模式内核必不可少的环节。

　　商业生态系统是由不同的企业构成的，不同企业在同一商业生态中所扮演的角色也有所区别。类似于在大自然界的食肉动物捕食食草动物，食草动物靠食用植物获取营养，而植物又依靠阳光雨露不断成长。不同的角色分工不同，缺少了哪一种角色都会引起整个生态环境的变化。比如，若生态环境中缺少了食肉动物，食草动物就会大量繁殖，进而吃光所有的植物，吃光了植物的食草动物要么迁徙，要么只能等待饿死，整个的生态环境会遭到破坏；同样，若环境中缺少了大量的植物，食草动物没有食物来源，生态系统不稳定；若环境中缺少食草动物，食肉动物也同样缺少食物的来源而不得不迁徙，或者被饿死。生态环境就是这样，不同的生态角色之间彼此维持一个稳定的依存状态，缺少了哪一种生态角色都会影响整体环境。这里的各个生态角色所对应的地位(肉食类动物、植食类动物，或者植物)就对应于企业所处的商业生态位。

与不同动植物构成的自然界的生态环境相类似，企业与企业之间如享有某种共同的利益，也可以结成某种商业生态系统。苹果手机击败诺基亚靠的就是成功构建了以苹果手机为核心的商业生态系统。苹果手机与各个 App 生产商共同构建的商业平台的影响力远远大于单个手机生产制造商诺基亚。因此，苹果与诺基亚之争并非传统的产品之间的竞争，而是代表了新生的商业生态系统与传统的产品之间的争端，无论诺基亚的技术创新水平有多么高明，也无法与率领着新兴生态系统的苹果手机相抗衡。

作为 BAT 三巨头的阿里巴巴、百度与腾讯之所以如此强大，就在于三个公司所经营的不再是传统的单一产品。阿里巴巴是横跨了新零售、电子商务、教育、医疗、快递驿站等多个领域的商业巨兽。同样，腾讯和百度所经营的领域都已经深入到居民生活中的方方面面。三巨头周围围绕着众多的第三方服务企业，很难说阿里巴巴是做买卖双方交易平台的，或者说腾讯是做线上通讯的公司。因为这几家企业的经营业务领域繁多而且盘根错节，单一的企业概念已经无法描述这些商业巨头了。

无论是以音频为主的喜马拉雅、番茄畅听，图文自媒体公众号、百家号、大鱼号、头条号，还是以视频为主的快手、抖音、哔哩哔哩，百度贴吧视频号，这些自媒体平台不断焕发活力的重要原因在于他们不生产产品，而是聚焦了数量庞大的主播与用户，这些主播与用户之间自发地构建了庞大且稳定的商业生态。对于平台中的一些大 V 而言，这些主播本身处于核心的商业生态位，而主播的粉丝们属于商业生态系统中的从属者。

互联网的兴起为商业生态系统的诞生提供了土壤，而互联网网络效应的激发，又自然而然造成了"赢者通吃"的现象。"赢者通吃"发展到一定程度，就会促使大企业不断扩张，进而跨越不同行业形成超竞争的商业生态系统。这种商业生态系统越庞大，参与到商业生态系统中的企业数量越多，核心企业的商业地位就越稳固。

5.6.1　商业生态系统

1. 商业生态系统概念

商业生态系统是基于市场参与者之间相互作用的经济联合体。高层经理人员经常从顾客、市场、产品、过程、组织、风险承担者、政府与社会等七个方面来考虑商业生态系统和自身所处的位置。商业生态系统是由相互联系但不同的生态位组成的。如果其中一个生态位发生变动，其他也会随之变动。

2. 商业生态系统分类

商业生态系统可分为广阔草原型、带状森林型、山丘森林型和簇状丛林型四类。

(1) 广阔草原型。这种类型的商业生态系统由于提供具有海量客户基础的大众化网络产品，平台本身会对各个市场参与者具有极大的吸引力，进而导致这种商业生态系统的各方参与者数量巨大。其典型的代表企业包括 Ebay、Google、百度、腾讯、阿里巴巴、淘宝网、中华英才网等。

(2) 带状森林型。与广阔草原型不同，带状森林型的商业生态系统所面对的市场参与者一般是成长性较好的专业企业。其市场参与者中通常第一类成员规模更大，搭接者通过生态系统为客户提供具有互补性质的产品或者服务。其典型的代表企业包括国美、苏宁、联想、盛大、潍柴动力、一汽、上海汽车等。

(3) 山丘森林型。山丘森林型的商业生态系统中的搭接成员平均规模较广阔草原型更大，商业生态系统的搭载者不仅同样可以提供互补性产品或服务，还可以独立提供产品(服务)。与带状森林型不同，山丘森林型生态系统的自调节能力更强，但搭载成员的分布较第二类更广泛，其规模差异也较第二类更大。属于此类的典型代表企业有 IBM、维萨、微软、台积电、沃尔玛、戴尔、嘉信理财、利丰、耐克、海尔、中国移动、蒙牛、华为、我爱我家等。

(4) 簇状丛林型。与前三种相比，簇状丛林型商业生态系统最为特殊，其系统成员数量是各类商业生态系统中最少的，且成"簇状"分布，在商业生态系统中的搭载成员企业的共生协调能力较差。其典型的代表公司包括中超、国家开发银行、北京城建、大唐电信、中媒集团等。

四种类型商业生态系统中所说的企业，仅仅是商业生态系统中的领导者，他们并不能代表商业生态系统的全貌。或者可以说，是由这些核心的领导企业创立并带动了整个商业生态系统的形成与发展。

3. 商业生态系统的特征

重构商业生态系统，保持企业持续的竞争优势，并通过价值创造、价值分享可以有助于提升各市场参与者的价值。一个公司在内外治理中存在相辅相成、可以相互转化的治理结构和治理机制。

如同生态系统一样，商业生态系统是一个复杂自适应系统，由独立自主的主体构成，没有中央控制，每个企业以自适应的方式运作，通过自组织，涌现出系统的特征。其特征表现包括多主体、适应性、自组织与他组织、开放性以及多样性五个方面。

5.6.2　企业的商业生态位与角色定位

1. 企业商业生态位的概念

企业生态位这一概念源自组织生态学理论，是将企业组织看作一种类似于自然生态圈中的生态系统一样的包含多个组织的结合体。其中，单个企业往往可以通过遗传、变异和选择的三大作用机制发生变革，进而适应不断变化的外部环境。

就像自然生物体一样，每个企业都处于不同的生存空间当中，由于每个企业都只能占据生存空间当中的某一部分，这些企业所处的特定位置便被称为生态位。企业生态位从生态学的角度描述企业在特定市场环境中所占据的位置和所发挥的作用。企业生态位是种相对的概念，反映了在所处的特定生态环境中，企业与其他企业间的相对地位关系。因此，企业生态位是从组织生态学的视角对企业位势的研究，它表明了企业在所处的社会网络中与其他企业间的相互地位关系。

生态位分为基础生态位和现实生态位。其中，基础生态位特指种群赖以成长或可以支撑最少成员数量的多维环境条件。现实生态位是组织在竞争环境下得以持续存在的社会空间，即为组织基础生态位的一个子集。同时，从企业种群和单个企业两个层面将企业生态位划分为企业种群生态位和企业个体生态位，即宏观生态位和微观生态位。

2. 商业生态位的角色定位

以电子商务企业领域的商业生态系统为例，电子商务是一系列关系密切的企业和组织机构，超越地理位置的界限，将互联网作为竞争和沟通平台，通过虚拟、联盟等形式进行优势互补和资源共享，结成了一个有机的生态系统，即电子商务生态系统。电子商务生态系统中的物种成员按其定位可以划分为领导种群、关键种群、支持种群与寄生种群四种(如图 5.24 所示)。

(1) 领导种群。领导种群是商业生态系统的构建与组织者，是整个商业生态系统的核心与领导企业。他们通过制定相应的规则，为搭接其中的各个成员企业服务。

(2) 关键种群。关键种群是商业生态系统所构建的核心价值交易链路，比如可以包括生产者、中间商、零售商与消费者等。

(3) 支持种群。支持种群是为商业生态系统正常运行提供支持的一些组织，包括物流公司、金融机构、电信服务商以及相关政府机构等。

(4) 寄生种群。寄生种群是寄生在商业生态系统上的增值服务提供商，包括网络营销服务商、技术外包商、电子商务咨询服务商等。

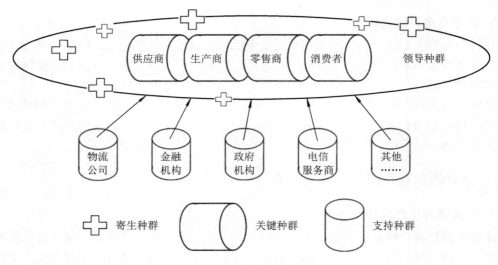

图 5.24　电子商务生态系统概念模型

促使电子商务从单一网站进化为多物种的电子商务生态系统的原因有很多，包括：

(1) 核心电子商务企业的创建与壮大培育了新市场环境，可以容纳更多物种的参与；

(2) 电子商务发展的内生力量，如各物种自我繁殖和进化的需要，促使更多的主体进入生态圈；

(3) 电子商务发展所依附的支持性因素，如电子支付、物流、利好政策等的加入，加快了系统的进化繁殖，并扩大了生态系统的范围；

(4) 生态系统的发展吸引了大量增值服务商的寄生，进一步改善了电子商务生存环境。这些内生和外生的原因使得电子商务产业的物种不断丰富，循环也更加完善，最终实现了电子商务各物种成员的生态共建、生态共生以及在此基础上的价值创造、价值共享和共同进化。这些物种之间的依存关系如图 5.25 所示。

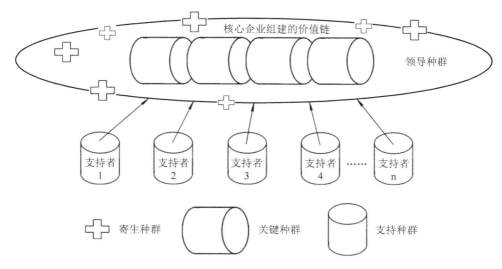

图 5.25　企业商业生态系统概念模型

推而广之，普通企业的商业生态系统概念模型可以总结如图 5.27 所示。图 5.27 绘制了企业商业生态系统概念模型，突破了电子商务的行业限制，反映了由核心领导企业构建的商业生态系统。其中，关键种群代表了核心企业组建的价值链，它可以是由传统的"供应商、生产商、零售商、消费者"组成的，也可以是由短渠道模式的"供应商、生产商、消费者"组成的，甚至可以是消费者与生产商共创价值的"生产商、消费者"二元价值链。突破了电商企业的"供应商、生产商、零售商、消费者"价值链路，带来了无限可能。支持种群就是那些市场的参与者，它可以不仅仅是物流公司、金融机构、政府机构，或者是电信服务商，商业生态系统需要什么样的合作模式，就可以引起什么样的市场参与者。领导种群的核心企业搭台，支持种群配合唱戏，一起将蛋糕做大。寄生种群代表了那些以商业生态系统为平台为基础，提供增值服务的公司，包括咨询公司、营销公司等。

此外，在企业商业生态系统中，核心企业还需担负更大的企业社会责任，他们需要引导整个商业生态系统朝着"便民、高价值"的方向前进，推动商业生态系统的各个成员之间的联动效应，形成"1＋1＋1＞3"的合力，在企业盈利的同时，带动商业生态系统中的各个参与方，在满足高顾客价值主张的基础上，兼顾企业的社会责任。

本章课件资源

第6章　商业模式创新的驱动因素

在企业成功构建商业模式，并获得一定程度的市场成功之后，能否持续进行有效的商业模式创新成为能否获得可持续竞争优势的关键。商业模式创新的驱动因素，是推动企业商业模式创新的重要动力。商业模式创新的驱动因素研究也成为商业模式概念、要素、分类、创新、演进之后的又一大研究课题。

学者们对商业模式创新的驱动因素展开了有益的探索，然而直到如今，商业模式创新的驱动因素仍处于"灰箱"状态，众多的驱动因素还有待于进一步的研究。

本章罗列了包括技术创新、制度创业过程、企业所处环境变化、知识、公司治理、企业社会资本以及价值创造动机七大重要商业模式创新驱动因素。其中，技术创新、制度创业过程所代表的企业商业模式创新实践案例较多，这两个因素对企业商业模式创新的驱动作用也得到了较多的认可；企业所处环境变化对于企业商业模式创新实践以及商业模式诊断有重要的参考价值；知识、公司治理、企业社会资本以及价值创造动机等因素对商业模式创新的驱动机理还有待于后续的研究者深入研究。

6.1　技术创新与商业模式创新的共演

面对 2002 年以来，Ebay 一统江湖的电商市场的情形，阿里巴巴不仅通过技术创新(云技术支持海量用户同时访问的需求)切入市场，同时通过商业模式创新(对初入阿里巴巴的部分卖家和全部买家免注册费，免除所有买家的平台交易费)，更好地结合了中国买家以及广大中小企业的诉求，从而在激烈的竞争中获取了一席之地。

将技术创新分为工艺创新与产品创新两类已获得公认。其中，工艺创新是为生产新产品，采用技术上有重大创新的工艺或生产的过程。产品创新是将有重大改进的产品或新产品推向市场的过程。产品创新重在将新产品推向市场，提供给顾客；工艺创新则重在内部事务，是将新要素引入制造或服务环节，以生产新产品或提供新服务的过程。

在阿里巴巴的经营管理实务中，云技术端更加接近于工艺创新，而阿里旺旺所实现的"买家、卖家的实时无缝沟通"则更多地体现了其产品创新。无论是产品创新还是工艺创新，都从不同角度反映了阿里的技术创新水平。

不同于商业模式创新，技术创新强调技术的改进，要求企业研发出新产品、新技术或新的生产线；而商业模式创新更强调如何面向市场创造并获取价值。商业模式创新是技术创新的载体。成功的工艺创新与产品创新离不开商业模式创新，单靠技术创新不能保证取得商业成功，新技术还必须依靠商业模式创新才能实现商业化应用。胡保亮在对创业板上市企业的实证分析中发现，商业模式创新与技术创新之间有着显著的交互作用。技术创新通过开拓新的市场，满足消费者未被满足的需求，驱动商业模式创新；商业模式创新会反过来推动技术创新进程。技术创新与商业模式创新之间，是一种相互推进，并随时可以终止的有限循环过程。

　　无论是企业经营管理的实务，还是学术研究，都指向于一点：技术创新与商业模式创新谁也离不开谁。少了技术创新的商业模式创新好比无米之炊、无源之水，很难走得更远(苹果手机的商业模式创新改变了传统的价值逻辑，但若没有多点触控技术的技术支持，再好的商业设计也不得不胎死腹中)；缺少了商业模式创新的技术创新往往会由于不够贴近消费者需求而很快被市场淘汰(汉王科技费尽辛苦研发出汉王"手写识别技术"，并由此开发出公司的明星产品"汉王电纸书"，然而，新产品仅仅火了一年多，就被拥有全新商业模式的 ipad 直接 PK 下场)。

　　但我们不得不思考的一个问题是企业应该先进行商业模式创新还是技术创新？

6.1.1　案例企业介绍

　　汉王是一家科技型企业，其前身是中关村一家并不起眼的软件公司。汉王一直注重研发具有自主知识产权的产品，在国家"八五""九五""863"自然科学基金等重点项目的支持下，解决了中国人手写输入识别的技术问题，并获得了国家科技进步奖。

　　小米公司由雷军于 2010 年 4 月创立，其三大支柱业务为小米手机、米聊和小米社区。雷军做小米手机有其"七字诀"：专注、极致、口碑、快。专注，只做一款手机，即"小米手机"；极致，尽自己所能做到的极限，做到完美；口碑，专注于用户的期望，做超出用户预期的产品；快，无数次与顾客接触，快速更新 MIUI 系统。

　　从创立伊始，华为就致力于提供数字交换解决方案。创新产品"数字微蜂窝服务器控制交换机"等获得了多项专利，华为始终注重产品创新、工艺创新与商业模式创新，以其快速发展的模式跻身于世界五百强之列。

6.1.2　不同阶段的技术创新与商业模式创新

1. 产品创新

　　汉王始终非常注重产品创新。在汉王发展的第一阶段(1998 年～2005 年)，代表性的创新产品主要有汉王眼、文本王、名片通、亲笔信、汉王笔、智能电话、汉王佳猫、汉王听写系统等。在汉王发展的第二阶段(2006 年～2009 年)产品创新以绘图板、平板电脑、人脸通、汉王眼、文本王、硕鼠、电纸书等为代表。汉王发展的第三阶段(2010 年至今)，产品创新主要体现在 e 摘仪、空气净化器、汉王霾表等产品上。

　　在小米发展的第一阶段(2010 年～2011 年)，代表性的创新产品主要有小米 1。在小米发展的第二阶段(2012 年～2015 年)，产品创新主要体现在小米 1S、小米 2、小米 2S、红米、小米 3、小米 4、小米平板等产品上。在小米发展的第三阶段(2016 年)，创新的产品主要包括小米 5、小米 4S、小米 5S、空调、电视、电脑、空气净化器等产品。

　　在华为发展的第一阶段(1987 年～1997 年)，创新的产品主要有交换机系列产品、光网络 SDH 设备等。在华为发展的第二阶段(1998 年～2006 年)，产品创新以华为手机、数字微蜂窝服务器控制交换机等为代表。在华为发展的第三阶段(2007年至今)，创新产品主要体现在视频会议系列、笔记本系列以及手机系列等产品上。

三个公司不同阶段的产品创新路程具体如图6.1所示。

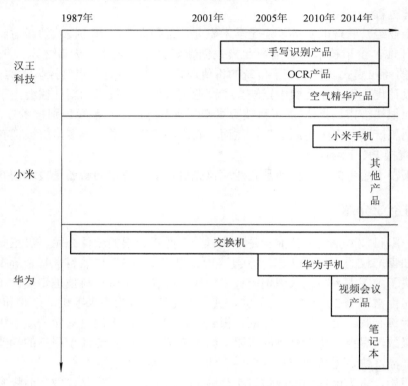

图6.1　企业经营业务领域的移动和跃迁

2. 工艺创新

从发展伊始，汉王就非常注重工艺创新。在汉王发展的第一阶段(1998年～2005年)，公司主要担任"技术提供商"的角色，通过向高新技术企业出售专利使用权获利。这一时期，汉王的主要工艺创新包括手写识别技术和OCR识别技术。在汉王发展的第二阶段(2006年～2009年)无线压感技术是主要的工艺创新成果。汉王发展的第三阶段(2010年至今)，工艺创新主要体现在OCR产品线以及空气净化系列产品上。

小米的工艺创新始自米聊和MIUI系统。比起微信，米聊增加了"好友选择性查找""性别"和"暗恋功能"，服务更加人性化。MIUI系统将成千上万的米粉联结在一起，形成了一个互相联结的大规模社群(第一阶段：2010年～2011年)。在小米发展的第二阶段(2012年～2015年)，公司推出了"小米云服务"，该技术自带的云端数据同步备份功能，可以方便用户将手机中的联系人信息，照片等信息备份到云端。自2016年起(小米发展的第三个阶段)，小米的主要工艺创新立足于空调、电视、空气净化器等产品以及小米手机的外壳工艺上。

华为也是非常注重工艺创新的科技型企业。在华为发展的第一阶段(1987年～1997年)，主要的工艺创新包括数字交换相关技术。在华为发展的第二阶段(1998年～2006年)，主要的工艺创新包括无线接入网相关技术。在华为发展的第三阶段(2007 年至今),主要的工艺创新包括智能手机相关工艺(包括超薄机身、高分辨率前置摄像镜头等)以及华为的数字、芯片相关技术。

3. 商业模式创新

价值主张方面,汉王的顾客价值从"手写识别和电纸书阅读"到"包括 OCR 识别和手写识别的多元化"顾客价值。价值创造方面,汉王的合作伙伴从"技术合作为主(与诺基亚、三星、索爱的合作)"转变成"价值网络合作为主(与盛大的合作)"。价值分配与获取方面,收入模式由"原来单纯依靠终端销售和技术提供为主",转变为"终端销售为主,以终端收入补贴内容(将从电子书阅读者的终端购买费用中的一部分拿来补贴出版社)为辅",再到"采用以技术养内容,以技术养终端的收入模式"。

价值主张方面,小米手机从"通过论坛的口碑宣传"到"根据米粉的所思、所需改进产品,实时互动,实施饥饿营销",再到"开启海外市场",小米在一步步地争夺市场份额。价值创造方面,在小米发展的前期,MIUI 系统将应用商店、米粉社群等联结在一个平台上,每周更新;在中后期,通过收购捷付睿通试图进军手机银联支付业务。价值分配与获取方面,小米的网络营销降低了实体店营运成本。一方面,采用成本定价法,通过标准化和较高的运营效率获取硬件收入;另一方面,通过应用商店等获取增值服务收入。2016年起,小米进军手机支付市场,通过银联消费分成获取额外收入。

价值主张方面,华为在第一阶段主要致力于提供数字交换解决方案;从第二阶段起,开始涉足手机、电脑领域,主要提供中低端的手机、电脑产品。价值创造方面,华为与百度、3com、谷歌、施华洛世奇、丹麦运营商 TDC、IBM、西门子等众多企业合作,共创价值是其商业模式的一个特点。华为始终注重自主研发,在世界各地,华为共有 10 所联合研发实验室,在美国、瑞典等地还分别设立了研发中心。价值分配与获取方面,主要由终端和服务补贴研发、管理成本。华为手机与谷歌安卓系统合作,采用免费开放的平台系统。2015 年起,华为携手中国银行,搞起了 Huawei Pay,逐步进军手机支付市场。

6.1.3　产品创新、工艺创新与商业模式创新的耦合

三个案例企业不同发展阶段的产品创新、工艺创新与商业模式创新的演进如表 6.1 所示。在发展的第二阶段,突破了无线压感技术后(工艺创新),汉王将主营业务拓展到绘画板(工艺创新驱动产品创新),满足消费者的数字绘画需求(产品创新满足新顾客价值),并锁定艺术类学生及数字绘画工作者(市场定位)。新兴的绘画板系列产品拓宽了汉王的价值网络,汉王逐渐需要开始联系有绘画需求的学生及工作者,以及绘画板领域的经销商、代理商和电子商务网站。反过来,新价值网络巩固了汉王在绘画板领域的市场定位。汉王的经销商、代理商及电子商务网站会帮助推广汉王绘画板,进一步巩固其市场定位。新的价值网络需要新成本结构与之匹配:汉王需要为绘画板系列产品增加研发和销售成本;改变了的成本结构,驱动汉王调整收入模式与之匹配(这个时期的汉王开发出以"汉王书城"为中心的汉王微型商业生态系统)。汉王的收入模式主要由两大部分构成。第一部分是依靠传统的终端销售和技术专利的销售额获取利润。第二部分来自汉王微型商业生态系统。汉王通过终端收入补贴内容,将电纸书阅读者的终端购买费用中的一部分拿来补贴出版社,付费

表 6.1 案例企业产品创新、工艺创新与商业模式创新的演进

企业	产品创新	工艺创新	商业模式创新		
			价值主张	价值创造	价值分配与获取
汉王	(逐项复制) 从"手写识别产品"到"电纸书阅读器",再到"多元化产品生产"	(逐项复制) 从"手写识别技术"到"手写识别和无线压感技术、无线压感技术与OCR识别技术共存"	(逐项复制) 顾客价值: 从"手写识别和电纸书阅读"到"包括OCR识别和手写识别的多元化顾客价值"; 市场定位: 主要定位于商务和礼品市场	(逐项复制) 资源禀赋: 软件开发和技术集成; 价值网络: 与诺基亚、三星、索爱、联想、微软、盛大等企业开展合作; 第二阶段推出了汉王书城	(差别复制) 成本结构: 研发、管理成本为主; 收入模式: 由"单一的终端销售和提供技术"转变为"通过终端收入补贴内容,将从电子书阅读者的终端购买费用中的一部分拿来补贴出版社,付费给出版社,并为读者提供低于纸质书价格的电纸书下载服务",再到"以技术养终端的收入模式"
小米	(逐项复制) 从"单一的小米1产品"到"包括小米1S、小米2、小米2S、小米平板、红米"再到"电视机、空气净化器等的多元化产品"	(逐项复制) 从"MIUI系统、米聊"到"小米云技术"再到"机顶盒、电视、路由器等产品相关工艺"	(逐项复制) 顾客价值: 做好但便宜的手机(高性价比)、专注于年轻人、发烧友; 市场定位: 主要定位于低端手机市场; 目前小米手机已经开启了国际化战略,主要包括亚洲、欧洲与拉丁美洲的十个国家	(逐项复制) 资源禀赋: 自主研发能力、MIUI系统平台的小米粉丝; 价值网络: 收购建付箦通、共用凡客的物流、仓储、实施互联网垂直销售模式	(差别复制) 成本结构: 网络营销降低了实体店运营成本、较低的研发成本,售后成本; 收入模式: 一方面,采用成本定价法,较高的运营效率来获取硬件收入; 另一方面,通过应用商店等获取增值服务收入
华为	(逐项复制) 从"生产数字交换机"到"手机",再到"包括数字交换机、手机、笔记本、视频会议产品的多元化产品"	(差别复制) 从"数字交换技术、无线接入网技术"到"智能手机相关工艺,以及数字芯片相关技术"	(逐项复制) 顾客价值: 从"提供数字交换解决方案"到"手机、电脑等终端产品及服务"; 市场定位: 从"数字网络用户市场"到"手机的中、低端市场,以及电脑市场"	(逐项复制) 资源禀赋: 华为强大的自主研发能力、较高的品牌知名度; 价值网络: 与百度、谷歌、施华洛世奇、丹麦运营商TDC、IBM、西门子、中国银行等众多企业合作,共创价值; 最终发展出完全开放的手机平台,允许软件商加盟	(差别复制) 成本结构: 研发、制造、管理成本; 收入模式: 从"由服务补贴研发"到"由终端研发收入,以及对搭载在终端上的第三方企业收取的广告等补贴研发支出"

注: "逐项复制"指的是从案例观察到的相关现象; "差别复制"指不能从案例直接观察到的现象,但符合理论预期。

给出版社，并为读者提供低于纸质书价格的电纸书下载服务。在汉王的微型生态系统中，电纸书读者是补贴方，传统书籍出版社是被补贴方，汉王书城为两者搭接平台)。这样一方面可以巩固现有价值网络；另一方面，与成本结构一起为汉王的资源禀赋"无线压感技术"提供资金支持，得到增强的资源禀赋进一步推进产品创新水平(正面例证：汉王的第二阶段由于产品创新、工艺创新与商业模式创新的良好匹配，企业经营绩效稳步提升)。

小米根据米粉所思、所喜以及米粉的种种反馈定义小米产品(创新顾客价值)。小米首先定位于年轻一族，还有"发烧友"(市场定位创新)。之后，小米不断扩充米粉群体(更新价值网络)，立足于网络营销以及 JIT 的及时生产，降低成本(创新成本结构)，采取成本加成定价法赚取硬件收入(收入模式创新)，之后由工程设计师投入研发(资源禀赋)，计划推出创新产品"小米 1"(商业模式创新驱动产品创新)，随后开始试水米聊和 MIUI 系统(产品创新驱动工艺创新)。(正面例证：产品创新、工艺创新、商业模式创新的相互匹配带来了小米经营绩效的提升)。

华为在超薄机身工艺、前置摄像头的高分辨率等工艺创新的基础上，推出创新产品 Ascend P6 版手机(工艺创新驱动产品创新)，该款手机聚焦于拍摄效果、超薄机身和较高性价比的顾客(顾客价值)，主要聚焦于中端手机消费者市场(产品创新驱动商业模式创新)。华为与谷歌公司合作，建立了开放的手机操作系统平台(价值网络)，新的价值网络进一步确定了华为手机的市场定位，攫取苹果手机市场之外的中低端手机市场。在与谷歌合作的基础上，华为需要确定成本结构，并改变华为原有的收入模式。改变了的收入模式一方面巩固了现有价值网络，另一方面与成本结构一起为企业持续研发(资源禀赋)带来了资金流，并进一步推进工艺创新(正面例证：产品创新、工艺创新、商业模式创新的相互匹配带来了华为经营绩效的提升)。

因此，产品创新、工艺创新与商业模式创新的良好匹配是科技型企业健康经营的前提和保障。

然而，汉王发展的第三阶段并未实现产品创新、工艺创新和商业模式创新的良好匹配。在汉王发展的第三阶段，工艺创新促进产品创新，在汉王彩屏显示工艺的驱动下推出了彩屏版本的电纸书产品。然而，在苹果 ipad、亚马逊 kindle 阅读器等产品的冲击下，汉王彩屏电纸书不能满足新的顾客价值，工艺创新、产品创新与商业模式创新耦合作用路径发生断裂，商业模式创新不能与工艺创新、产品创新良好匹配，汉王经营利润大幅下降，股价大跌(反面例证)。

因此，商业模式创新不能与产品创新和工艺创新良好匹配，会导致企业经营不善。

产品创新、工艺创新与商业模式创新的良好匹配可以为企业持续健康经营提供保障。反过来，若产品创新、工艺创新和商业模式创新之间不能良好匹配，则会影响企业的经营绩效。汉王在经营中，始于工艺创新，通过产品创新影响价值主张、定位新市场，并进一步完成商业模式的创新。小米则从商业模式创新开始，经产品创新，最终作用于工艺创新。华为是从工艺创新开始，通过产品创新，一步步引至商业模式创新的。根据三个企业的案例分析，探索性地绘制科技型企业工艺创新、产品创新与商业模式创新耦合作用机制模型(如图 6.2 所示)(正反例证：正面案例完整地遵循着图 6.2 的耦合作用机制模型；反面案例同样遵循着图 6.2 的耦合作用机制模型，但在产品创新与顾客价值的链条上出现断裂)。

科技型企业的产品创新、工艺创新与商业模式创新之间存在着一个彼此促进、相互驱动的共同演进的作用机制，三者之间存在着耦合作用的路径。

命题 3a：汉王遵循着"工艺创新→产品创新→商业模式创新"的耦合作用路径。

命题 3b：小米遵循着"商业模式创新→产品创新→工艺创新"的耦合作用路径。

命题 3c：华为遵循着"工艺创新→产品创新→商业模式创新"的耦合作用路径。

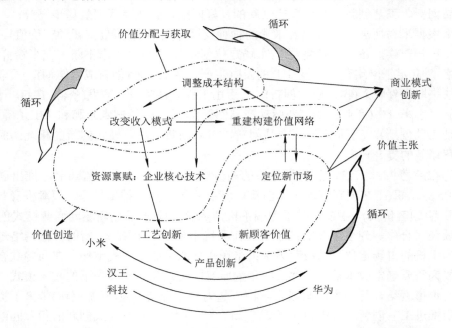

图 6.2　工艺创新、产品创新与科技型企业商业模式创新耦合作用机制模型

命题 4：科技型的商业模式创新是一个始于顾客价值创新，终止于资源禀赋创新的复杂过程。

命题 4a：商业模式创新可以遵循"新顾客价值→定位新市场→重构价值网络→调整成本结构→改变收入模式→增强资源禀赋"的演进路径。

命题 4b：商业模式创新可以遵循"新顾客价值→定位新市场→重构价值网络→调整成本结构→增强资源禀赋"的演进路径。

命题 4c：商业模式创新可以遵循"新顾客价值→定位新市场→重构价值网络→定位新市场→……→重构价值网络→调整成本结构→改变收入模式→重构价值网络→……→调整成本结构→改变收入模式→增强资源禀赋"的演进路径。

命题 4d：商业模式创新可以遵循"新顾客价值→定位新市场→重构价值网络→定位新市场→……→重构价值网络→调整成本结构→改变收入模式→增强资源禀赋"的演进路径。

命题 4e：商业模式创新可以遵循"新顾客价值→定位新市场→重构价值网络→定位新市场→……→重构价值网络→调整成本结构→增强资源禀赋"的演进路径。

命题 4f：商业模式创新可以遵循"新顾客价值→定位新市场→重构价值网络→调整成本结构→改变收入模式→重构价值网络→……→调整成本结构→改变收入模式→增强资源禀赋"的演进路径。

6.1.4　技术创新对商业模式的驱动机理

为了更好地解释科技型企业产品创新、工艺创新以及企业商业模式创新的耦合作用过程，基于图 6.2 的耦合作用机制模型，以及命题 3a、3b、3c 的耦合路径结论，结合吴晓波、Hullova 等的研究，本文探索性地提出了如图 6.3 的耦合作用机制模型。

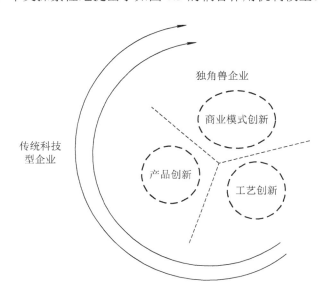

图 6.3　科技型企业技术创新与商业模式创新的耦合作用机制模型

1. 独角兽企业的技术创新与商业模式创新耦合路径

小米从成立到估值达 10 亿美金仅用了 1 年 8 个月时间。小米最初成立的时候，人们都觉得这种模式不可思议，但当米粉用户熟悉了小米产品之后，又觉得小米产品是不可或缺的。小米手机快速获得市场认可，源于其"商业模式创新→产品创新→工艺创新"的创新路径。

如图 6.3 所示，独角兽企业的技术创新与商业模式创新耦合路径表现为："商业模式创新→产品创新→工艺创新"。典型的独角兽企业有阿里巴巴(互联网平台企业)、滴滴打车(线上出行解决方案)、小米科技(手机)等。独角兽企业为了突破众多传统科技型企业的合围，首先需要商业模式创新，借助"人无我有，人有我优"的思维创新，才能不断聚集客户，产生指数级增长态势，进而逐步占领市场。而商业模式创新往往会产生很多颠覆消费者传统思维习惯的用户体验，带来"超出用户预期"的顾客价值。产品创新是将商业模式创新成果成功实现的载体，小米正是以"小米手机"作为载体，让米粉真切地体验到小米给用户带来的究竟是什么。最终，在小米手机载体上，通过 MIUI 系统以及小米手机外壳工艺等方面，让用户加深对小米手机的忠诚度，从而形成了固定而庞大的米粉群体。

2. 传统科技型企业的技术创新与商业模式创新耦合路径

汉王与华为属于传统的科技型企业，二者的创新模式，仍沿用着典型的"工艺创新→

产品创新→商业模式创新"路径。对于传统的科技型企业而言，是先有技术创新，然后立足于技术创新成果，开展商业模式创新的。汉王的创新路径始终围绕其三大工艺创新成果"手写识别技术""无线压感技术"以及"OCR识别技术"生产出创新产品"亲笔信""绘图板"以及"电纸书"等，最终在产品的载体上，进行商业模式创新(如汉王书城)；华为立足于"智能手机相关工艺以及数字芯片相关技术"生产出"华为手机"等创新产品并通过扩充价值网络等方式实现"商业模式创新"。

传统科技型企业仍难走出"技术主导市场的逻辑"，高研发占比成为传统科技型企业的典型特征，因此，在技术创新与商业模式创新的耦合作用中，传统科技型企业仍表现出"工艺创新"先行的特征。

因此，技术创新对商业模式创新的驱动作用只存在于传统科技型企业中。

6.2　制度创业过程如何成为商业模式创新的起点

6.2.1　制度创业的概念

所谓制度创业(institutional entrepreneurship)是指组织或者个人认识到改变现行制度或者创造新制度所蕴含的潜在利益，通过建立并推广获得认同所需的规则、价值观、信念和行为模式，从中创造、开发和利用盈利机会。制度创业研究致力于解释新制度学派长期忽视的问题——制度从何而来。

6.2.2　制度创业过程研究

制度创业过程研究旨在回答制度创业者如何通过影响利益相关者来为其倡导的新盈利主张争取合法性，也就是说，制度创业过程研究的任务是打开制度创业机制这只"黑箱"。制度创业者通常无法独立改变制度，必须通过缔结联盟、发展联盟与合作来实现自己的制度创业目标。此外，制度创业涉及利益、能动性和制度创业者角色等不同因素。因此，学者们基本认同制度创业过程是一个极其复杂的文化和政治过程。

6.2.3　制度创业分类

根据民营企业的制度创业的作用对象——制度不完善和制度空白，可将民营企业具体概括为开拓型制度创业和完善型制度创业两大类。

(1) 开拓型制度创业适用于新兴的、制度相对空缺的行业。由于新兴市场发展时间较短，市场以及相关监管机构对其相对不够了解，对于企业生产经营规范的很多方面仍然处于探索中，开拓型制度创业解决的是在市场从无到有的过程中，企业如何一步步实现制度合法化的问题。例如，爱迪生创建电力系统就是一个典型的开拓型制度创业的例子。由于在建立电力系统之初，社会公众对电力系统的不了解、不认可，甚至还有人觉得电线悬挂在上空是十分危险的，爱迪生面临层层问题。为了能让社会公众对电力系统了解、认可并接受，爱迪生采用了各种方法和渠道。

(2) 与开拓型制度创业相对应，完善型制度创业适用于有一定发展基础，但制度仍不完善的市场。它描述的是企业改变或是打破原先的制度，进而建立起新制度的过程。这种情形以突破行业的政府监管的例子居多。在创建变革基础阶段，完善型制度创业面对的主要是来自于企业内部出现的规范性制度约束。完善型企业制度创业在理论化制度以及新制度扩散化阶段，主要面对的是来自于转型经济中的规制性制度约束。因为完善型制度创业是在已有的政策规定下开展的，作用对象是制度不完善，因此其目的就是提出一种新的制度去取代原有的制度，并证明新制度的优越性。

6.2.4　合法化获取

合法性是"在一个由社会所构建的规范、价值、信念和定义的体系中，一个实体的行为被认为是可取的、恰当的、合适的、普遍性的感知和假定"。合法性的作用是使组织能够获得环境和其他利益相关者的承认和支持。无论是从零到有，还是从少到多的企业外部制度环境，只有通过合法化手段，获取合法性，才能被外界认为是"正确地做事情"。

6.2.5　合法化分类

可以将企业的制度创业理解成为一个过程，即创业者运用战略，改变现有或建立新的制度并获得合法性的过程。制度创业效果的最终确定巩固了场域内主导制度逻辑，确立了组织场域。制度创业的整个合法化过程与该场域合法性获取的过程是相同的，其中包括认知合法性规制、规范合法性与规制合法性这三个方面。

首先，规制合法性包括政府管制、各种资信协会、专业团体和主导组织等创造的规则和标准等的约束。若是企业的经营行为符合标准的规章制度，那么，企业就具备了规制合法性(从外部利益相关者看的话)。

其次，规范合法性是指价值观和社会规范受到社会环境中某一层次的约束。它来源于社会道德规范和价值观，反映的是社会公众对企业"做正确的事"的判断。例如，企业的产品质量、生产操作技术以及组织构架等是否符合人们所接受的社会道德规范和价值观。最近这些年，许多著名企业出现"大头娃娃毒奶粉""瘦肉精"等事件，相关企业的规范合法性受到了巨大的破坏和冲击。

最后，认知合法性是指理念被社会广而接纳，认为是理所当然的假设，或是理念系统被知识团体推崇传播等。当一个事物被大家所认知认可时，就说明这个事物具有了一定的认知合法性。认知合法性强调的是被人们所接受和理解与前面两个事物(规制合法性与规范合法性)在基础上的不同。

6.2.6　制度创业对商业模式创新的驱动

1. X 公司制度创业过程对商业模式的驱动

1) 案例企业背景简介

杭州 X 健康科技股份有限公司是三板挂牌企业，是一家专注于精准健康检测、医学影像诊断、医学保健及健康管理的集团化公司。该公司前身成立于 2003 年，旗下 10 家子公司分布在杭州、广州、青岛、徐州等著名旅游城市，平均每年为 50 余万客户提供多达七大类 2000 余项的精密体检、健康管理服务，检测差错率远远低于行业均值。众多世界 500 强企业员工的健康体检、健康管理相继选择该公司。公司已累计为 200 余万企业家客户提供了健康管理服务，累计服务客户数量已超过 800 万人次。

杭州 X 健康科技股份有限公司旗下医学保健中心是经浙江省卫健委批准设立的省内首家医学保健中心，中心与杭州市最大的城市街心公园——占地约 45 万余平米的城北体育公园无缝对接，视野开阔，环境幽雅。中心医疗面积约 9000 平米，室内环境舒适优雅，整体布局合理规范，充分体现人性化的设计风格，总投入超亿元。

杭州 X 健康科技股份有限公司以健康中国为发展指引，以精准健康管理、精准慢性病超早期筛查预警与干预、中西融合养生延缓衰老等健康医疗为发展方向，以健康体检升级和生命全周期健康管理为发展理念，将临床医学、健康医学、预防医学、中医药学、康复医学等多学科相结合，引进国内外最新健康医学的成熟技术、多模块集成，构建"一站式"的新型健康医学服务平台(产品)，为客户提供精准健康体检、精准健康管理、精准慢病预测及预警、功能医学修复延缓衰老等生命全方位全程维护管理服务。该中心与中国健康促进基金会全面合作，建设成为"产、学、研、用"相结合的慢性病精准医学筛查体检研究多中心应用和健康管理示范基地等。杭州 X 健康科技股份有限公司主要发展历程见图 6.4 所示。

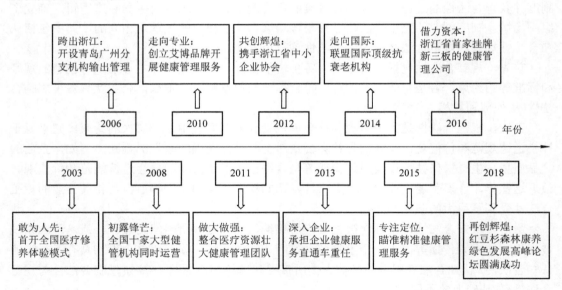

图 6.4 杭州 X 健康科技股份有限公司的发展历程

2) 数据搜集与处理

扎根理论属于质性研究，无偏见地对数据进行分析归纳，从而得出框架以及理论概念。扎根理论十分珍视对数据的分析，要求采纳多渠道数据，来保证数据的精确度和全面度。一手资料的获得一般可以从三个方面得到。首先是企业合作，从 2017 年起与 X 公司的合作，获得大量一手实际经营经验以及数据资料等。其次是访谈记录，在公司日常的经营、活动、培训等过程中对 X 公司医学体检中心员工 6 人、客服经理 1 人、项目经理 1 人、员工 3 人、运营部经理 2 人和团检 20 人、医护工作人员 18 人、潜在客户 2 人，每日接触的客户 2 人和体检售后客户 1 人，进行开放式的采访记录。

　　二手资料来源于新闻、X 公司的年度报告、X 公司官网、培训内容及学者关于 X 公司创新的文献和书籍。最后是经营分析，量化分析 X 公司医学体检中心官方提供的经营和内部参数、量化指标和活动指导文献。本节对访谈内容以及二手数据进行整理分析。

　　(1) 开放式编码。开放式编码是指对所有的资料按照其原本的状态进行记录，随后无偏见地整理分析，提取出概念。首先，对私立医疗机构的规制合法性进行剖析，了解企业的制度难点和行业的制度缺口，从而更有针对性地进行制度创业，如表 6.2 所示。

表 6.2　私立医院的政策环境编码示例

数　　据	编　　码
1980 年前后，中国医疗行业中开始出现私立医疗机构。但 2001 年以后，私立医疗机构的发展才算真的开始。由于中国对医疗产业实行国有管理，当地卫生部门直接管理公立医院。私立医疗的建立必须经过严格批准才能进行经营活动。虽然在政策上，国家并没有极大程度地限制私立医院的建立，但卫生部门为了保护公立医院，在私立医院的建立审批上十分严格。所以，要想在这样的大环境下得到良好的发展，私立医疗机构仍面对着巨大的困难。在 2001 年 9 月份，中国开始鼓励发展私立医院，私立医疗机构便大量出现。接着两年之后是私立医疗机构黄金发展期，公立医院资金出现了投入不足的窘境，政府机关就开始把目光转向民间资本。全国多地政府进行卫生医疗体制改革，允许公立医院通过股份制、委托经营等多种形式，来收集民间资本，并对私立医院实行 3 年免税制度。	出现私利医疗机构 私利医疗机构的普及 医院国有化管理 公立医院的归属 医疗机构资质审核 私立医院政策 公立医院保护政策 私利医疗审批 私立医院面临困境 政策转向 私立医院大量涌现 公立医院资金困境 政策转向民间资本 医疗体制改革 改革形式 实行免税制度

　　其次，作为一个体检机构，医疗质量是社会最为专注的点，企业也要对自身医疗操作有合理的规范。企业的最终目的是为消费者的身心健康服务，所以企业重视自身的医疗体检质量，如表 6.3 所示。

表 6.3　医疗体检质量编码示例

数　据	编　码
首先 X 公司医生的水平是可以肯定的,体检结果是毋庸置疑的,并且 X 公司现在在做的影像中心就解决了这个问题。打个比方,客户在 X 公司做的体检,拍的片,都可以上传到一个系统里,以后客户去其他医院需要体检资料,其他医院的人登录到那个联网的网址,就可以直接看该客户的体检结果,也认可这个结果。	医生水平 影像中心职能 客户体检项目 片子上传系统 体检资料 体检结果调取渠道 认可结果
X 公司医护团队由具备二三十年临床经验的资深医生组建,如中国中医科学院教授、中国健康促进基金会健康管理研究所副所长、卫生部北京医院体检中心主任、卫生部北京医院特需医疗部主任等。建立起自己的优势,服务周到,体验好,个性化定制服务。采取了国际最先进的管理模式,职业管理人员与临床管理人员是相对分开但是又并行合作的。在这样的机制下,各方面都会发挥出专长,专业的管理人员可以集中在成本控制、业务开展、品牌宣传方面发力。团队可充分集中力量,保证最佳的病患医疗质量。双方无缝连接和合作,使 X 公司医护团队在一年半的时间就取得了很好的效果。但是,私立医院只有环境是远远不够的,更多的是临床和治疗是不是达到效果,还有是不是给患者体验到亲近感、可信赖。病患、客户的体验,私立医院一定是作为重中之重来抓的,因为随着人民不断增长的对于美好生活的愿望,给病患最佳的就医体验成为我们 X 公司探讨的课题。	X 公司医生资历 2 种医生称号 2 种医生称号 两种医生称号 自身优势 管理模式 管理人员 发挥专长 1 种管理人员方式 2 种管理人员方式 保证医疗质量 取得满意效果 私立医院核心价值 临床治疗效果 亲近感 客户体验 工作重心 就医体验 探讨方向

　　在创业过程中也要考虑企业外部和内部的影响因素,在面临困难的时候,积极主动地应对,树立为人服务的思想,正确定位医患关系,使企业符合广为接受的社会道德规范和价值观,如表 6.4 所示。

表 6.4　医患关系处理编码示例

数　据	编　码
医疗服务活动的规范化。规范化是大势所趋,新医改方案的出台,既是机遇,更是挑战。医疗服务行为的规范化是首先要正视的问题。必须健全完善各项制度、岗位职责、既符合要求又切实可行的各种规范和流程。	规范化的趋势 医改出台 正视问题 规范化的方法 规范和流程 医院行政水平 医疗纠纷

续表

数　据	编　码
医院要提高自身的管理水平，使医院上上下下分工明确。医院在一些不注意的地方，经常会与病患发生矛盾。这些地方常常是一些工作的死角、没有人会太在意的地方。因此，医院领导必须强调全院一盘棋的思想，整个医院的在职人员无论是什么岗位都要积极行动，注意到细小环节，作好分内工作。规范整个医院上上下下、大大小小的行为举止。 　　整个医院上下的思想都统一了，再来明文规定所有医生的工作内容和要点。工作上的要求是极其重要的。要做到把病人的利益放在第一位，医院和病人应该是服务和被服务的关系，这层关系依存着两个个体，本就不该互相排斥。医生要竭尽全力为病人服务，永远把病人的利益放在首位，为病人考虑周到，从治疗病人出发。只有把医患双方的地位定位清楚之后，医生在给病人治病时才不会与病人发生冲突和矛盾。X 公司属于私立医疗企业。私立医疗企业是指相对于公立医院(政府直接或间接投资设立)而言的，指依法由民间资本作为出资主体，以公民的健康服务为目的，采取市场经济的运作方式自我管理、自主经营、自我约束、自负盈亏，在激烈竞争中谋求生存发展、符合医疗机构执业登记条件的一种医疗卫生机构。从官方的定义来看，私立医院属于社会资本举办的医疗机构，会受到相关的法律法规约束，如国家的行政法规《医疗机构管理条例》等。 　　在上次三甲医疗事故的发生后，X 公司认为理应马上彻查，同时对病人进行全方位检查，立刻制定预警办法，阻止病情进一步恶化，并开展治疗，并对责任人进行追责。此次医疗事故的发生主要是因为极个别医疗人员和机构缺乏安全意识，医院防控感染力度太小，规范制度落实不完善，没有规范地遵守相应的医疗操作手段去开展治疗工作。所以医护人员和医疗机构应该提高安全意识，吸取经验教训，强化制度建设，加强医疗安全质量，落实风险防范工作和医疗安全工作，并加强私立医疗机构主体责任，加强管理力度，加大对安全隐患的排查力度，加大对所有医务人员的培训教育力度，来确保患者的切实利益。 　　X 公司跟浙二医院有合作，会让客户更加放心，觉得在 X 公司体检是有保障的。毕竟浙二医院属于公立医院，口碑也享有盛誉，公立医院一般不会随随便便和一些私立体检中心合作，能够达到合作条件的，最重要的就是质量够硬……	薄弱环节 一盘棋思想 动员上下积极行动 如何行动 顺应指导思想 思想统一 工作内容 医患关系 医患关系 服务思想 以病人为重 医患定位 避免矛盾 X 公司性质 医疗机构的解释 出资主体 目的服务和运作方式 4 种运作方式 竞争环境 官方定义 医疗机构性质 相关行政法规 相关行政法规 医疗事故 患者检测 采取措施 事件发生原因 事件发生原因 规范不力 提高安全意识 吸取教训 加强制度建设 加强防范工作 隐患排查 培训教育 保障患者权益 重要合作 保障性 口碑 重要合作 服务质量……

　　对企业商业模式进行剖析，及时处理存在的问题，减少顾客的抱怨，有效地提高顾客忠诚度，加强品牌建设，实现进一步的创新发展，如表 6.5 所示。

表 6.5　X 公司商业模式描述编码示例

数　　据	编　　码
X 健康管理有限公司主要是服务于高端客户，如企业家俱乐部、人众基金，定位以高端市场为主，目前也有适用于如银行、保险公司等的团检项目。建立新品牌获得高端客户信任以及口碑的打造，要以中低端市场为辅助，作为前期的流量入口。 　　公司旗下 10 家子公司分布在杭州、广州、青岛、徐州等著名旅游城市。农村目前还没有布点，公司想先在城市根基稳定且医护团队充足并达到一定实力之后再去考虑，因为现在定期体检这种观念在城市中尚未完全形成，农村就更不用说了。首先是经济条件有限，其次农村人思想比较守旧，有的人甚至认为体检是浪费钱又浪费精力的一件事情。随着时代的发展，农村人思想进步了，公司会考虑农村布点的。 　　X 公司与来自美国印第安纳州的印第安纳医学集团签约达成医疗战略合作，双方决心在癌症、心血管疾病、神经系统疾病等治疗方面展开国际合作。如果客户有需求，可以将其送到国外与 X 公司有合作的医院。 　　X 公司医疗保健中心，一天的支出超过 5 万元，年支出运营成本 1800 万元，不需要像沃尔玛那样压缩成本。因为其主要以服务高端客户为主，要给客户好的体检体验，压缩成本不是提升企业经营绩效的关键。 　　X 公司是一家大型健康管理和体检的专业机构，在全国拥有16 家专业的健康服务实体机构。其中在杭州就拥有 5 家大型专业体检中心，全长三角地区都是它服务覆盖区。体检中心服务人群有知名企业、各级领导、院校、社会个体或团体、大型工矿企业以及个人客户。在短短几年内，体检人数达到快四百万，目前还以每年约 10%的速度增长。X 公司定位是中高端品质和服务，拥有先进精准的医疗设备，资深临床经验的医生，严格控制人流量，同行业基本是以人流量为主的。其次 X 公司等后续健康管理服务相比于其他私立的医疗机构更为完善，更专注于健康事业，以专业的素质、高标准的质量、优异的服务铸就客户信赖的丰碑。 　　X 公司现有两种收入来源。一是团检为辅；二是走渠道为主，引入高端客户，使其消费如基因筛查等高端项目。人少，体检项目金额高。X 公司五月份成立专业的平台销售公司……	目标客户 市场定位 团检项目 建立新品牌 流量入口 子公司分布点 农村暂无布点 稳定根基 加强医护实力 体检观念薄弱 农村条件有限 思想守旧 考虑布点的因素 合作伙伴 战略合作 开展合作 双方资源交流 日支出超 5 万 年支出超千万 高成本的原因 服务体验 大型医疗机构 专业实体机构 体检中心数量 门店分布 3 种服务人群 2 种服务人群 体检人数多 增长速度快 设备与经验 严控人流量 后期服务 专注健康 铸就口碑 收入来源 走渠道为主 高端项目 创建平台……

　　企业可以通过为消费者提供良好的服务，更好地了解市场和消费者的喜好，以此来制定创新的制度，如表 6.6 所示。

表 6.6　医疗环境描述编码示例

数　据	编　码
X 公司挂号排队时间少，高端私立靠预约，准时来肯定有医生等着，不需要一早排队，也不需要临时向号贩子买号被要天价。体检流程相对便利，有专门引导人员。医生体检会解释病因，也会把解决问题的几种方案和风险都列出来讲清楚。高端私立预约好了时间，医生有很多时间，想问什么问题都会回答，不论多常识都会回答，这其实是高端私立的核心内容，也是所有高端医疗用户的最核心体会。其本质就是完整的医疗服务，从心理到生理的全方位解决。售后服务好、私密性高、曝光度少、多语言服务。虽然价格比较高，但是会让客户觉得自己的钱花得是值得的，能体验到尊贵的价值体验。 　　公办医院和私立体检机构的体验肯定是不一样的，我原来在公立医院进行过体检，价格比较亲民，不会特别贵，但是环境普通，设备比较简单，没有私立医院的高级先进。私立医疗单位，虽然价格可能偏贵，但是服务周到，设施齐全。相比起公立医院，X 公司的医疗环境极佳。灯光明亮大方，给人一种舒适安心的感觉，不会像在公立医院里让人惶惶不安，紧张局促。 　　与客户成为朋友，成为他们时时的健康顾问，定期回访客户，回答客户一些生活上的专业知识，使顾客安心，心中树立 X 公司是非常专业的标杆。新顾客体检可以送一些相关的体检项目，专业的知识引导给客户带来了直观的感受，VIP 客户享受 1 对 1 陪同的高端服务体验。	挂号与预约服务 挂号体验好 体检流程便利 舒适的体检过程 医生解读报告 时间充裕 反馈全面 核心内容 医疗服务 服务多样化 价格较高 价值与价格对等 尊贵价值体验 公私体检机构差异 公立医院体检 硬件配套 设备简单 私立医疗机构价格 医疗环境 环境舒适放松 医疗环境 与客为友 回访客户 使客户安心 赠送体检项目 专业的服务 服务体验

公众形象是企业认知合法性的重要因素，企业通过公益活动，让社会熟悉企业，在公众心中建立良好的形象，从而获得认知合法性，如表 6.7 所示。

表 6.7　公益活动与公众形象编码示例

数　　据	编　　码
X 公司平时会参与一些带有公益性质的活动，通过这些活动，不仅可以树立公司的形象，还可以增加社会的公共利益。公共事业作为一项重要内容，是许多企业制定长远战略时的考虑因素，因而，公益事业作为企业经营战略的一个十分重要的组成部分，是树立企业品牌形象的一项重要举措，企业对社会公益的投入，也可以维持老顾客对企业的支持，以及密切与老顾客的联系，企业的产品也可能在竞争激烈的市场中脱颖而出，企业与整个社区的联系也因此变得更为密切。当企业的服务或产品是广大消费者日常使用的类别时，为了吸引消费者的注意和支持，就需要利用具有广泛影响的公益项目，从而在竞争激烈的市场中获取一席之地。比方说企业捐赠的项目就是顾客理想中较为重要的公益事业，如若获得他们的认同，便可事半功倍。逐渐打响自身健康环保可信任的品牌形象，防止同行业竞争，加强与公立医院的合作，多分一杯羹。进行合理的内部人事管理，不断创新，开展新的科研成果，引进先进人员、技术、设备，形成自身独到的优势。	公益活动 公共利益 公司形象 公司战略 公益事业 公益事业的作用 维持客户 维持客户 加强客户联系 产品模式 社会联系 公司产品 公益项目的需求 吸引消费者注意 获取市场地位 获得认同 打响品牌形象 公私医院合作 合理内部管理 创新，引进人员 形成自身优势

企业将创新作为发展的核心竞争力，注重创新，与时俱进，随着互联网时代的到来，"互联网＋医疗"的商业模式创新对企业的合法化提供了一定的帮助，如表 6.8 所示。

表 6.8　商业模式创新探索编码示例

数　据	编　码
"以人为本"的人才理念。人才是民营医院的财富，是智力资本。制定符合医院发展的人才战略和激励机制，根据医院发展的阶段性要求，制定适度标准，切实解决人才的选、育、留问题。要求长远眼光，形成稳定的专业技术队伍和经营管理队伍。提供竞争性的薪酬和提升空间、良好的氛围、适合的平台。人才可以在公司内部流动和交流，培育作风扎实、能力过硬、忠诚度高的技术团队和经营管理团队。 　　"以患者为中心"的现代市场营销理念。民营医院的服务态度好有目共睹，这只是最基本的，应不断探索人性化服务的内涵并切实落实。顾客意识的树立和强化，不能只停留在表层，要满足显性的需求(合理需求)，开发潜在的需求，把一般服务与疗效、费用等有机结合起来，使顾客由满意到感动，提高医院知名度的同时形成较高的美誉度。让患者明白消费的同时，感激医院在为其着想。 　　互联网医疗垂直企业发力崛起：在"互联网＋"政策的进一步推动下，已在互联网医疗领域深耕多年的企业(如春雨医生、好大夫在线等)纷纷发力，加大对产业的投入，如致力打造"O＋O"医疗服务(线上医生＋线下诊所)，继续完善医患交流平台和 PC 端医疗信息，为用户提供更好的信息查询服务、医患咨询服务、病情优先网上加号项目等服务。X 公司应将线上经营销售与线下经营销售相结合，在国家相关法律法规允许的前提下，进一步扩大 X 公司集团的发展，从而推进相关法律法规的制定与完善。 　　"互联网＋医疗"是互联网在医疗行业的新应用，其包括了以互联网为载体和技术手段的健康教育、电子处方、医疗信息查询、远程会诊、电子健康档案、疾病风险评估、在线疾病咨询、治疗以及康复等多种形式的健康医疗服务。传统的医疗体检机构往往"各自为政"，在一个医院的体检结果，往往不为其他医疗机构所认可，病人看病难，在转诊的时候，很多病人不得不经历二次体检的痛苦，X 公司积极做到与各类医院相互合作……	人才理念 人才战略 要求依据 解决人才问题 技术与管理队伍 提供优质条件 人才交流 培育优秀的团队 管理队伍 市场营销理念 服务态度 人性化服务 树立顾客意识 满足要求 服务和费用 美誉度 消费者反馈 互联网医疗 互联网＋政策 已有企业发力 O＋O 医疗服务 完善 PC 端 提供服务 3 种服务 线上线下相结合 在合法的前提下 推进法律法规 互联网医疗 应用形式 3 种应用形式 4 种应用形式 医疗服务 传统医院各自为政 结果的权威性 二次体检 与其他医院合作……

(2) 开放式编码范畴化。开放式编码得到 272 个概念，对这些概念做进一步的归纳和分析，从而得到了 18 个范畴。范畴化分析结果如表 6.9 所示。

表 6.9　开放式编码的范畴化分析

范　畴　化	范畴属性
A1：a19(不良因素)；a20(压榨油水)；a21(滋事闹事)；a22(难以经营)；a80(事件发生原因)；a81(安全意识缺失、管理制度不健全)；a82(规范不力)；a54(医疗纠纷)；a109(弊端)；a182(设备简单)；a242(传统医院各自为政)	制度缺口
A2：a7(审批私立医疗机构严格)；a8(私立医疗机构难以发展)；a17(国家对私立医院的鼓励不足)；a42(不仅限于环境不足)；a43(临床治疗效果不足)；a55(薄弱环节)；a76(受行政法规约束)；a100(起步出现问题)；a121(体检观念薄弱)；a122(农村条件有限)；a123(思想守旧)；a124(考虑布点的因素)……	制度创业难点
A3：a145(铸就口碑)；a150(增加关注度)；a191(公益活动)；a192(公共利益)；a193(公司形象)；a195(公益事业)；a196(公益事业的作用)；a200(社会联系密切)；a202(公益项目的需求)；a203(吸引消费者注意)；a204(获取市场地位)；a205(获得认同)；a225(提高医院美誉度和客户满意度)	认知合法性
A4：a49(规范化的趋势)；a51(正视问题)；a52(规范化的方法)；a61(树立为病人服务的思想)；a62(医院病人之间的关系)；a63(医患之间相互依存)；a64(服务思想)；a65(以病人为重)；a66(医患定位)；a67(不会发生矛盾)；a103(顺应时代发展)；	规范合法性
A5：a1(私立医疗机构出现)；a2(私立医疗机构普及)；a5(私立医疗机构经当地卫生部批准)；a9(国家鼓励民营医疗机构)；a10(民营医疗机构大量涌现)；a11(私立医院进入发展期)；a12(公立医院资金投入不足)；a13(政府将资金投入民间资本)；a14(政府改革医疗体制)；a15(改革形式)；a16(实行免税制度)；a50(医改出台)；a102(得到政府支持)……	规制合法性
A6：a68(X 公司属于民营医疗机构)；a69(医疗机构的解释)；a70(出资主体是民间资本)；a75(社会资本型医疗机构)；a106(医疗机构私立化)；	资本结构
A7：a129(日支出超 5 万)；a130(年支出超千万)；a131(高成本的原因)	成本管理
A8：a23(医生水平)；a24(影相中心)；a26(片子上传系统)；a28(登录网址调取体检结果)；a29(认可结果)；a30(X 公司医生资历深厚)；a31(2 种医生称号)；a32(2 种医生称号)；a33(两种医生称号)；a34(自身优势)；a40(保证医疗质量)；a133(大型医疗机构)；a134(专业实体机构)；a135(体检中心数量)……	资源禀赋

范　畴　化	范畴属性
A9：a46(工作重心)；a48(探讨方向)；a71(目的服务和运作方式)；a72(4 种运作方式)；a73(竞争环境)；a112(以高端客户为目标客户)；a113(定位市场)；a116(以中低端市场为流量入口)；a117(子公司分布点)；a118(农村暂无布点)；a137(2 种服务人群)；a138(4 种服务人群)；a146(收入来源)；a147(走渠道为主)……	市场定位
A10：a44(亲近感)；a45(客户体验)；a186(与客为友)；a187(回访客户)；a190(占据客户心智)；a197(维持客户)；a198(加强客户联系)；a223(满足要求)	客户关系
A11：a209(创新，引进人员)；a210(形成自身优势)；a246(利用互联网技术)；a247(建立和传送档案)；a249(多领域技术与互联网跨界融合)；a250(技术与商业模式渗透)；a251(细分领域)；a252(智能化)；a258(X 公司商业模式创新要求)；a261(大数据应用)	创新意识
A12：a211(人才理念)；a212(人才战略)；a214(解决人才问题)；a217(人才交流)；a218(培育优秀的团队)	人才战略
A13：a163(企业文化)；a164(企业文化的重要性)；a165(企业文化的决定性作用)	创新企业文化
A14：a206(打响品牌形象)；a271(塑造全新形象)；a272(为 X 公司合法化提供帮助)	形象价值
A15：a132(给客户好的服务体验)；a143(后期服务)；a159(服务与质量)；a167(挂号体验好)；a168(体检流程便利)；a169(舒适的体检过程)；a170(医生解读报告)；a171(时间充裕)；a172(反馈全面)；a174(完整医疗服务)；a175(服务多样化)；a178(尊贵价值体验)；a220(服务态度)；a221(人性化服务)	服务价值
A16：a35(管理模式)；a36(管理人员)；a37(发挥专长)；a38(1 种管理人员方式)；a39(2 种管理人员方式)；a56(一盘棋思想)；a57(动员上下积极行动)；a58(如何行动)；a59(顺应指导思想)；a60(规定工作内容)；a83(提高安全意识)；a84(吸取教训)；a85(加强制度建设)；a86(加强防范工作，落实责任)；a87(完善机制，隐患排查)；a88(培训教育，保障患者权益)；a119(稳定根基)；a120(加强医护实力)……	适应环境
A17：a89(X 公司与浙二合作)；a90(更有保障性)；a95(公私医院合作)；a96(取长补短)；a97(提升 X 公司整体水平)；a98(产生高性价比)；a125(X 公司美国合作伙伴)；a126(战略合作)；a127(开展合作)；a128(双方资源交流)；a207(公私医院合作)	合作提高
A18：a227(互联网医疗)；a228(互联网＋政策)；a230(o＋o 医疗服务)；a234(线上线下相结合)；a238(应用形式)；a239(3 种应用形式)；a240(4 种应用形式)；a264(互联网医院的优势)；a265(互联网医院的作用)	互联网＋

(3) 主轴编码。主轴编码是指对开放式编码得到的各个范畴按照他们之间的潜在联系，进行分析、整合、归纳和提炼，将意义相近的范畴合并。将开放式编码得到的 18 个范畴可整合为 6 个主范畴，如表 6.10 所示。

表 6.10　主轴编码形成的主范畴

主范畴	对应范畴	范畴的内涵
制度环境	制度缺口	政策法规或行业中阻碍创业的不合理内容
	制度创业难点	行动主体利用资源创造新的制度或改变既有制度时遇到的阻碍和困难
时代背景	互联网＋	互联网的创新成果深度融合于经济社会各领域之中，提升实体经济的新力和生产力，形成更广泛的以互联网为基础设施和实现工具的经济发展新形态
合法性	认知合法性	制度创业者在社会意义建构和认知建构方面的战略，意在使新制度获得认知合法性
	规范合法性	社会规范和价值观或新企业所处社会环境中某一层次的约束
	规制合法性	政府管制、各种资信协会、专业团体和主导组织等创造的规则和标准等的约束
商业模式	资本结构	指企业各种资本的价值构成及其比例关系
	成本管理	对生产经营过程中各项成本进行核算、分析、决策和控制等科学管理活动的总称
	资源禀赋	拥有各种生产要素，包括劳动力 、资本、土地、技术、管理等的丰歉
	市场定位	确定目标市场后，企业将通过何种营销方式、提供何种产品和服务
	客户关系	为理解客户的需求和交流双方信息提供需度机会
企业发展	创新意识	基于社会和个体生活的需要所产生的创造性意愿
	人才战略	采用人才引进、人才培训等方式促进企业发展的战略
	创新企业文化	企业文化是企业的非正式管理结构，通过培训企业文化，使其从"软管理"角度促进创业成功
	形象价值	社会公众对企业及产品总体形象的认知所产生的价值
	服务价值	企业通过基本服务活动和辅助服务活动创造价值的动态过程
合法化手段	适应环境	采取符合当前政策法规或行业标准的方式，使创业行为合法
	合作提高	通过各种合作形式，提高技术水平以及管理运营水平

(4) 选择性编码。根据二手资料数据和访谈内容中出现的主范畴及对应范畴之间的因果关系进行编码，对以上编码得到的主范畴以及对应范畴，按照时间以及相互作用关系绘制出一个完整的结构框架，表示出 X 公司核心范畴所表达的逻辑关系以及主范畴和对应范畴所表达的逻辑关系(如图 6.5 所示)。

(5) 理论饱和度检验。理论饱和度检验是指对资料数据进行一个编码式的提炼，直到提炼到无法再提炼出新的范畴属性，就表示理论饱和。选择 20 000 字作为理论构建，其中 7000 字检验理论饱和度，并没有得到新的关系和范畴，每个主范畴也没有产生新的对应范畴，其结果是与企业创业成长模型相符的。由此，在理论上的范畴编码和因素模型是饱和的。

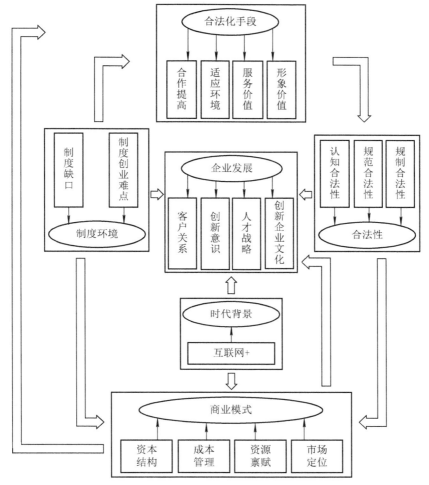

图 6.5　商业模式视角下的企业成长模型

在"互联网＋"的背景下，随着"互联网＋物流""互联网＋制造""互联网＋金融""互联网＋餐饮""互联网＋课堂"等新型商业模式的兴起，"互联网＋医疗"逐渐成为一种新的趋势。例如，可以通过互联网提前预约坐诊大夫，根据自己的空余时间预约当天空闲的坐诊大夫，免去了去医院排队的苦恼。传统的医疗都是公立的大医院(如浙江省人民医院)，还有些高等院校联合的医院(如浙一医院、浙二医院等)。传统国内医疗的主体，还是存在很多困难的，如看病难、看病贵、买药贵等问题。例如，排队体检，如果早上 7 点去，排 1.5 个小时，还不如早上 9 点去排半个小时，这些问题都是普遍存在的。在这样的背景下，国家鼓励私立医院作为公立医院的补充。2003 年出现形形色色的私立医院。私立医院和公立医院相比的话，一般收费会比较高，但是体检项目会更加广泛精确，环境会更加好一些，服务会更体贴一点，一定程度上缓解了困局，X 公司医学保健中心应运而生。

在这样的背景下，企业需要立志于商业模式创新，分别从资本结构、成本管理、资源禀赋、市场定位四个维度进行商业模式创新。商业模式创新之后还要考虑为企业正名，解决企业合法性的问题。因此，可以通过合作提高、适应环境、服务价值、形象价值四个方面的合法性手段，获取认知合法性、规制合法性、规范合法性。让公众认识它，政府部门许可它，大众接纳它，取得"合法性"身份。其中规制合法性就是营业执照、营业许可；规范化合法性是做道德上许可的一些事情；认知合法性就是让公众知道企业的存在和接纳它。从这三个方面，保证 X 公司医学保健中心的合法性。获得合法性之后，企业可以从客户关系、创新意识、人才战略、创新企业文化四个层面，完善企业。制度环境包括制度缺口和制度创业难点两个方面，促进商业模式创新。在另一个角度，通过合法性手段获得企业的合法性。核心是通过合法性手段获得合法性并进一步提升商业模式创新，最终提高绩效。

通过 X 公司的案例研究，得到了一个医疗企业的合法化的三个创新路径"时代发展→商业模式创新→合法化手段→合法性→企业发展""制度环境→合法性手段→合法性→商业模式创新→企业发展""制度环境→商业模式创新→企业发展"。

结合以上分析，X 公司商业模式画布绘制如图 6.6 所示。

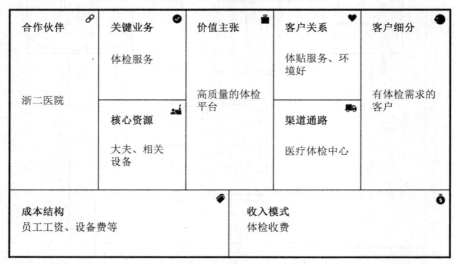

图 6.6　X 公司的商业模式画布

受制度创业的驱使，X 公司不得不面对商业模式创新问题，以分别获取制度合法化、规范合法化以及认知合法化。由于医疗私有化有关政策在逐渐放开，X 公司面对完善型制度创业，首先需要的是规范化操作，以获得官方许可。除了遵循基本的要求之外，X 公司选择与浙二医院合作。在 X 公司做出来的体检结果可以得到浙二医院的认可，这一操作相当于为公司正名，即自己的医疗水平是得到了认可的。这一操作使得 X 公司同时获得了制度合法性与规范合法性，并且增加了客户对 X 公司医疗水平的认可(这一做法相当于很多公司所讲的"背书")。同时，在客户关系方面，通过体贴服务与较好的环境给用户带来较好的体验，结合核心资源中"有资历的大夫"以及"专业的设备"获取认知合法性。

X 公司商业模式最核心的就是告诉客户，自己是合法、合规且专业的，业务需要通过游说以及裂变获取。

2. Y 公司制度创业过程对商业模式创新的驱动

Y 公司是做民宿的，位于德清莫干山，将农地、茶园、骑马场、周边山谷这些简单的元素进行结合，以两种别具特色的房屋项目给客户提供生态旅游服务。项目之初，其目标规划就不同于普通度假酒店。其大量的酒店客房和周边度假别墅是度假酒店的基本结构，而 Y 公司将根据地理位置进行分散设计。第一种特色房屋是"夯土小屋",第二种叫作"树顶别墅"。"夯土小屋"是用夯土堆砌的功能性小屋,里边可以进行粘土造瓦罐的教学,或者引导游客参观整个项目等;"树顶别墅"下方以钢筋框架结构高高架起一顶一顶的木制小屋,小屋直接接通上方的山顶,在木屋可以看到山谷中的各种景色,甚至还有很多树木的顶部,因此被称作是"树顶别墅"。

Y 公司项目分为三期。第一期的项目叫做"XX 乡",类似于传统的乡村民宿项目,可让村民用以向一些国外来游玩的人进行出租,属于生态民宿项目,与其他民宿没有特别大的区别。第二期的项目叫做"XX 谷",是根据地理位置分散设计的,其小屋就像一串散布在山谷中的珍珠。其规划的目的是充分整合山谷、鱼塘、河流、花草等可以体验生活的不同景观要素,并在不同的组合中创造不同的意境。这样的规划方法,将整个度假室、游泳池、餐厅、会议室、水疗中心、会所等功能都布置在整个山谷中,让游客可以体验山岳之美、环境之美、自然之美。"XX 谷"也成为了 Y 公司的招牌项目。该项目代表回归本身和从简的生活,同时向外有着"远离都市的嘈杂纷繁,回归生命的纯真"的寓意。第三期的项目叫做"XX 堡",意图恢复过去德国人建的"一号别墅"形制。

2011 年,Y 公司的"XX 谷"开始营业,也很快凭借其特殊的市场定位和高品质的产品服务赢得消费者青睐,成为整个德清莫干山地区的领头项目,也引爆了整个莫干山地区的休闲度假市场。它包括一个 360 亩的度假村,有几十个树顶别墅和圆形夯实土屋,总投资 2.5 亿,并以可持续发展理念为品牌特色。2013 年,"XX 谷"荣获 LEED 国际绿色建筑铂金级认证。2014 年,"XX 谷"荣获美国版《漫旅》杂志颁发的"全球视野奖",2015 年其又荣获《安邸》杂志颁发的"中国百大建筑与设计大奖"。2016 年,"XX 谷"入住宾客达 25 万。

Y 公司创始人是一个南非人,他因为迷路偶遇了一个小村庄,并从此念念不忘,于是他决定在那里建设度假村,这就是"XX 乡"。创始人带有典型西方人的特点,是一个开朗的阳光"大男孩",他率真、做事情有魄力。再加上其来自香港的设计师妻子的助力,夫妻二人共同创作出来的"XX 谷"项目兼具了东、西方建筑的特点。

与其他高端度假酒店有所区别的是,"XX 谷"的目标客户大多是企业的高端会议、旅游、接待、员工福利旅游以及企业发布会等活动。此类公司要求在以上活动中表现出良好的、高端的公司形象,与"XX 谷"周围清新的风景和周到的服务及高端的室内装修正好相符。而在体验项目方面,该项目拥有一座木质的马厩,人们可以享受到与中意的马匹一起驰骋的欢乐时光。此外,还有树顶别墅露台理疗浴缸、无边泳池、三家风格迥异的餐厅、放松身心的裸叶水疗……一切的设计都是在鼓励人们与自然更多地互相亲近,更多地互相理解。

"XX 谷"项目自开展以来,游客、各方的访问人员络绎不绝。想要在"XX 谷"中一日游,甚至需要提前一周线上预约。但是,该项目的建成也并非是一帆风顺的,也需要解决制度、规范,以及认知合法性的问题。

由于"XX 谷"等项目中的建筑主体是木屋结构,消防问题是在建筑过程中不得不面临的一个问题(制度合法性);民宿项目开启以后,居民用水、生活垃圾、人造马场粪便等问题都会随之产生,环境保护相关问题也是民宿项目不得不考虑的问题之一(规范合法性);此外,还要面对周围村民的不理解、不配合等的问题(认知合法性)。

(1) 针对制度合法性获取问题,该项目聘请新西兰留学回来的朱总做总经理,设立专门的 Special Relationship 部门负责与各方沟通。配合上方监管部门,在民宿中加装消防喷头。

比如，多少米之内就要布设一个相关的消防设备，在重点位置放置安全标识以及逃生绳等。同时，每一个"树顶别墅"都配有专门的房屋管家、安保等工作人员，全方位确保消防安全。

（2）针对规范合法性问题，在项目设计、建造和运营方面，无论是从构思、执行再到操作，始终遵循严格的可持续发展理念，对度假村项目造成的长期环境影响极为关注。因此，公司决定采用高标准的建造模式，竭尽全力做到节能和保护环境相平衡。在"XX堡"建造上，采用了几项先进的环保工法。例如：地源热泵系统，以自然的方式储存夏季的热能，有效节约空调的用电量；超级电容器，度假村内的高尔夫球车采用超级电容器，绿色无污染，可使用年限更长；有效利用水资源，循环利用污水处理系统，能将水合理利用在灌溉花丛或厕所用水。其实，"XX谷"建设之初，投入大量资金进行生态建设和循环系统建设的做法并未受到重视。特别是当方案位置上有大树时，他们就会重新进行调整，而不是简单砍掉。当地住建局的陶工说，这极大地保护了"XX谷"内的自然风貌。

（3）针对认知合法性问题，通过向村民游说，证明公司运营是符合环保要求的。老板甚至跟当地的农民做过这样一个"交易"：一个装满垃圾的塑料袋就可以换30元。希望借这样的激励措施提升居民的环保意识和态度。而在那时，当地普通村民一年最多只能赚到3000块钱。环境没有因为人和项目的"侵入"遭到破坏，反而让很多一辈子住在山里的人更加重视生态和环保，这成了该项目十年不掉粉、更不掉价的"金子"经验。同时，向村民提供工作，招聘部分男性村民做公司保安，聘用年龄较大的女性村民做"树顶别墅"的管家，以维系良好的邻里关系。

Y公司通过游说、环保设施、生态理念等方面的措施，逐步获取了多方的合法性，其商业模式也配合着满足多方需求。"XX谷"的商业模式画布绘制如图6.7所示。为获取制度合法性，在关键业务中布置多方面、完整的消防设施；为获取规范合法性，在关键业务领域构建包括水循环系统、地源热泵系统等符合"绿色、生态旅游"构念的设施；为获取认知合法性，一方面向当地村民劝说，签订租房、租地合同，另一方面录用部分村民作为公司的保安或房屋管家。整个商业模式画布全方位为"敞开心扉、忘却烦恼"的生态游的价值主张服务。

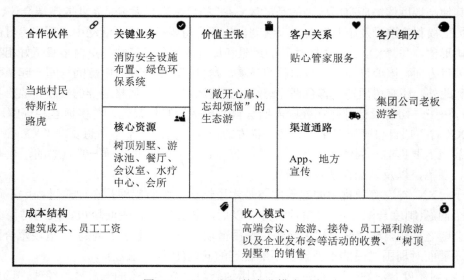

图6.7　"XX谷"的商业模式画布

3. 滴滴出行制度创业过程对商业模式创新的驱动

"滴滴出行"的前身是"滴滴打车",其背靠 2012 年 7 月 7 日成立的北京小桔科技有限公司。2015 年 9 月 9 日,"滴滴打车"更名为"滴滴出行"。滴滴出行的业务发展关键节点图如图 6.8 所示。

图 6.8　滴滴出行业务发展的关键节点

资料来源:蔡宁等(2017)根据滴滴出行发展绘制

滴滴出行的发展离不开主要的四种产品,即线上出租车业务、专车业务、快车业务以及顺风车业务。其中,出租车业务的主要任务是将原本线下的业务线上化,专车是建成租车公司车辆的接入入口,快车为私家车接入提供接口,顺风车为出行的私家车司机顺路接单搭载客户赚钱提供了接口。四种拳头产品的特点和发展是层层递进的。

传统的出租车都是线下的,是由出租车公司派出的有专业资质的出租车司机运营出车的。对于出租车司机而言,他们用于接送客户的出租车是向出租车公司租借的,出租车司机也都在出租车公司有记录,为出租车公司打工。

传统出租车业务是两班倒的方式运营。一种是白班,时间大约从凌晨四点半到下午四点半,第二种是夜班,时间大约从下午四点半开始,直到第二天凌晨四点半。由于信息不对称问题,往往会出现出行客户打不到车,以及出租车司机找不到客户而打空车的问题。传统线下出租车业务难以达到出租车的最佳运力。正是由于这种出行的不方便问题,滴滴出行建立平台,用以为用户出行提供线上解决方案。

这里存在怎样的制度困境呢?

第一,制度合法性困境。滴滴出行推出的四种拳头产品,除了线下出租车业务的线上版是对现有线下出租车业务的更改与整合之外,其他三种都是原来打车市场中完全不存在的。对于新兴的业务,相关联的很多法律、法规是空缺或不完善的。想在这个领域创业,首先面临着一个问题,这样的产品设计合法合规么?

第二,规范合法性困境。规范合法性源于社会道德规范和价值观,反映的是社会公众对企业"做正确的事"的判断。滴滴出行的四种线上打车业务都是全新的、原来打车市场中完全不存在的,线上打车会不会存在道德规范风险?

第三,认知合法性困境。认知合法性来源于客户的认可。新推出的线上打车业务,是否符合用户出行的习惯?消费者能否接受这样的产品?

以上三个问题,是滴滴出行不得不面临和解决的问题。那么,滴滴出行应该先推出哪一种产品呢?

　　要满足以上三种合法性，就要最大程度减少新产品在推出市场时给各个利益相关者带来的不适与影响。在推广初期，可以通过游说、劝说、推广、提供优惠券等方式使人们逐渐适应并接受该产品。首先需要解决的是产品的入口问题。在新业务可能接触到的所有利益相关者中，哪个群体最容易接受新产品？

　　这就需要列举可能接触到的利益相关者，包括市场监管者、出租车公司、出租车司机、私家车车主、出行用户以及广大的互联网网民等。

　　那么，推出哪款产品最容易减少各方阻力呢？

　　首先，如果推出线上顺风车业务，可能会受到私家车车主的欢迎，因为这种产品给他们带来了新的赚钱渠道。但这样一来会存在以下风险：

　　(1) 制度合法性风险。步子太大了，一种全新的由私家车提供打车业务的产品，会不会存在客户安全隐忧？由于有一定概率直接触发制度合法性担忧，直接上马线上顺风车业务很可能受到较大的市场监管而使得项目举步维艰。

　　(2) 出租车公司以及出租车司机的反对。新上马线上顺风车业务，确实给私家车司机带来了赚钱的新渠道。在客观上，这种产品形成了与传统线下出租车公司以及出租车司机的竞争关系。竞争，自然会带来更多的舆论反对，进而影响新产品的规范合法性。

　　(3) 认知合法性风险。由于有出行需求的人们已经习惯于传统的线下打车出行方式，贸然推出一种线上顺风车业务，是否会得到出行用户的采纳，存在很大的疑问。因此，率先推出顺风车业务是不合适的。

　　其次，如果推出线上快车业务，同样会存在制度合法性风险问题，招致出租车公司以及出租车司机的反对(规范合法性隐忧)，而且有出行需求用户的认知合法性风险。在业务的性质以及对利益相关者影响方面，线上快车业务与顺风车业务并无实质性的区别。

　　再看线上专车业务。与线上快车业务相比，这种业务减少了出租车公司的阻力，因为线上专车是租车公司车辆接入平台服务，直接将出租车公司纳入合作有利于取得规范合法性和认知合法性。但这种模式在实际推广中，容易遭受较大的阻碍。原因也很简单，出租车公司是对公的，他们也害怕风险，不愿意承担责任。对于一种新兴的线上专车业务是否会触发制度合法性危机，是完全未知的。

　　经过排除之后，在四种产品中最合适首先推出的应该是线上出租车业务。线上出租车业务有几个优势：

　　(1) 制度合法性风险较低。与其他三种线上出行产品相比，线上出租车业务是将线下已经广泛存在的出租车业务线上化，其可能遭受的制度合法性质疑较少；

　　(2) 团结出租车公司与出租车司机，遭受的阻碍较少，进而可以在较大程度上获得规范合法性；

　　(3) 认知合法性风险基本不存在。由于新产品是将传统线下的出租车业务转到线上，出行用户会由于信任线下出租车而信任并接受线上出租车业务。

　　因此，结合各个利益相关者得益以及制度合法性、规范合法性和认知合法性的获取问题，四种拳头产品的推出顺序应该是"线上出租车→专车→快车→顺风车"，如图6.8

所示。

即使如此，在滴滴出行的业务推广过程中，仍不是一帆风顺的。公司首先选择在北京市场推广。出于以上分析以及推广效率的考虑，推广的入口首先选择的是出租车公司。但即使可以给出租车公司带来新的线上业务市场,各个出租车公司都无一例外地拒绝了合作。原因很简单，害怕风险。新产品会不会触发制度合法性问题是未知的。

产品推广一时间陷入僵局。在一番思考后，公司转向各个出租车司机推广业务。虽然是为出租车公司打工，但出租车司机和出租车公司有很大不同。首先，出租车公司是法人，如果由于出租车公司的行为出现问题，需要承担较大责任，而出租车司机都是自然人，需要承担的责任较小。对于出租车司机而言，最需要考虑和解决的问题是怎样可以接到更多的单子赚钱。因此，他们很乐于尝试线上出租车业务这样的新产品。而当接受线上出租车业务的出租车司机多起来以后，再去找出行用户，并给用户发放一定金额的免费乘车优惠券，通过用户裂变，就可以构建一个由出租车司机和线上出行用户搭接的简易平台，如图6.9 所示。

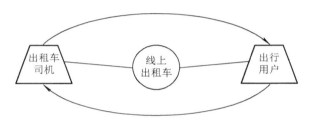

图 6.9　线上出租车业务构建的双边平台商业模式

构建平台之后，由于弥补了之前出行市场中的信息不对称问题，出行用户可以实时知道附近最近的车辆在哪里，出租车司机也同时可以看到距离自己最近的客户在哪里，有几个亟待出行的用户。再加上商家刚开始发放的免费打车优惠券补贴，这种模式很容易触发正向的同边以及跨边网络效应,进而使参与平台的出租车司机和用户数量以指数级的速度增长。在此情形下，原本拒绝参与的出租车公司看到自己公司内绝大多数的出租车司机都加入了平台接单，而这样的操作也并未触发什么样的监管，也就默许了该产品的运作。

之后，由消费者熟悉到不熟悉，由正规的出租车公司、出租车司机接口一步步转向私家车司机业务，遵循了"线上出租车→专车→快车→顺风车"的发展思路。整个滴滴出行的商业模式设计以四大拳头产品为主线展开。而推动其业务的出发点就是制度创业过程以及由其展开的合法化获取过程。

结合企业业务类型、业务特点，以及其商业模式表现绘制滴滴出行的商业模式画布(如图 6.10 所示)。不同于 X 公司与 Y 公司的商业模式画布，滴滴出行的四大创新产品分别体现出其制度创业中的逐层递进关系。几乎每一款新产品都较前一种产品有一定程度的改进。这种改进来自于与利益相关者之间的关系，或是合法性获取的难易程度方面。根据合法性获取从易到难的步骤遵循了"线上出租车→专车→快车→顺风车"的发展思路，从而一步步获得各个利益相关者的认可。

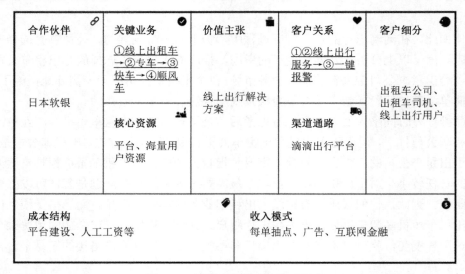

图 6.10　滴滴出行的商业模式画布

6.3　企业外部环境变动对商业模式创新的影响

任何事业都难以脱离企业所处的环境背景而单独存在。因此，一个企业是否需要进行商业模式创新，以及进行怎样的商业模式创新也同样需要考察自己周遭的环境。根据 PEST 分析，政策、经济、社会、技术等方面都会影响到企业的商业模式创新。例如，新能源相关产业政策的利好，就提示企业可以朝新能源相关产业发展；经济好的时候适合扩张，经济不太好的时候，不适合扩张。

此外，需要注意的一个非常重要的方面是，企业的商业模式创新需要注重同行业其他企业的商业模式变革，以及自己所处商业生态系统中，其他企业的商业模式变革。例如，诺基亚没做错任何事，仍旧沉浸于过去正确的工艺创新与产品创新，但苹果公司进军手机市场，打破了游戏规则，将手机做成半开放型平台，重构了手机的概念。逆水行舟，不进则退。相比于苹果手机的商业模式创新，止步于技术创新的诺基亚的商业模式明显跟不上形势。从而，诺基亚手机行业霸主的地位很快被苹果手机取代。

柯达面临类似的问题，该公司一直专注于技术创新，却忽视了商业模式的创新，乃至于已经研发出数码相机相关技术，却并未将其运用到相机中。直到数码相机技术被其他公司研发出来，柯达的卡片机便被市场远远地甩在后边了。

此外，还有一家 C 公司，原本是做快递收发柜子的。但在周围出现菜鸟驿站之后，C 公司业务受到了大幅度影响。而在市场规模收缩，人们消费收缩之际，C 公司甚至推出自助"洗鞋柜"，商业模式与核心业务越走越远……

6.4　其他商业模式创新驱动因素

商业模式创新的驱动因素除了第一节介绍的技术创新，第二节涉及到的制度创业过程以及第三章介绍的企业外部环境变化之外，还包括知识、公司治理、企业社会资本以及价值创造动机。

（1）知识。曾经在金山毒霸遭遇滑铁卢的雷军重新开始二次创业。他吸取了之前在金山毒霸的教训，仔细研究了对手 360 的商业模式，在搞清楚商业模式创新的核心逻辑之后，首先建立社群(米聊)，再在社群的基础上做小米手机。精心设计过的小米手机商业模式精准地获取了目标客户的需求，其新产品一面市，就受到了市场的欢迎。

（2）公司治理。苹果公司原来是做电脑的，在创始人乔布斯离开一段时间后，公司曾经负债，面临破产清算的危险境地。经过董事会的统一决议，公司重新迎回创始人乔布斯，乔布斯通过整合公司各方面业务，进行商业模式创新，进而实现了扭亏为盈。

（3）企业社会资本。企业社会资本代表了其价值网络，企业社会资本的改变也同时需要商业模式进行相应地匹配。"大娘水饺"的价值主张改变，腾讯 QQ 聊天工具的商业模式构建，以及拼多多的猎豹型商业模式都离不开企业背后的社会资本支持。

（4）价值创造动机。价值创造动机用于回答企业核心的目标是什么。它解决的是企业运营最核心的问题。例如，阿里巴巴在寻求构建自己商业模式的时候还是走过不少弯路的，刚开始创业时能盈利的业务都接，直到某一天马云开始思索自己建立阿里巴巴集团的初衷是什么是服务于广大的中小企业做电商(价值创造动机)，于是阿里巴巴开始聚焦于"中国供应商"服务。

本章课件资源

第7章　企业商业模式问题诊断

我们常说，人吃五谷杂粮，没有不生病的。这个道理对于企业也是一样，没有不出问题的企业，也没有长寿不死的公司。即便是出名如苹果这样的大公司，也一度出现过濒临破产的问题。而对于出问题的企业，进行商业模式问题诊断，往往可以起到让企业"起死回生"的奇效。

进行企业商业模式的诊断需要遵循如下步骤：

第一步，确定企业商业生态位。

常言道"覆巢之下无完卵""大树底下好乘凉"。任何企业的成长与发展都离不开其所处的行业背景以及外部环境。因此，对企业的商业模式进行诊断的第一步就是了解其所处的商业生态系统状态以及该企业在商业生态系统中所处的商业生态位。

第二步，绘制商业模式画布。

绘制企业的商业模式画布现状，有利于了解目标企业的现状与其所处的商业生态位的匹配状况。若二者不匹配，则说明企业目标的商业模式存在问题，需要适时地进行商业模式变革。

通常情况下，要想获得较为全面的商业模式现状，需要采用扎根理论方法逐项提取信息，具体的操作方法见第六章的6.2。

第三步，寻找商业模式的优劣势。

这是商业模式变革前的一步，通过与处于同一生态位中企业的对比，以及与同一行业中其他企业的商业模式比较，寻找目标企业商业模式的优劣势。目标企业通过发挥优势，回避劣势，进行商业模式的变革。

SWOT法筛选商业模式的优劣势的方法比较传统，采用机械式的优势、劣势、机会、威胁的罗列，所得到的问题都是孤立且散乱的，难以制定相应对策。

因此，通过对标目标企业，对比商业模式的差异，进而寻找自己公司商业模式的优劣势。这样一对比，优劣势一目了然，从而也比较容易在商业模式变革中有针对性地采取措施。

第四步，进行商业模式变革。

根据组织内部结构视角，商业模式由很多要素的排列组合构成，不同商业模式要素构成了商业模式内部结构的改变，进而改变了商业模式的外部整体形态。

7.1　确定企业商业生态位

在市场经济快速发展的如今，任何企业都无法脱离其所处的外部环境而独立存在。因此，研究企业的商业模式，离不开了解其所处的商业生态系统。确定企业在商业生态系统中所处的商业生态位，有利于正确了解其商业模式与周围企业是否匹配，在企业所处的商业生态系统中，该企业的商业模式是否具有先进性，该企业的商业模式是否需要进行相应的变革。

商业生态系统中企业所处的商业生态位角色可以分为领导种群、关键种群、支持种群与寄生种群几种。本章分别以诺基亚、柯达、C 公司为例介绍商业模式诊断方法及其应用。

作为手机制造大厂，击败了原先的市场大佬摩托罗拉之后，诺基亚长期占据手机市场的第一把交椅，是按键手机时代的大哥大；柯达是胶片机相机时代的行业大佬，由于其产品的品质好，宣传活动做得好，成为很多人购买相机时的首选；C 公司属于快递柜行业的领头羊，在很多小区内部设立了众多的快递柜，以方便居民日常的快递收发。

在所处的商业生态系统中，诺基亚一直处于核心地位，因此属于领导种群；柯达也一直处于卡片机的核心地位，也属于领导种群；C 公司虽然不是行业内做得最好的，但也同样属于领导种群。

7.2 商业模式画布绘制

商业模式诊断的第二步是绘制企业的商业模式画布现状。商业模式画布的绘制要求尽量符合目标企业的商业模式现状，实事求是即可。通常的绘制方法是使用扎根理论方法提炼出企业相关的核心构念，并以此为基础绘制商业模式画布。

1. 诺基亚的商业模式画布绘制

诺基亚商业模式画布绘制如图 7.1 所示。

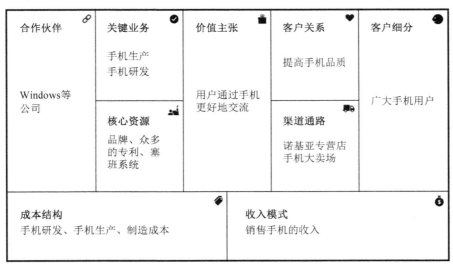

图 7.1 诺基亚手机的商业模式画布

从图 7.1 中可以看出，诺基亚手机仍旧是传统的产品观念，公司着重于技术创新，其商业模式本身没有什么特别出彩的地方，这样简单的商业模式很容易遭到竞争对手的攻击。

2. 柯达的商业模式画布绘制

绘制柯达商业模式画布，如图 7.2 所示。与诺基亚的商业模式相类似，柯达同样是产品逻辑，同样注重技术创新与售后。其商业模式本身并没有特别出彩的地方，容易遭到竞争对手攻击。

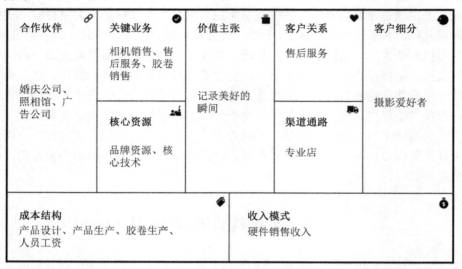

图 7.2　柯达的商业模式画布

3. C 公司的商业模式画布绘制

绘制 C 公司的商业模式画布，如图 7.3 所示。C 公司的商业模式以"收发快递"为主营业务，收入模式是"邮寄快递提成、快递存放收费"。其价值主张过于平面化，收入模式中的收入来源过于单一，容易遭到竞争对手的攻击。

图 7.3　C 公司的商业模式画布

从以上三个案例企业中可以看出，容易出问题的企业的商业模式往往都存在设计方面的硬伤。例如，商业模式中的价值主张过于简单和平面化，价值主张仍旧停留在产品逻辑中，缺乏创新；收入模式中的收入来源过于单一等。这些也都是商业模式设计与绘制中特别需要注意规避的问题。

7.3 寻找商业模式的优劣势

寻找企业商业模式优劣势主要使用对比法。先绘制同行业、同一商业生态系统中有代表性的其他企业的商业模式画布，对比企业商业模式的差异，寻找目标企业商业模式的优势与不足之处。

企业竞争的关键，就是能比竞争对手多走一步。所以，对竞争对手的客观了解和分析是非常有必要的。在过去的产品竞争时代，可以分析竞争对手的产品、品牌建设、组织文化等内容，而在如今的以商业模式创新为主的大环境下，决定企业能否持续盈利的关键是商业模式是否领先。因此，非常有必要对同处于一个商业生态系统中的企业商业模式进行对比，找到自己商业模式的优劣势，进而进行商业模式的变革。

1. 寻找诺基亚商业模式的优劣势

以诺基亚为例，绘制其行业内的典型竞争对手苹果手机的商业模式画布(如图 7.4 所示)。

图 7.4 苹果手机的商业模式画布

苹果手机刚进入手机市场时，手机市场中的"大哥大"仍旧是诺基亚，苹果手机成为了手机行业的新秀。苹果手机同样位于商业生态系统中的领导种群，与诺基亚具备直接竞争关系。但相比于诺基亚，原先做电脑的苹果手机将电脑的商业模式经过部分修正，运用到手机上，相当于重构了手机的形态，改变了手机的概念。如果说诺基亚手机仍旧停留在产品思维上，苹果手机已然是平台了。相比于诺基亚，苹果手机在商业模式上可以形成平台对产品的降维打击。

结合苹果手机的平台思路，可以绘制其以 IOS 操作系统为核心的多边平台商业模式(如图 7.5 所示)。从这里可以看出，苹果手机已经完全跳出诺基亚原先所处的商业生态系统，并以自己所构建的平台重构了一个新的商业生态系统。在这个商业生态系统中，苹果手机作为领导种群，终端制造商和软件开发商成为生态系统的关键种群，广告商为寄生种群角色(支持种群没有展示在图中)。

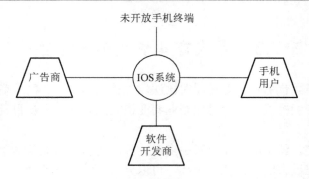

图 7.5　苹果 IOS 系统的多边平台商业模式

　　这相当于在诺基亚所主导的游戏(商业规则)之外,重新开发了一款新的游戏(商业规则),并且由苹果手机自己主导新游戏(新商业规则),制定全新的游戏规则。通常,在行业内出现全新商业生态系统的时候,也就意味着在位企业面临着重大危机,因为竞争的逻辑已经被改变了,诺基亚只有进行商业模式创新,才有可能不被赶出市场。因为游戏规则改变所带来的竞争有可能是颠覆性的。

　　将图 7.1 与图 7.4 相对比可看出,诺基亚属于集聚型商业模式,苹果手机属于平台型商业模式。通过两家公司的商业模式对比,可以得到结论:诺基亚商业模式的优势是技术创新,劣势是商业模式过于平面化。诺基亚的商业模式仍旧停留在产品逻辑上,缺乏商业模式创新。为了发挥优势,规避劣势,诺基亚非常有必要进行商业模式的创新。

2. 寻找柯达商业模式的优劣势

　　柯达在行业内的典型竞争对手佳能的商业模式画布绘制如图 7.6 所示。佳能也同样处于商业生态系统中的领导种群,属于同一生态系统中,同行业的企业,是柯达的直接竞争对手。从图 7.6 中可以发现,佳能的商业模式整体和柯达非常相似,都属于产品逻辑;但与柯达相比,佳能使用数码相机取代了传统的胶卷卡片机,省去了胶卷之后,拍照更加方便,同时,存储空间更大。

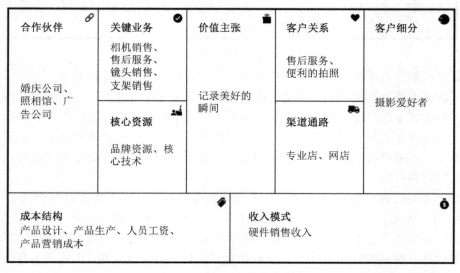

图 7.6　佳能的商业模式画布

值得注意的是，苹果手机通过平台商业模式创新，内置摄像头的拍摄功能同样非常强大，苹果手机同样成为了柯达的竞争对手。与佳能、柯达的产品逻辑不同，苹果手机主打的是平台逻辑，苹果手机在商业模式上可以形成平台对产品的降维打击。也就是说，苹果手机在原来的拍摄商业生态系统之外新开辟了一个商业生态系统，制定了全新的游戏规则。

分别对比柯达与佳能(图 7.2 与图 7.6)以及柯达与苹果手机(图 7.2 与图 7.4)，可以看出，柯达的优势在于胶卷技术、卡片机技术；其劣势在于柯达的产品逻辑落后于苹果手机的平台逻辑，同时，柯达的胶卷拍照方式不如佳能的数码相机便利，存储空间小。

3. 寻找 C 公司商业模式的优劣势

C 公司在行业内存在一个竞争对手 D 公司，D 公司的主营业务同样是快递收发，但与 C 公司相比，D 公司做的不是快递收发柜，而是快递驿站。与快递收发柜相比，快递驿站的快件容量更大。与快递柜几乎不需要人工不同(仅偶尔遇到快递柜故障，需要人工修理)，快递驿站需要较少的人手。快递驿站的商业模式画布绘制如图 7.7 所示。

图 7.7　D 公司的商业模式画布

与 C 公司相比，D 公司处于同一商业生态系统中的领导种群。两家公司都同时属于平台商业模式，商业模式较为一致。他们之间的区别在于：

(1) C 公司几乎不需要人工，D 公司需要人工；

(2) C 公司的快递柜空间有限，D 公司的快递驿站存放空间大；

(3) C 公司需要定期维护和修理，D 公司不需要维护；

(4) C 公司 24 小时都可以取件，没有固定营业时间，D 公司每天有固定的营业时间(比如 21:00 下班)。

对比图 7.3 与图 7.7，C 公司商业模式的优劣势一目了然。C 公司的优势在于自助收发件和 24 小时收发件较为方便；其劣势在于快递存放空间有限、快递存放需要付费、收入来源过于单一。

7.4　商业模式变革

一个企业的商业模式建立过程，就是该企业商业模式的"试错"过程，商业模式的有效性，需要通过实践来检验。根据商业模式演进的三大作用机制，商业模式演进是遗传、变异和选择机制反复作用，最终达到与企业内外部生态环境相协调的状态。因此，设计一个良好的商业模式，还需要不断地试错。

这里讲的是商业模式变革，而非商业模式创新。商业模式变革更加强调商业模式的调整与试错，而商业模式创新更多地强调商业模式的创新性，强调其商业模式改变的方向是向好的，是先进的。商业模式变革没有方向性，仅仅代表着商业模式的修订，商业模式变革的效果是否良好，尚需市场实践的检验。本章更加强调对现有企业的商业模式调整与试错，因此，使用商业模式变革比商业模式创新更恰当。

1. 诺基亚的商业模式变革模拟

这个时候，对于诺基亚来说，可以说是非常痛苦的。诺基亚在行业内长期深耕，不断进行技术创新，其社会资本都与技术创新相关，这个时候顺应新的发展，进行商业模式创新只得被迫砍掉自己原来的大部分业务。

常言道"不破不立"，在企业生死存亡之际，只有进行有效的"断、舍、离"，才有可能打开一片新的天地。如果诺基亚进行商业模式创新的话，首先应该模仿竞争对手苹果手机的商业模式，从价值主张方面进行变革(商业模式创新的七板斧)，将产品逻辑变成平台逻辑。从而进行如图 7.4 所示的商业模式创新模拟。

如图 7.8 所示，面对苹果手机的竞争，诺基亚不仅需要模仿苹果手机的商业模式，同时需要在其商业模式的基础上加以改进，比如建立自己的社群"诺聊"。刚刚进行商业模式变革的时候，诺基亚可能会面临极大的阵痛，但从长远看，只有进行"断、舍、离"的商业模式变革才是企业避免被完全取代的唯一手段。

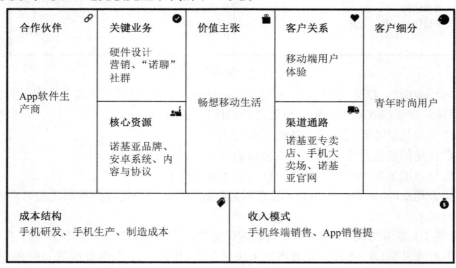

图 7.8　诺基亚的商业模式变革模拟(变异机制)

模拟变革之后的诺基亚商业模式属于平台商业模式，同时搭接了手机用户、广告商、软件开发商以及终端制造商(多边平台商业模式，比苹果手机构建的平台多一个边)。其商业模式变革的捷径应该是放弃塞班系统，采用 IOS 的竞争对手安卓操作系统，通过开放的平台商业模式，满足用户的智能手机需求。在手机市场较为成熟的时候，其满足的是补充型的商业模式设计主题需要。

2. 柯达的商业模式变革模拟

柯达所处的境地与诺基亚非常类似，但竞争似乎更加残酷。相比于诺基亚被苹果手机逆袭，柯达的周围不仅有苹果手机带来的平台碾压，还同时受到佳能数码相机产品创新的冲击。两个方向的碾压，几乎让柯达喘不过气来。

柯达的商业模式变革直接面临两个方向的选择。第一个方向就是学习苹果手机，做出一种类似于手机的平台商业模式；第二个方向就是学习佳能相机，取消胶卷拍照功能。无论是哪种商业模式变革方向，柯达都毫无疑问地需要抛弃胶卷，使用数码拍照方式。事实上，最先研发出数码相机的其实就是柯达本身。但变革的障碍在于，之前的胶卷相机占据了柯达的绝大部分市场，如果突然出现数码相机，将冲击自己原本的全部产品体系。权衡之下，柯达放弃了数码相机市场。

但竞争对手并不会手下留情。新的技术创新，即使不向外发布，其他公司也迟早会发明出来的。与其被竞争对手超越，倒不如自己内部就开始变革。然而，柯达毕竟还是选择原地踏步……

那么问题来了，柯达究竟应该选择学习苹果手机，还是学习佳能相机的商业模式呢？

回答以上问题，需要结合柯达自身的资源禀赋。柯达是长期做相机的，做手机缺乏各个方面的基础。因此，改成做手机，或者 pad 类产品显然是不切实际的。柯达适合模仿佳能的商业模式，并在佳能商业模式的基础上进行适当的创新。

柯达的商业模式变革模拟图绘制如图 7.9 所示。可以在佳能的商业模式基础上进行适当变革。变革一：采用"诱饵+陷阱"的商业模式，先让相机使用者免费使用 2 年的云存储空间，熟悉云存储照片的便利性，第三年开始收取云存储会员费，比如一个月 1 元的收费，拓展收入来源。变革二：建立摄影社群，进行免费的摄影教学，以吸引摄影爱好者进入社群。在社群里经常进行拍摄视频以及拍摄直播教学，并对核心内容进行知识付费，同样拓展了收入来源。

因此，柯达的商业模式创新应该采用七板斧中的关键业务创新，以锁定型的商业模式设计主题吸引客户(社群发展)。

如图 7.9 的商业模式画布已经可以碾压佳能的商业模式。同时，与苹果手机相比，这样的产品更具专业性，专业的镜头、设备、支架以及大容量的存储空间，都是苹果手机拍照所不具备的。虽然苹果手机是平台逻辑，柯达仍旧停留在产品逻辑，但柯达的产品更专业，更适合摄影爱好者使用。拥有了差异化定位以及拓宽了的收入来源，这样的柯达商业模式变革才可以有更高的成功率。

从以上分析中可以发现，模拟的柯达相机商业模式变革同时属于"诱饵+陷阱"模式与平台商业模式两种类型。"诱饵+陷阱"模式讲究的是具体操作，这种模式为社群带来流量，而平台商业模式则是社群的构建模式。两种模式在柯达的企业运营角色中是，"诱饵+陷阱"模式引流，平台商业模式构建社群，进而产生收益。

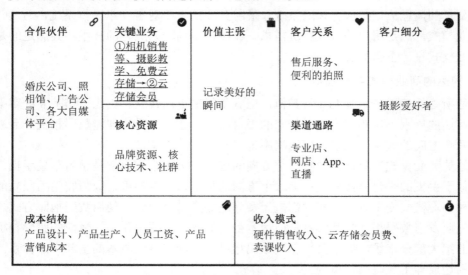

图 7.9　柯达的商业模式变革模拟(变异机制)

3. C 公司的商业模式变革模拟

与诺基亚和柯达所面临的内外交困环境不同，C 公司所面临的商业生态环境要好多了。C 公司与 D 公司处于同一个商业生态系统，并且两家公司同属于商业生态系统中的领导种群。但两家公司都属于平台商业模式，商业模式的打法并没有实质性的差异。对比图 7.3 与图 7.6，可以发现 C 公司的主要问题在于"快递存放空间有限"和"快递存放需要付费、收入来源过于单一"。因此，C 公司并未面临着"破"与"立"的问题。C 公司并未面临诺基亚的"平台还是产品"的选择，或者柯达不得不砍掉胶卷业务的困境。C 公司最大的问题在于收入模式与关键业务等商业模式要素不合理。

对比图 7.3 与图 7.7，绘制 C 公司的商业模式变革模拟图(如图 7.10 所示)。其实 C 公司只需要对商业模式做一点修改，砍掉"快递存放的收费"。原因很简单，快递收发不符合人们的生活习惯，让人们收发快递产生了成本。人们的生活习惯可以被引导，但只能被引导到更加方便的方式上，比如原本的"堂食"引导成"叫外卖"；原本的"门店购物"引导成为"网购"；但无法将原本免费的收发快递变成付费服务。因为消费者是"懒惰"且"不愿意多花钱"的，违背这个规律的，都将受到消费者的抵制。

在模拟的 C 公司商业模式变革中，其商业模式创新同时采用关键业务和价值主张变革的两"板斧"。价值主张变革致力于增加 C 公司对用户的吸引力，关键业务的变革成为价值主张落地的过程，同时可以拓展收入来源。

只需要对商业模式做一些改变，将快递柜改成二手商品买卖平台，居民可以在线上 App 上选择二手商品，与卖家商定交易的时间和价格，快递柜只需要向每一单成交单收费 1 元。卖家可以抽时间将商品放进快递柜，买家在约定的时间内取走即可。如果买家超过约定时间的 72 小时仍未取件，则增加收费 1 元。

图 7.10　C 公司的商业模式变革模拟(变异机制)

　　此外，还可以将快递柜打造成问题解决方案平台。由相应的任务提出者在平台提出问题，由相应的接单者解决问题(比如洗衣服)。快递柜可以成为解决问题的商品存放中转站(免费存放)。还可以增加快递租用功能，比如通过缴纳一定的费用，租用某个快递格子的一定时期的使用权限。当然，可租用的快递柜数量要限制(比如，一个柜机只能租用一个格子空间)，以避免影响多数人的快递柜使用。还可以将快递柜中的两个格子作为便利品收发平台。家中有闲置雨伞、充电器等物品的，可以在平台提供便利品租赁功能，使得在外出行的人可以找附近的快递柜租用手机充电器或者雨伞。

　　对 C 公司的商业模式进行了以上修改之后，收入模式增加了四个收入来源，有效避免了之前收入来源过于单一的问题。

　　从商业模式类型学角度看，C 公司商业模式属于平台型模式，但其平台会根据不同的情境展现出不同的平台形态。比如，在快递收发情境下，他们搭接了居民、快递员的两个边；在买卖二手闲置商品的情境下，他们搭接的是买方、卖方的两个边；在任务解决的情境下，他们搭接的又是任务发布者与任务解决者；在便利品收发平台租赁情境下，他们搭接的又是便利品的出租者与租赁者。C 公司平台商业模式可以通过新颖型的商业模式设计主题，攫取自己的一杯羹。

本章课件资源

第 8 章　企业商业模式之争

随着互联网技术的普及以及信息技术的发展，电子商务平台企业逐步走进我们的生活。以淘宝网为代表的电子商务平台企业方便了我们的线上购物，QQ 即时通讯软件方便了人们的远程聊天，出行可以使用"滴滴打车"的平台软件，旅行可以登录"携程网"，还有美团、360 杀毒软件、世纪佳缘等平台企业，为我们生活带来便利的同时，也拉近了人与人之间的距离。

然而，另一方面，平台企业之间的商业战争也如火如荼地进行着。著名的"QQ 大战 360"几乎使得腾讯 QQ 和奇虎 360 公司两败俱伤；苹果 ipad 的 iBooks 平台能让用户阅读并购买电子书，却严重地打击了以电子书阅读器为主营业务收入的汉王科技，使后者在 2011 年前三个季度就亏损了 2.77 亿元；2015 年春节期间，腾讯微信与淘宝支付宝的"红包大战"，更确立了这两个平台大鳄近似于垄断的地位。

从社会主义核心价值观角度看，对于大企业，应该规范其经营行为，避免出现"商业巨无霸"企业对中小企业发展的压制。反垄断，是我们需要探索的方面。如何避免"商业巨无霸"对资源的垄断经营也是未来需要研究的方向之一。

8.1　"二选一"的 3Q 之争

腾讯与奇虎 360 有很多的相似之处。两家公司都是互联网公司，都使用了平台商业模式。两家企业的商业模式同属于免费商业模式，可以说是"冤家路窄"。相同的出身，遇到了相同打法的"剑客"，真可谓是"针尖对麦芒"。

QQ 是腾讯刚开始的拳头产品，其入口是"线上聊天"；360 是互联网杀毒软件企业，其入口是"杀毒"。两家公司的主营业务完全不同，在传统观念看来，两家风马牛不相及的公司根本不会引起什么冲突。然而，随着互联网的高速发展，边际成本趋向于零的互联网特点，使得一些公司横跨各个行业发展成为了可能。

事件起因：2010 年 5 月 31 日，腾讯悄然将 QQ 医生升级至 4.0 版并更名为"QQ 电脑管家"。新版软件将 QQ 医生和 QQ 软件管理合二为一，增加了云查杀木马、清理插件等功能，涵盖了 360 安全卫士所有主流功能，用户体验与 360 极其类似。腾讯这招让 360 和金山毒霸措手不及。

360 的反击：2010 年 9 月 22 日，网上陆续有网友反映，自己的桌面上突然多出了"QQ 电脑管家"的图标，而且会在开机时自动启动。这是 QQ 继 2010 年春节强制安装 QQ 医生后的第二次大规模强制安装。凭借着 QQ 庞大的用户基础，QQ 电脑管家将直接威胁 360 在安全领域的生存地位。2010 年 9 月 27 日，360 发布直接针对 QQ 的"隐私保护器"工具，宣称其能实时监测曝光 QQ 的行为，并提示用户"某聊天软件"在未经用户许可的情况下偷窥用户个人隐私文件和数据，引起了网民对于 QQ 客户端的担忧和恐慌。

腾讯上诉 360：2010 年 10 月 14 日，针对 360 隐私保护器曝光 QQ 偷窥用户隐私事件，腾讯正式宣布起诉 360 不正当竞争，要求奇虎及其关联公司停止侵权、公开道歉并做出赔偿。之后法院受理此案。针对腾讯起诉，360 随即回应三点，表示将提起反诉。在回应中，360 称"各界对腾讯提出的质疑，腾讯一直回避窥探用户隐私，这时候起诉 360，除了打击报复外，不排除是为了转移视线，回避外界质疑"。

腾讯发表反对 360 的联合声明：2010 年 10 月 27 日，腾讯刊登了《反对 360 不正当竞争及加强行业自律的联合声明》。声明由腾讯、金山、百度、傲游、可牛等公司联合发布，要求主管机构对 360 不正当的商业竞争行为进行坚决制止，对 360 恶意对用户进行恫吓、欺骗的行为进行彻底调查。

产生和解迹象：2010 年 11 月 5 日上午，工信部、互联网协会等部门开会讨论此事的应对方案。政府部门已经介入，用行政命令的方式要求双方不再纷争。知情人称，360 方面也在此形势下宣布召回"扣扣保镖"软件。两家公司不得再发布煽动此事的新闻和讯息。

冲突正式化解：奇虎 360 于 2010 年 11 月 10 日宣布 QQ 和 360 已经恢复兼容，并在官方网站发布名为《QQ 和 360 已经恢复兼容 感谢有您!》的公告，感谢广大用户对 360 软件的支持，公布了有关部门的联系方式，提醒用户若发现二者软件出现冲突可向相关部门举报。腾讯公司于 2010 年 11 月 21 日发布名为《和你在一起》的致歉信。双方冲突在工信部的介入下正式化解。

360 和 QQ 之争为何会发生呢？从商业模式的角度看，事情就很好理解了。

需要注意的是，事情的起因是腾讯推出的电脑管家将 QQ 医生和 QQ 软件管理合二为一，增加了云查杀木马、清理插件等功能，涵盖了 360 安全卫士所有主流功能，进入到 360 主营的线上杀毒领域。

分别绘制两家公司在杀毒领域产品的商业模式画布，有利于帮助理解二者冲突的核心原因。图 8.1 所示展示了 360 安全卫士的商业模式。

图 8.1　360 安全卫士的商业模式画布

　　相应地，QQ 电脑管家的商业模式画布绘制如图 8.2 所示。对比图 8.1 和图 8.2，可以看到非常明显的问题，360 安全卫士与 QQ 电脑管家的商业模式画布除了极小部分的差异，二者简直是孪生兄弟。

图 8.2　QQ 电脑管家的商业模式画布

　　两者之间，可以列出的差异包括收入模式、渠道通路和合作伙伴。进入杀毒软件市场后，腾讯 QQ 成为 360 客观上的竞争对手，因此，合作伙伴不会一致。渠道通路自然是各自依托各自的优势，腾讯的优势是 QQ 聊天工具，QQ 也就是其最佳的入口；360 的入口来自于 360 浏览器、360 门户网站等。

　　最重要的差异还要来自于营利模式。360 背后的增值服务可以包括云杀毒、人工杀毒等，但 QQ 背后的增值服务就多了。QQ 的增值服务包括 Q 币充值(Q 币可以用于装扮 QQ 空间、购买游戏装备、观看腾讯视频等)。由于 QQ 本身用户数是 360 用户数的两倍(当时 QQ 用户数大约 6 亿，360 用户大约 3 亿)；同时，QQ 电脑管家背后的 QQ 业务庞大(包括 QQ 游戏、腾讯视频等)，而 360 背后仅仅是开启不久的杀毒增值服务，二者体量相差太大。QQ 进入杀毒软件市场，自然而然就会引发 360 的反击。因此，二者的竞争不仅因为同处一个行业，最关键的是二者的商业模式太像了。同处一个行业，又有着相似的商业模式，腾讯可以说是大大挤压了 360 的发展空间，这才是 3Q 之争爆发的关键。

8.2　互联网公司的红包之争

　　如果说"3Q 大战"是两家互联网公司的全面冲突，相比之下，两家互联网公司发起的红包大战只能算是局部冲突，其规模要小得多。有意思的是，两家互联网公司所代表的公司腾讯与阿里，又在多个方面相似而又旗鼓相当。

　　腾讯与阿里同属于 BAT 三巨头中的成员，是雄霸一方的大佬。两家公司都是互联网公司，都是横跨多个行业的"商业巨无霸"，都进军了移动支付领域，母体公司都属于平台公司，又同时采用了免费商业模式。

如果说"3Q 大战"是不对称的美，那么腾讯和阿里可以说是棋逢对手。大企业和小企业之间尚可全面竞争，但在两个"商业巨无霸"之间，只能更多地进行局部"冲突"，稍有不当，会牵一发而动全身。

事件发展过程可分为两个阶段。

第一阶段。在产品启动阶段，阿里通过手机应用对各种网购商品都推出了大量折扣优惠。而且，用户每次网购后，其电子钱包内都会出现几元钱的返现。阿里巴巴集团就是利用这种战略，成功占据大量市场份额。

腾讯集团在 2014 年农历新春前启动了"虚拟红包"服务，用户可以通过这种方式向朋友和亲人发送红包。这个主意是如此成功，以至在微信虚拟红包推出的第一年，用户就发送了价值 8300 万美元的 12 亿个红包。腾讯集团很快就占据了几乎和阿里巴巴集团相同的市场份额，迄今仍保持稳定。

第二阶段。2018 年农历新春前，腾讯和阿里巴巴两个科技巨头之间的红包竞争白热化。阿里巴巴集团向观看中央电视台春节联欢晚会的观众们发放红包。而腾讯集团则决定向 QQ 用户发放红包，但用户为此需要在智能手机中下载腾讯运动软件计步器 App；行走满 100 步的人可抽取虚拟红包，红包中的金钱数额随机确定，一天内抽取的红包总数不得超过 7 个。

那么，阿里巴巴和腾讯之间为何会爆发红包之争呢？

腾讯集团各个业务领域图绘制如图 8.3 所示。从图中可以看到，腾讯的业务众多，囊括了客户端、搜索、门户、即时通讯、电子商务和娱乐。其中，即时通讯是腾讯最核心的业务领域。腾讯的业务领域几乎包括了人们生活的方方面面，是名副其实的商业巨头。

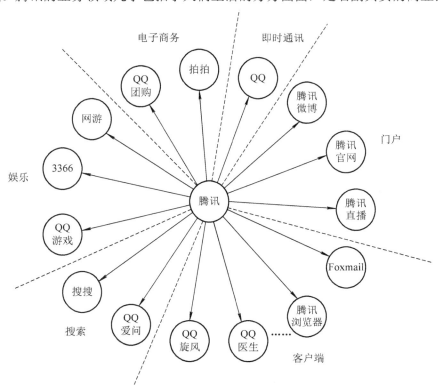

图 8.3　腾讯集团的各个业务领域

　　阿里巴巴各个业务领域图绘制如图 8.4 所示。可以看到，阿里巴巴的业务领域同样众多，囊括了数字媒体及娱乐、物流、互联网金融、创新业务、生活服务、B2B 业务和零售业务等。其中，零售商业是阿里巴巴最核心的业务领域。阿里巴巴的业务领域也几乎包括了人们生活的方方面面。

　　对比图 8.3 与 8.4，可以发现，阿里巴巴与腾讯两个商业巨头都是横跨多个行业的商业巨头，单单从业务领域以及主营业务收入，并没有发现两家公司有冲突之处。因此，要想解释两家公司的红包之争，还需要从商业模式着手。

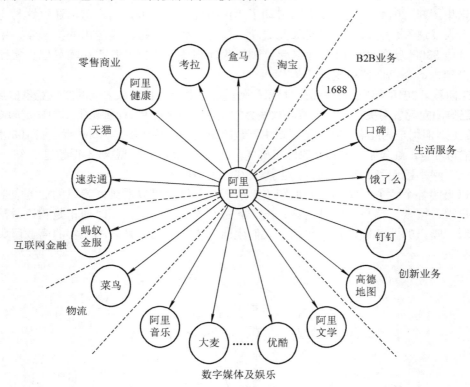

图 8.4　阿里巴巴的各个业务领域

　　腾讯集团的商业模式画布绘制如图 8.5 所示。腾讯的价值主张是："线上的人与人交流沟通工具(即时通讯)"，通讯是面向我国数量巨大的网民的(市场细分)。为配合价值主张，关键业务领域包括聊天、通讯、娱乐、电商、搜索、信息服务等。数量众多的被称作是"腾讯系"的合作伙伴有海澜之家、万达、步步高、永辉超市、家乐福、利群、京东、微拍堂等。而作为关键业务的直接结果，收入模式包括 QQ 游戏增值收入、QQ 装扮、腾讯视频会员费、腾讯广告收费、互联网金融等。值得注意的是，维持整个商业模式的核心要素是核心资源，包括腾讯云、微信、零钱通。

　　相对应地，阿里巴巴的商业模式画布绘制如图 8.6 所示。阿里巴巴的价值主张是"让天下没有难做的生意"。为配合价值主张，其关键业务是"数字媒体及娱乐、创新业务、生活服务、B2B、零售商业等"。数字媒体及娱乐业务中的"1688"与淘宝等平台面对的是中国供应商以及网购用户(客户细分)，创新业务中的"钉钉"面对的是学生群体(客户细分)，数字媒体及娱乐业务中的盒马鲜生面对的是线下购物者(客户细分)，物流业务中的"菜鸟驿站"面向的是快递的收发者(客户细分)，生活服务业务中的"饿了么"面对的是外卖购买者(客户细分)。

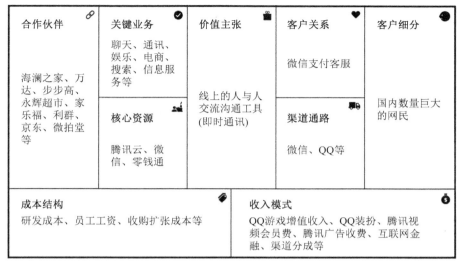

图 8.5　腾讯集团的商业模式画布

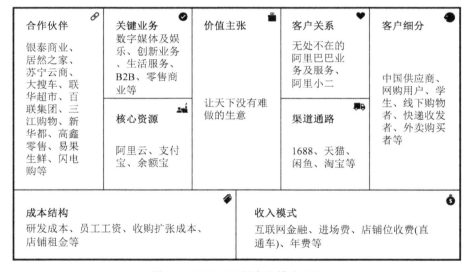

图 8.6　阿里巴巴的商业模式画布

　　支持关键业务的数量众多的被称作是"阿里系"的合作伙伴有银泰商业、居然之家、苏宁云商、大搜车、联华超市、百联集团、三江购物、新华都、高鑫零售、易果生鲜、闪电购等。作为关键业务的直接结果，其收入模式包括互联网金融、进场费、店铺位收费(直通车)、年费等。值得注意的是，维持整个商业模式的核心要素是核心资源，包括阿里云、支付宝、余额宝。

　　经过图 8.5 与图 8.6 两家公司的商业模式的对比分析可以发现，腾讯的核心资源是"腾讯云、微信、零钱通"，阿里巴巴的核心资源是"阿里云、支付宝、余额宝"。两家公司的核心资源有一定程度的交集。因为腾讯云和阿里云的功能类似，都是支持平台庞大用户量的数据处理平台。微信和支付宝相类似，微信是用户通讯交流的工具，支付宝是消费者网购的工具。零钱通是微信后台的一种产品，零钱通里的钱既可以直接用于消费，同时每天还可以产生一定比例的收益；余额宝是支付宝后端的产品，其功能和零钱通完全一致。因此，可以发现，两家公司的核心资源几乎一样，在很大程度上产生了交集。

　　分别作为零钱通和余额宝的使用结果，两家公司的收入模式中都包含有互联网金融。问题也就很明显了，两家公司都是跨越多个行业的商业巨头，腾讯有零钱通，阿里巴巴有余额宝，两家公司都在移动支付领域有着业务。这点和"3Q之争"的情形非常类似，当经营业务产生交集，也就不可避免地发生商业模式之争。于是，在2015年春节来临之际，两家公司纷纷发红包以吸引用户。最终，红包之争并未对双方的用户数产生实质性的影响，在为数不多的几次红包之争后，双方均停止了红包争夺战，两家公司各自维持原来的市场地位(毕竟谁也无法彻底击败对方)。

8.3　阿里巴巴"大战"Ebay

　　阿里巴巴与Ebay之间的商业竞争是一个非常典型的小企业逆袭案例。别看如今的阿里巴巴已经是BAT三巨头之一，当年的阿里巴巴还是一个并不盈利、几近倒闭的小公司。有数据显示，2003年到2008年之间，Ebay在国内的电商市场中占比为90%以上，淘宝的市场占有率小于10%；而当时间来到2013年的时候，淘宝的网购市场占有率大于79%，Ebay的市场占有率却降低到小于0.5%的程度。

　　那么，在这几年的时间内，两家公司之间究竟发生了什么样的商业模式之争，导致毫不起眼的、几乎要破产的阿里巴巴可以将当时的跨国公司Ebay挤出中国的网购市场呢？

　　要回答以上问题，首先需要分别绘制两家公司的商业模式画布。我们在第八章第二节已经绘制了阿里巴巴的商业模式画布，但那是阿里巴巴整体的商业模式画布，并不是阿里巴巴与Ebay之争中的主体淘宝。

　　淘宝的商业模式画布绘制如图8.7所示。在图8.7中可以看到，当年的阿里巴巴收入模式含混不清，尚未有效盈利，商业模式非常不完善。

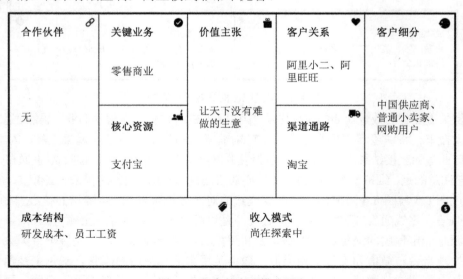

图 8.7　淘宝的商业模式画布

Ebay 的商业模式画布绘制如图 8.8 所示。从图中可以看到，Ebay 的商业模式框架已经非常成熟了，其盈利主要来自拍卖的佣金，跨国发展的 Ebay 体量非常大。对比图 8.7 与图 8.8 的商业模式画布可以发现，两家公司完全就不是一个量级的，淘宝击败 Ebay 简直就是一个商业神话。

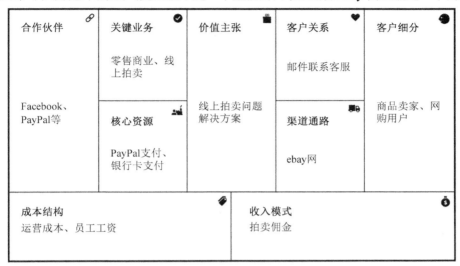

合作伙伴	关键业务	价值主张	客户关系	客户细分
Facebook、PayPal等	零售商业、线上拍卖	线上拍卖问题解决方案	邮件联系客服	商品卖家、网购用户
	核心资源 PayPal支付、银行卡支付		**渠道通路** ebay网	

成本结构 运营成本、员工工资	收入模式 拍卖佣金

图 8.8　Ebay 的商业模式画布

然而，仔细对比两家公司的商业模式画布，还是可以发现一些端倪的。淘宝的一些优势是 Ebay 根本不具备的。第一，较之于 Ebay，淘宝在客户关系方面做出了一定程度的创新。不同于 Ebay 传统的邮件联系客服方式，淘宝开发出阿里旺旺产品。这个神似 QQ 的线上交易聊天工具无形之中拉近了买卖双方之间的关系。同时，其有利于保存聊天记录的特点，也可以在发生纠纷的时候，帮助各方获得合理权益提供数据基础。从这一角度看，淘宝的客户关系更加亲和，一句淘宝小二的"亲"更加无形之中拉近了彼此之间的距离，让客户感觉更加亲切。第二，即使淘宝的收入模式尚在探索之中，但对于买家来说，线上购物是不需要缴纳佣金的。对于一些卖家来说，这样就可以实现无成本的免费开店。免费对于买卖双方是非常具有吸引力的。尤其在国内，客户买东西是没有支付佣金习惯的。习惯可以引导到更加便利，更加便宜的方向，但无法反向引导。因此，从这个角度说，Ebay 的商业模式并不符合中国人的购物习惯。

最终，体量小且商业模式不成熟的淘宝在很短的时间内将 Ebay 挤出了中国市场。其原因很简单，淘宝交易对于买家是免佣金的，淘宝交易更加方便。

从淘宝与跨国公司 Ebay 的商业模式之争中可以看出，对于商业模式竞争的成败，公司体量的大小并不是起决定性作用的。可以决定输赢的核心因素不是企业社会资本，不是公司体量，甚至不是公司是否盈利、盈利多少，起决定性作用的是商业模式是否足够创新以及商业模式是否符合消费者的生活习惯，让消费者觉得便利。

本章课件资源

第9章　典型企业商业模式创新案例

根据前几章的内容我们可以拥有清晰的商业模式构建思路。

但理论归理论，成功地运用商业模式相关理论，构建出合适的商业模式才是成功掌握商业模式的关键。参照现实生活中的一些成功的商业模式创新实例，可以拓展思路，了解商业模式创新的精髓。

本章以 Z 公司的"博物馆雪糕"、咖啡企业、视频类自媒体平台、自行车企业、书店、百度集团、字节跳动以及"十布一泉"的商业模式创新实务为例，为具体的企业商业模式创新提供参考。

9.1　博物馆雪糕的商业模式创新

吃雪糕还可以这么有趣？

吃雪糕还可以景点打卡？

博物馆雪糕产品一经推出，就受到了爱打卡的游客们的广泛热捧。

按照传统逻辑，雪糕的利润空间是非常有限的，雪糕的生产、销售是很难做大的。但 Z 公司另辟蹊径，蹭了旅游景点打卡热，与陕西博物馆合作，设计了有旅游景点形态的特殊的博物馆雪糕，迅速引爆了热点。博物馆雪糕产品包括大雁塔、白马寺、首都博物馆、杜虎符、悬空寺、河姆渡瓷器、张壁古堡、黄鹤楼、北武当山等多种款式。博物馆雪糕的设计新颖独到，颜色包括白色(香草味)、咖啡色(咖啡味)、绿色(哈密瓜味)、黄色(香蕉味)等多种。

该公司的雪糕商业模式(如图 9.1 所示)最大的亮点就是商业模式中的"合作伙伴"要素。Z 公司在"合作伙伴"方面做了创新，与陕西博物馆建立了合作，进而以景区打卡的"景点"雪糕(价值主张)作为主打产品，制作"景点雪糕"(关键业务)。然而，这只是直观得到的结论，或者说，与陕西博物馆的合作为其商业模式的创新提供了可能，这也是其新颖型商业模式设计主体的主要来源。但从商业模式要素间动态一致性的角度看，却不是这样的。

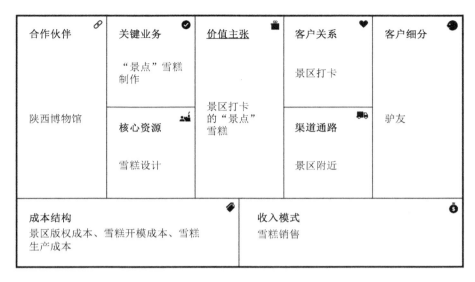

图 9.1　博物馆雪糕的商业模式画布

为展示 Z 公司商业模式要素之间动态一致性，绘制其商业模式要素之间的交互关系(如图 9.2 所示)。从图 9.2 中可以看到共有 8 条价值链路指向价值主张"景区打卡的'景点'雪糕"。如果说合作伙伴要素的创新为 Z 公司"借势"带来了可能，那么其价值主张"景区打卡的'景点'雪糕"则是该商业模式的核心要素。客户细分、客户关系、关键业务、渠道通路等 8 个要素都直接指向价值主张。也就是说，价值主张是 Z 公司博物馆雪糕商业模式的起始点，一切的商业活动都来自于"景区打卡"。

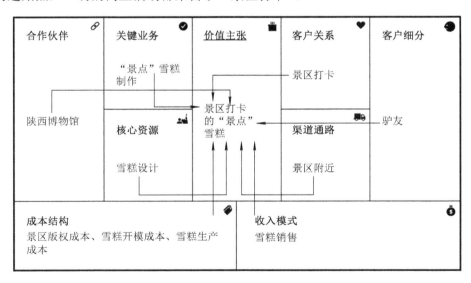

图 9.2　博物馆雪糕商业模式要素之间的交互关系

最为重要的是，这种"景区打卡"的价值主张创新恰恰打到了消费者消费的"七寸"上。"景区打卡"方式有趣、互动性强，因此很容易形成"独具潮流"的旅游方式。同时，由于雪糕产品本身的成本低，即使在"景点"雪糕的特色加持下，其价格也贵不到哪里去，"景点"雪糕产品能够让所有的消费者都消费得起，群众基础大(雪糕的需求价格弹性低，人们对其价格不敏感)。因此，博物馆雪糕一经推出就受到了广大群众的喜爱，大家纷纷在朋友圈晒自己的"景点"打卡成果——博物馆雪糕，丝毫不介意雪糕的价格较普通雪糕稍微贵了那么一些。这也为博物馆雪糕模式盈利提供了可能。

此外，从图 9.2 中可以看出，共有 8 条价值链路指向价值主张要素，博物馆雪糕商业模式要素之间的动态一致性极高。因此，博物馆雪糕的商业模式设计得恰到好处。

博物馆雪糕的商业模式创新逻辑来自于价值主张创新(七板斧)，其属于集聚型商业模式，将雪糕与景点"打卡"人为连接在一起，满足了新颖型的商业模式设计主题。对用户诉求的精准把握，促使其在短时间内大获成功。

9.2　咖啡企业的商业模式创新

咖啡企业讲的是入口，然而，具体如何做还要看企业的商业模式实践。本节以 E 公司和 F 公司为例介绍同样做咖啡的企业的不同商业模式设计，从中可以发现商业模式对企业的重要作用。即使属于同一行业，不同的商业模式设计也可以使企业展现出完全不同的风貌。

E 公司的商业模式画布绘制如图 9.3 所示。

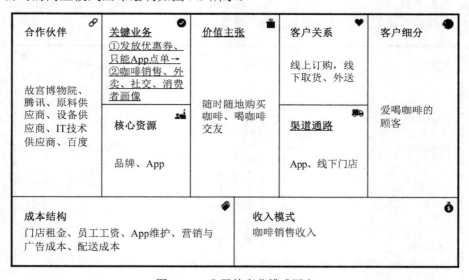

图 9.3　E 公司的商业模式画布

从图 9.3 的 E 公司商业模式画布可以看出，E 公司是以 O2O 模式做咖啡的。不同于传统的线下咖啡店，E 公司宣扬线上订购、线下取货以及外送(客户关系)的购物方式，强调了一种"随时随地购买咖啡"的潇洒的生活方式。与传统线下咖啡店不同，E 公司咖啡要求客户在且只能在 App 上点单。这一关键业务的创新，将 E 公司打造成为一款社交软件。

E 公司社交模式的场景设计是"烧钱请用户喝咖啡"，可以认识陌生人。"烧钱请用户喝咖啡"的功能描述如下：任何用户在社交功能开启之后(以短信形式告知)会自动获得 1～N 张免费券，该免费券只能赠送给他人，不可自己使用。当用户想要邀约其他人时，只有先进行免费券赠送，在对方接受后方可开启聊天模式，对方可获得一张免费券去换取饮品。如果有人免费券用完了又不想花钱，也可以设立一个"签到 N 天，在线 N 小时换取免费券"等功能，持续维持用户活性，确保大部分人能够免费交友。这对一般的用户而言应该就可以开启对话了。不过若是很多本身条件较好的用户，"免费券"未必能够"敲开门"。在这种情况下，E 公司可以带入自家潮品，使用户可通过付费购买潮品礼品卡来成功开启交流通道，从而提升邀约的成功率。最终，那些在平台获得极高人气的网红们还可以进行直播互动等。一款咖啡 App 简直玩出了新高度。

从这一角度讲，E 公司咖啡又使用了"诱饵+陷阱"的商业模式：先给用户发放免费咖啡券，让消费者尝到甜头，同时用 App 引流到公司的社群中，企业可以在后续的消费者喝咖啡中赚取利润。

E 公司通过"只能在 App 上下单"的模式，加强用户使用 App 的习惯，并根据消费者的喝咖啡习惯等消息建立消费者画像，以喝咖啡为入口，实际打造了一个年轻人线上交友的 App。从这一角度来讲，E 公司又属于平台型商业模式，如图 9.4 所示。不同的喜好喝咖啡的用户可以通过 E 公司的 App 上送券喝咖啡活动互相认识，从而交友。一个公司的商业模式设计同时使用了三种典型的商业模式类型，可以说是非常优秀了。

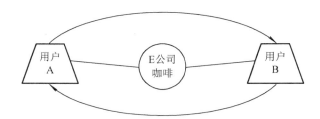

图 9.4　E 公司的双边平台商业模式

结合 E 公司商业模式要素特点以及商业模式要素之间的价值链路走向，可以绘制出 E 公司的商业模式要素之间的交互关系(如图 9.5 所示)。从图中可以看到 3 条典型的价值链路，其商业模式要素之间具有一定的动态一致性。

在 E 公司的商业模式画布中，价值主张包括"随时随地购买咖啡"以及"喝咖啡社交"两个主要方向，关键业务通过"发放优惠券、只能 App 点单"满足"随时随地购买咖啡"的价值主张，同时通过"社交与消费者画像"满足"喝咖啡社交"。另外，渠道通路"App、线下门店"用于满足"线上订购，线下取货、外送"的客户关系。

其入口是"咖啡"，内容可以变成完全不相干的"社交"，这就是 E 公司商业模式创新的独到之处。他们通过价值主张的创新，成功地延长了价值链，生动地再现了"羊毛出在猪身上，狗来买单"的情境。一个商业模式画布身兼"诱饵+陷阱"模式、O2O 模式与平台型商业模式(线上社交、交友平台)，E 公司的商业模式创新带给我们全新的体验(完全超出了消费者的意料),这也正是商业模式创新的魅力所在。

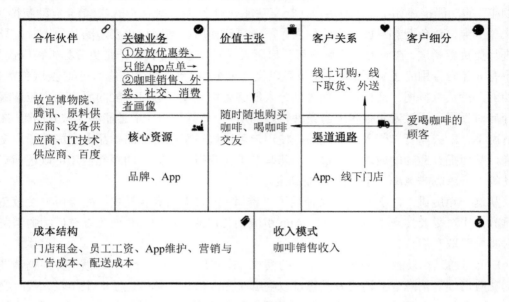

图 9.5　E 公司的商业模式要素之间的交互关系

　　E 公司三种商业模式之间彼此和谐共处而并不矛盾。其实,三种类型的商业模式分别对应于 E 公司的商业模式创新手段(七板斧),该公司分别选择了价值主张、关键业务与渠道通路的创新。价值主张创新是通过喝咖啡交友模式构建了平台,搭接了有喝咖啡习惯的各方用户;关键业务创新中的"发放优惠券→喝咖啡"模式通过释放"优惠券"诱饵吸引消费者,构建起来的是"诱饵+陷阱"模式;渠道通路创新为其构建起 O2O模式。

　　在三种商业模式之间,"诱饵+陷阱"模式吸引用户,O2O 模式方便用户购买咖啡,平台商业模式正式为其搭接起交友平台。三种类型的商业模式彼此各行其是,分层次、分功能地为企业"随时随地购买咖啡、喝咖啡交友"的价值主张服务。E 公司的商业模式满足的是补充型的商业模式设计主题,在当时业已成熟的 F 公司的市场缝隙中求得一席之地。

　　同样做咖啡,F 公司选择了另一种模式。F 公司的商业模式画布绘制如图 9.6 所示。从图中可以看到,F 公司的价值主张是"线下咖啡店、休闲好去处"。他们主要给爱喝咖啡的人提供一个喝咖啡、免费使用 WiFi、商务沟通与交流、学习以及社交的场所。F 公司的门店遍布多个购物中心以及百货商店的大楼。与 E 公司相比,F 公司的商业模式较为传统,就是一个简单的平台型商业模式,为人们社交、学习提供了一个场所。为满足价值主张的需要,F 公司的关键业务为"咖啡销售、线下聊天环境",同时,"线下门店"的渠道通路也为价值主张服务。作为关键业务的直接结果,以"咖啡、面包等产品的销售收入"作为收入模式。在客户关系中,F 公司为了提高客户体验,如果客户喝了半杯咖啡,感觉口感不好,会免费给客户重新冲泡一杯咖啡,直到客户满意为止。

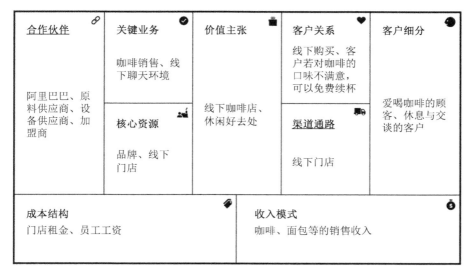

图 9.6　F 公司的商业模式画布

　　F 公司商业模式要素之间的交互关系绘制如图 9.7 所示。从图中可以看出，客户关系、客户细分、关键业务、核心资源、收入模式与渠道通路都为价值主张服务，共有 6 条价值链路指向价值主张。该公司的商业模式要素间动态一致性非常高。

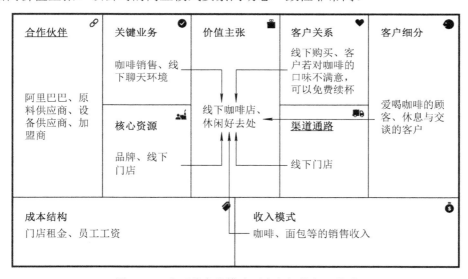

图 9.7　F 公司的商业模式要素之间的交互关系

　　在 F 公司的商业模式创新中，主要采取了渠道通路与合作伙伴创新(七板斧)。其商业模式同时属于平台模式与猎豹型商业模式。猎豹型商业模式助力企业快速扩张，平台模式为商务洽谈、喝咖啡、上网、学习的客户提供平台。二者一个是过程，一个是服务功能，并不矛盾。通过连锁经营的方式，F 公司快速扩张，满足的是效率主导的商业模式设计主题。

　　从 E 公司与 F 公司的两个案例中可以看出，虽然同样是咖啡企业，但不同的商业模式设计，展现出来的主营业务完全不同。这也是为什么在 F 公司已经在咖啡行业深耕多年后，E 公司还可以逆袭的主要原因。

9.3　视频类自媒体平台的商业模式创新

　　G、H、I、J 公司均为视频类自媒体平台企业，他们的平台商业模式一方面连接着视频的内容创作者，另一方面连接着喜欢观看视频的用户，但不同的商业模式要素构成，使四家公司展现出完全不同的特点。

　　其中，G 与 H 公司的商业模式入口是视频创作平台，I 公司的入口是游戏、动漫类视频创作平台，J 公司的产品的入口是微信。G 公司的商业模式画布绘制如图 9.8 所示。

图 9.8　G 公司的商业模式画布

　　从图 9.8 可以看出，G 公司的价值主张为"短视频直播平台"。与价值主张相搭配，客户细分为"短视频创作者、短视频观看者"，是典型的双边平台商业模式。作为平台的监管职能，G 公司确立好平台规则，后台会对视频内容做一定的审核，对不符合平台规则的视频不予支持发布。同时，G 公司也是公域流量平台。作为对价值主张的服务，其关键业务为"为观看短视频提供平台"，而作为关键业务的直接结果，其收入模式包括广告、直播分成、企业号、流量推广等。

　　G 公司商业模式要素之间的交互关系如图 9.9 所示。从图中可以看出，客户关系、客户细分、关键业务、核心资源、收入模式与渠道通路等要素都为价值主张服务，共有 8 条价值链路指向价值主张，G 公司的商业模式要素间动态一致性极高。

　　H 公司的商业模式画布绘制如图 9.10 所示。从图中可以看出，H 公司的价值主张为"中、短视频直播平台"。不同于 G 公司"短视频直播平台"的价值主张，H 公司的平台以"中、短视频"为主。从公司产品的实际运用过程中也可以了解到，H 公司平台的客户较杂；G 公司平台客户以颜值类主播、搞笑类主播、带货类主播、影视短剧介绍类等为主。

H 公司平台客户所包含的内容更多，不仅仅局限于以上门类。

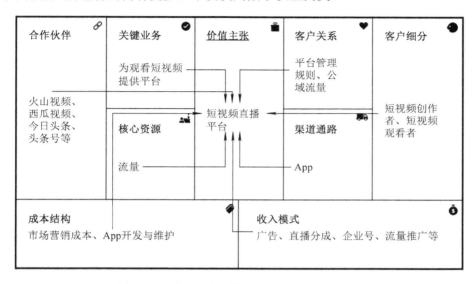

图 9.9　G 公司的商业模式要素之间的交互关系

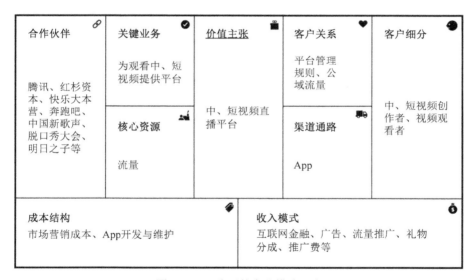

图 9.10　H 公司的商业模式画布

　　与 G 公司平台相类似，作为平台的监管职能，H 公司确立好平台规则，后台会对视频内容做一定的审核，对不符合平台规则的视频会发短消息提醒内容创作者注意，对于模仿明显的内容则不给予分配流量。同样，H 公司也是公域流量平台。作为对价值主张的服务，其关键业务为"为观看中、短视频提供平台"；而作为关键业务的直接结果，其收入模式包括"互联网金融、广告、流量推广、礼物分成、推广费等"。H 公司平台的收入模式、关键业务等要素与 G 公司较为接近。

　　H 公司商业模式要素之间的交互关系如图 9.11 所示。从图中可以看出，客户关系、客户细分、关键业务、核心资源、收入模式与渠道通路等要素都为价值主张服务，共有 8 条价值链路指向价值主张，H 公司的商业模式要素间动态一致性极高。

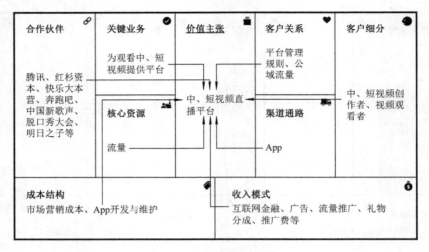

图 9.11　H 公司的商业模式要素之间的交互关系

I 公司的商业模式画布绘制如图 9.12 所示。从图中可以看出，I 公司的价值主张为"搞笑、动漫、内容创作平台"。从这方面看，I 公司的价值主张与 G 公司和 H 公司都不一样。这主要是由于 I 公司的入口不同所致。I 公司的入口更加偏向于动漫和游戏等内容，当然他们也不排斥其他内容。不同于 G 公司和 H 公司，I 公司平台更加适合于中、长视频，而且视频更加偏向于内容类、故事类以及叙述类。I 公司的平台管理规则更加注重版权，若他们发现有 UP 主制作的视频出现疑似抄袭的现象，就会审核，并加以封禁视频处理，问题出现多了，甚至可能会封号。与 G 公司和 H 公司相类似的是，I 公司也是公域流量平台。作为对价值主张的服务，其关键业务为"为观看中长视频提供平台"，而作为关键业务的直接结果，其收入模式包括"游戏的代理运营、UP 主创作分成等"。

图 9.12　I 公司的商业模式画布

I 公司商业模式要素之间的交互关系如图 9.13 所示。从图中可以看出，客户关系、客户细分、关键业务、核心资源、收入模式与渠道通路等要素都为价值主张服务，共有 8 条价值链路指向价值主张，I 公司的商业模式要素间动态一致性极高。

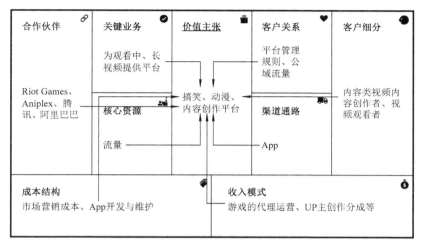

图 9.13　I 公司的商业模式要素之间的交互关系

J 公司的商业模式画布绘制如图 9.14 所示。从图中可以看出，J 公司的价值主张为"朋友圈视频创作平台"。与 G 公司相类似，J 公司产品平台的关键业务同样是"为观看短视频提供平台"，通常，J 公司平台更加偏好 30 秒以内的短视频。作为平台的监管职能，J 公司确立好平台规则，后台会对视频内容做一定的审核，对不符合平台规则的视频会进行封禁处理。但 J 公司平台的审核门槛较低。不同于 G 公司、H 公司与 I 公司，J 公司产品同时满足公域与私域流量特点，除了用户自己推广之外，平台也会给一定的流量。J 公司的客户细分集中于微信客户。作为公众号(合作伙伴)的后端，J 平台的视频内容也可以直接关注公众号，从而打通了公众号与视频内容。其合作伙伴与渠道通路、价值主张的联系非常紧密。作为关键业务的直接结果，其收入模式包括"引流公众号、直播分成等"。

图 9.14　J 公司的商业模式画布

J 公司商业模式要素之间的交互关系如图 9.15 所示。从图中可以看出，客户关系、客户细分、关键业务、核心资源、收入模式与渠道通路等要素都为价值主张服务，共有 8 条价值链路指向价值主张，J 公司的商业模式要素间动态一致性极高。

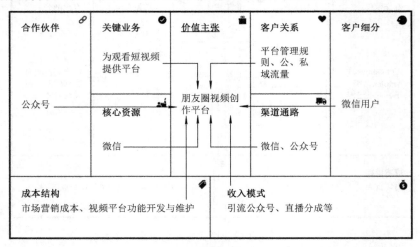

图 9.15　J 公司的商业模式要素之间的交互关系

综合分析四家自媒体视频类公司商业模式，可以发现，四家公司的商业模式都是平台商业模式，他们同时搭接了视频内容的创作者以及另一端的视频内容观看者。其中，G 公司与 J 公司的价值主张都偏向于短视频运营，H 公司与 I 公司的价值主张偏向于中、长视频运营。G 公司、H 公司、I 公司均为公域流量平台，J 公司为公域兼私域流量平台。G 公司、H 公司、I 公司均为独立构建的视频创作平台，而 J 公司是作为微信平台旗下、公众号后端的角色而存在的。J 公司直接将公众号与视频制作平台打通。

总体看来，四家公司除了价值主张、关键业务、收入模式等的细微差别外，整体商业模式没有太多的差异。因此，自媒体视频类平台企业的商业模式总体趋于一致，虽然竞争较为激烈但基本都是同质化竞争。在不同企业的竞争中，商业模式的作用相对较小。

在商业模式创新方面，四家公司都在价值主张方面(七板斧)进行了创新，都属于平台型商业模式。G 公司、H 公司与 I 公司满足的是新颖型的商业模式设计主题，J 公司满足的是补充型的商业模式设计主题。

9.4　自行车企业的商业模式创新

K 公司和 L 公司是两家入口为自行车的企业。K 公司以自行车租赁为主，L 公司仍旧是传统的自行车销售模式。本节从商业模式角度鉴别两家公司的差异。

K 公司的商业模式画布绘制如图 9.16 所示。图中 K 公司的价值主张为"绿色出行解决方案"。他们以"自行车骑行需求者"作为细分客户，为有出行需求的客户提供"自行车租赁服务"(关键业务)。其服务方式是"自助服务"(客户关系)。比较重要的是，K 公司以"互联网金融、自行车租赁租金"作为收入模式，对传统自行车的销售方式进行了一定程度的革新。

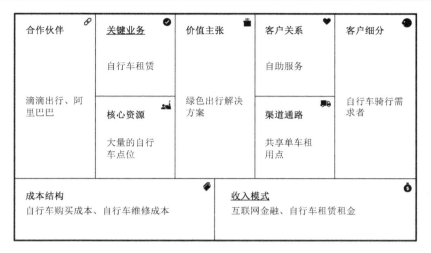

图9.16　K公司的商业模式画布

K公司商业模式要素之间的交互关系如图9.17所示。从图中可以看出，客户关系、客户细分、关键业务、核心资源、收入模式与渠道通路等要素都为价值主张服务，共有7条价值链路指向价值主张，K公司的商业模式要素间动态一致性极高。

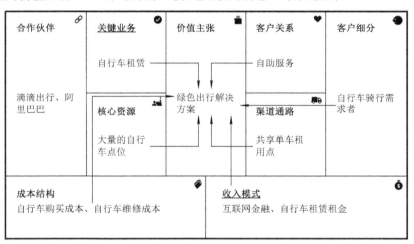

图9.17　K公司的商业模式要素之间的交互关系

K公司的商业模式入口是自行车，但主营业务改成了"以自行车租赁为基础的互联网金融"，他们同样诠释了"羊毛出在猪身上，狗来买单"的商业模式逻辑。从商业模式类型讲，K公司属于平台商业模式，他们的一边搭接了自行车租赁客户，另一边通过互联网金融搭接了有资金使用需求者。

在商业模式创新方面，K公司主要侧重于对收入模式创新(七板斧)。K公司同时属于平台商业模式、猎豹型商业模式与"诱饵+陷阱"模式，其以"诱饵+陷阱"模式通过便宜的自行车租赁(诱饵)吸引消费者交订金(陷阱)，从而可以通过大量的租金做互联网金融生意；其平台模式则负责具体搭接自行车的骑行者与自行车生产商。实现这一构想的过程中，猎豹型商业模式对其进行了加速，便于满足锁定型的商业模式设计主题。

L公司的商业模式画布绘制如图9.18所示。图中L公司的价值主张为"自行车销售"，他们以"自行车骑行需求者"为细分客户，为有出行需求的客户提供"自行车销售"服务(关键业务)，并以"自行车销售收入"为收入模式。L公司的商业模式代表了传统的商业逻辑。

图9.18　L公司的商业模式画布

L公司的商业模式较为传统，表现为传统的自行车销售，并未使用商业模式创新的"七板斧"创新工具。其属于集聚型商业模式，满足的是锁定型的商业模式设计主题。

不同于K公司，L公司通过自行车售卖的模式仍然属于传统的产品逻辑。由K公司的平台逻辑对L公司的产品逻辑，因此在市场上，K公司很快对L公司形成商业模式层面的碾压局面，使得L公司的经营止步不前。

L公司商业模式要素之间的交互关系如图9.19所示。从图中可以看出，客户关系、客户细分、关键业务、核心资源、收入模式与渠道通路等要素都为价值主张服务，共有6条价值链路指向价值主张，K公司的商业模式要素间动态一致性非常高。

与K公司相比，L公司的价值链路少了一条。由于其传统的商业模式特征，商业模式要素间动态一致性并没有K公司高。

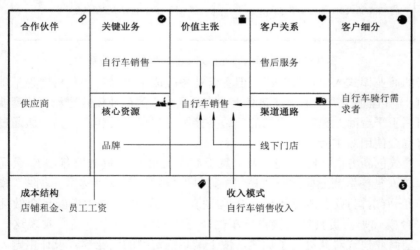

图9.19　L公司的商业模式要素之间的交互关系

两个公司的入口同为自行车，不同的商业模式设计展现出截然不同的商业模式，可见商业模式设计在企业经营管理中的重要作用。

9.5　书店的商业模式创新

传统书店的商业逻辑以出售书籍(价值主张)为目的，将书店打造成书友们安静看书的去处(客户关系)。传统书店比较注重的是所销售书籍的版权问题，因此需要确保与合作伙伴(出版社)的重要联系。传统书店的商业模式并没有太多的创新。其商业模式画布绘制如图 9.20 所示。

图 9.20　K 公司的商业模式画布

然而，随着时代的发展以及相关技术的创新，市面上逐渐出现了电子书，再加上网购以及部分网络小说平台的流行，越来越多的读者选择在网上阅读。而当人们的消费行为习惯转变后，传统的书店商业逻辑就不好做了，市场被极大地挤压，进而导致其盈利空间也被大大压缩。随着消费习惯的转变，书店书籍的最大出口反而成了房地产开发商(房地产开发商购买一定量的书籍用于放置在样板房中展示房屋的装修式样)。传统的书店商业模式属于集聚型商业模式，满足的是锁定型的商业模式设计主题(差异化聚焦战略)。

由于环境的变化，K 公司不得不进行相应的商业模式创新，结合商业模式创新七板斧中的价值主张变革，将原来的"出售书籍"改成"读书、休息、喝咖啡的好去处"，就可让书店起死回生。

K 公司的商业模式变革情形绘制如图 9.21 所示。为配合价值主张的变革，关键业务需要变为"书籍销售、咖啡销售、书籍周边销售"；作为关键业务的结果，其收入模式变为"书籍销售收入、书籍周边、咖啡销售收入"。这样的变动将原本的书籍售卖地变成了可以安静喝咖啡并休闲的地方。同时，一些书籍周边的销售可以丰富企业的收入来源。

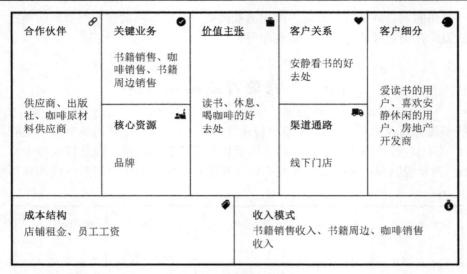

图 9.21　K 公司的商业模式变革

　　K 公司的商业模式要素之间的交互关系如图 9.22 所示。可以看到，共有 7 条价值链路指向价值主张，K 公司商业模式要素之间具有非常高的动态一致性。

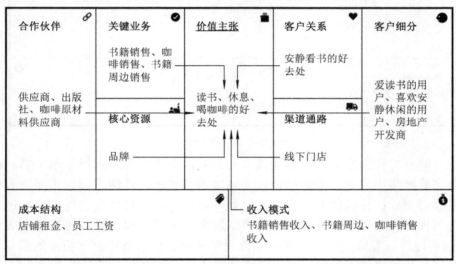

图 9.22　K 公司的商业模式要素之间的交互关系

　　进行商业模式创新后，K 公司的商业模式类型并未发生明显改变。

9.6　百度集团的商业模式创新

　　2000 年 1 月由李彦宏、徐勇两人创立于北京中关村的百度是全球最大的中文搜索引擎。百度致力于向人们提供"简单，可依赖"的信息获取方式。"百度"二字源于中国宋朝词人辛弃疾的《青玉案》诗句："众里寻他千百度"，象征着百度对中文信息检索技术的执著追求。

百度的 Logo "熊掌" 图标来自 "猎人寻迹熊爪" 的形象启发，成为了公司的形象。从开创以来，百度业务主要包括百度搜索、百度网盟服务以及百度营销服务三大块。

随着时间的推移，百度继续扩张发展，形成了包括电子商务、门户网站、服装洗护、视频、搜索、出行、教育、金融等的多业务综合体。百度集团更是被人冠以 BAT 中的 "B"，而成为互联网三大巨头之一。百度各个业务领域如图 9.23 所示。

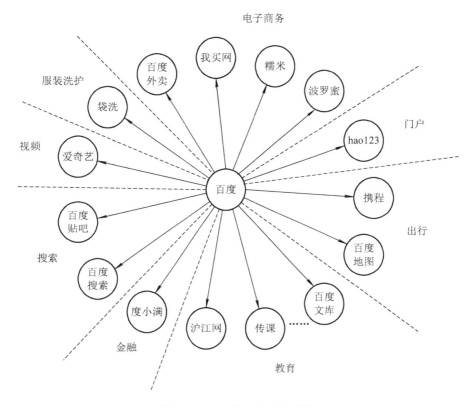

图 9.23　百度的各个业务领域

百度集团的入口是搜索引擎，相比于腾讯的即时通讯和阿里网上购物，其三大传统业务已经不再处于时代的最前沿。能够赶上如今的移动端互联网时代潮流，百度集团已难能可贵。百度集团的商业模式画布绘制如图 9.24 所示。

如前所述，百度集团的价值主张为 "搜索、网络联盟、网络营销推广服务"。为价值主张服务，其关键业务为 "电子商务、门户网站、服装洗护、视频、搜索、出行、教育、金融等"。作为关键业务的结果，其收入模式包括 "网盟推广收益、竞价排名服务、百度营销工具、爱奇艺会员收费、商家定位费等"。其中，竞价排名服务对应于百度搜索的百度竞价排名服务。该服务可以根据商家缴费的多少进行排名，将付费最高的商家在出现相关关键词之后优先呈现出来。百度竞价排名收费是百度的传统盈利来源之一。网盟推广服务作为百度搜索服务的补充和延伸，以 30 多万家优质网站作为推广平台，通过多种定向方式锁定目标人群，并以丰富的样式展示推广信息，可以有效地提升商家的销售额和品牌知名度。百度营销服务主要包括营销决策工具、广告投放工具、站长工具三大块。其中，营销决策工具包括百度数据研究中心、百度指数、百度风云榜、百度统计和百度司南；广告投放工具包括百度搜索推广管理平台、百度推广助手、百度锦囊、网盟 123 和百度创意专家；站长工具包括 Sitemap、广告管家、百度分享和百度商桥。作为百度广告主的增值服务，百度营销服务可以帮助广告主更好地使用百度的商业产品。

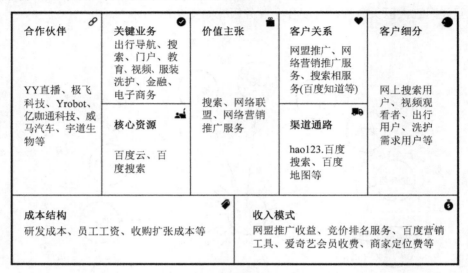

合作伙伴 🔗	关键业务 ✅ 出行导航、搜索、门户、教育、视频、服装洗护、金融、电子商务	价值主张 💼	客户关系 ❤️ 网盟推广、网络营销推广服务、搜索相服务(百度知道等)	客户细分 ⬤
YY直播、极飞科技、Yrobot、亿咖通科技、威马汽车、宇道生物等	核心资源 👤 百度云、百度搜索	搜索、网络联盟、网络营销推广服务	渠道通路 🚚 hao123.百度搜索、百度地图等	网上搜索用户、视频观看者、出行用户、洗护需求用户等
成本结构 🏷️ 研发成本、员工工资、收购扩张成本等		收入模式 💲 网盟推广收益、竞价排名服务、百度营销工具、爱奇艺会员收费、商家定位费等		

图 9.24　百度集团的商业模式画布

百度集团构建的商业生态系统概念模型绘制如图 9.25 所示。从图中可以看到，百度集团以"广告商→百度竞价搜索→消费者"的价值链，通过物流公司(支持百度外卖、我买网、糯米等电商平台的交易)、金融机构(支持度小满)、政府机构等的支持，构建起自己的商业生态圈。

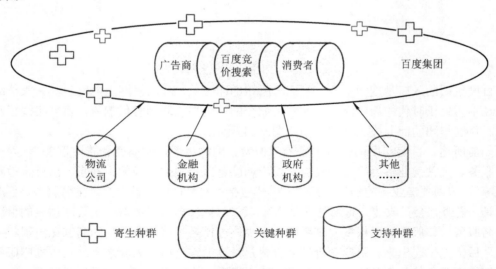

图 9.25　百度集团商业生态系统概念模型

为更好地反映百度商业生态系统的特点，分别以阿里巴巴、腾讯集团的商业生态系统进行对比。阿里巴巴构建的商业生态系统概念模型如图 9.26 所示。

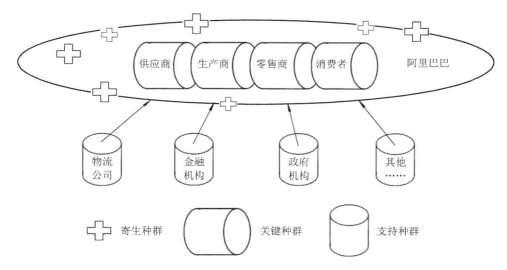

图 9.26　阿里巴巴生态系统概念模型

从图 9.26 中可以看到，阿里巴巴以"供应商→生产商→零售商→消费者"的价值链，通过物流公司(支持淘宝、1688、闲鱼、淘宝、天猫、速卖通等平台的交易)、金融机构(支持以支付宝、余额宝为基础的阿里巴巴移动支付服务)、政府机构等的支持，构建起自己的商业生态圈。

腾讯集团构建的商业生态系统概念模型如图 9.27 所示。

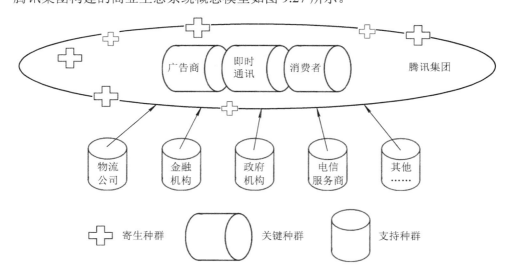

图 9.27　腾讯集团生态系统概念模型

从图 9.27 中可以看到，腾讯以"广告商→即时通讯→消费者"的价值链，通过物流公司(支持拍拍、QQ 团购等平台的交易)、电信服务商(支持 QQ、微信等即时通信工具的正常通讯需要)、金融机构(支持以微信、零钱通为基础的腾讯移动支付服务)、政府机构等的支持，构建起自己的商业生态圈。

通过图 9.25 与图 9.26、图 9.27 的对比可以看到，百度与腾讯、阿里巴巴商业生态系统最大的不同来自于其商业入口，分别为搜索服务、即时通讯和网购。这也是决定百度商业生态系统结构以及商业模式走向的决定性因素。

根据第五章的定义，百度、腾讯与阿里巴巴集团都是广阔草原型商业生态系统。其平台提供者本身的业务是具有海量顾客的大众化网络产品，因而对各类提供补充产品的潜在网络成员企业具有极为显著的吸引力。由于核心企业只提供某种基本利益(如信息检索)，对各种缝隙型企业而言，存在一个广泛的可供选择的价值增值方向。因此，这类平台具有很大的物种容纳力，搭接机构的产业分布极广，平均规模不大，但各有其生机，这样的成员结构形成了一个地域广阔的草原生态系统。

9.7　字节跳动的商业模式创新

在 BAT 雄踞互联网市场的时候，原本名不见经传的字节跳动是如何杀出一条血路，占据互联网市场的第四把交椅的？

要解答以上问题，就需要对字节跳动的商业模式进行分析。

北京字节跳动科技有限公司成立于 2012 年 3 月，是最早将人工智能应用于移动互联网场景的科技企业之一。公司以建设"全球创作与交流平台"为愿景。字节跳动公司最广为人知的是其旗下的明星产品抖音(短视频类自媒体平台)、今日头条(以图文自媒体消息为主)等自媒体平台。字节跳动各个业务领域图绘制如图 9.28 所示。

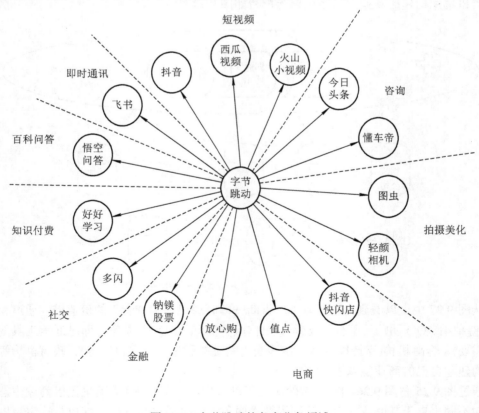

图 9.28　字节跳动的各个业务领域

从图 9.28 可以看出，字节跳动的业务领域主要包括电商、金融、社交、拍摄美化、知识付费、百科问答、即时通讯、短视频、咨询等领域。现如今的字节跳动，业务领域横跨多个行业，成为了名副其实的商业巨头。

字节跳动的商业模式画布绘制如图 9.29 所示。

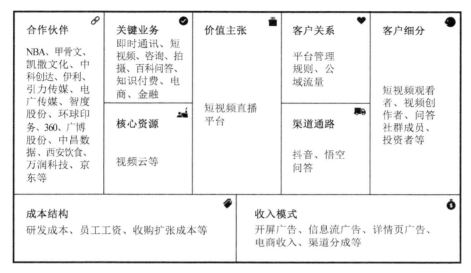

图 9.29　字节跳动的商业模式画布

从图 9.29 可以看出，字节跳动的价值主张是"短视频直播平台"，其拳头产品就是大家所熟知的抖音。我们之前讲到过，短视频直播平台的平台管理规则和流量运作体系是其平台运作的规则(客户关系)。成为了跨行业的商业巨头之后，字节跳动的业务领域跨越了众多行业领域，包括电商、金融、社交、拍摄美化、知识付费、百科问答、即时通讯、短视频、咨询等(关键业务)。类似于阿里云、腾讯云和百度云，作为核心资源的视频云可以为短视频平台不卡顿以及平稳运营提供支持。

在字节跳动的商业模式画布中，尤其值得注意的是其收入来源，包括"开屏广告、信息流广告、详情页广告、电商收入、渠道分成等"。由于字节跳动的商业入口是短视频平台，其收入来源也有着自己的特点。

其中，开屏广告是一个软件打开时候的广告，是在线推广的一种投放方式。开屏广告有三大优点：

(1) 刚刚好的开屏展示时机，人们往往会对第一眼看到的事物留下深刻的印象，开屏广告利用这一效应，在 App 启动时抓住用户第一眼，聚焦注意力；

(2) 开屏展示能有效获取优质客户，通过人口属性、用户行为等丰富的定向体系，来实现广告的精准投放；

(3) 开屏展示全屏可点击，品效兼得，开屏展示广告以 App 启动作为曝光时机，为品牌获得充分曝光取得充分条件，5 秒的可感知展示，为用户提供了更多的互动空间。

信息流广告是位于社交媒体用户的好友动态或者资讯媒体和视听媒体内容流中的广告。信息流广告的形式有图片、图文、视频等，其特点是算法推荐、原生体验，可以通过标签进行定向投放，根据自己的需求选择推曝光、落地页或者应用下载等，最后的效果取决于创意＋定向＋竞价三个关键因素。

宝贝的详情页广告通常是针对店铺装修来说的。详情页指的是卖家所出售商品的主图页面。详情页广告是卖家推广商品的重要手段，一个好的详情页广告，可以提高宝贝的支付转化率，并且可以让客户更好地、更详细地了解产品。抓住客户心理的详情页广告，可以帮助买家更加理性地购买商品，减少商品的退款率。

电商收入分成则是在卖家的每一单电商收益中收取提成。渠道分成主要指商品代卖及挂售相关产品产生的盈利分成，如通过内置京东特供入口营利。微信公众号也有类似的渠道分成营利方式。

为更好地理解字节跳动的商业模式，需要将其放在商业生态系统的角度看，字节跳动的生态系统概念模型绘制如图 9.30 所示。

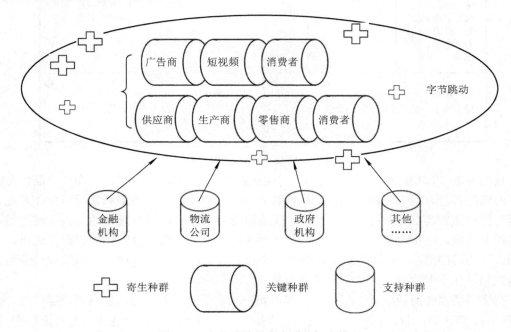

图 9.30　字节跳动的生态系统概念模型

在图 9.30 中可以看到，作为关键种群的字节跳动共有两条价值链路，即"广告商→短视频→消费者"与"供应商→生产商→零售商→消费者"，通过金融机构(支持钠镁股票的交易需要)、物流公司(支持放心购、值点、抖音快闪店等平台的交易)、政府机构等的支持，构建起自己的商业生态圈。

对比图 9.25、图 9.26 和图 9.27，可以看到，不同于百度集团、阿里巴巴、腾讯集团的单一价值链路，字节跳动以双价值链路作为关键种群，兼具阿里和腾讯价值链路的特点，以短视频平台培养消费者刷短视频的新习惯。从 BAT 都没有顾及到的短视频平台为切入口，是字节跳动获取成功的重要原因(剑走偏锋)。

根据第 5 章的定义，字节跳动也是广阔草原型商业生态系统。其平台提供者本身的业务是具有海量顾客的大众化网络产品，因而对各类提供补充产品的潜在网络成员企业具有极为显著的吸引力。

9.8　"十布一泉"的商业模式创新

在 2017 年两会上，张建国委员就曾提出要增加钱币文化在中小学历史教学中比重。2021 年古钱币研究专家再次提出钱币文化进教材、进校园、进课堂的提案。古钱币文化传播对于宣传我国传统文化，增加人们的文化自信以及小孩子的财商教育都是大有裨益的。

基于以上考虑，"十布一泉"本着弘扬钱币文化、普及钱币知识为宗旨，引导泉友(钱币收藏者被称作"泉友")更好地进行投资和收藏，同时针对不同古钱币玩家日益增长的个性化需求，提供相应的个性化的客户需求解决方案以及最优的线上交易体验。

9.8.1　"十布一泉"商业模式的动态设计

"十布一泉"考虑成本聚焦战略，因此，选择补充型的商业模式设计主题，在此设计下，选择顾客型商业模式，借助微信公众号、微信视频号、抖音、快手、哔哩哔哩、百度贴吧视频号、喜马拉雅等平台展开推广，让更多人看到钱币收藏的传统文化，向更多人宣传钱币知识。为了成功打造自媒体矩阵，各个平台多开账号以增加流量，为顾客型商业模式构建打造基础。"十布一泉"的商业模式画布如图 9.31 所示。

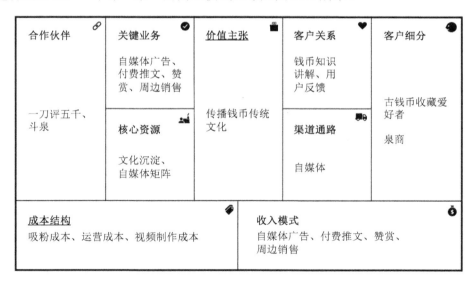

图 9.31　"十布一泉"的商业模式画布

"十布一泉"商业模式的核心是"传播钱币传统文化"的价值主张。为达成目标需要结合低成本运营，用降低成本的方式，完成补充型商业模式设计的预期。

对已存在的钱币公众号的调查分析显示，存在大量劣质的古钱币文案输出。因此"十布一泉"致力打造传播专业知识的自媒体账号，以有效减少人们对古钱币文化的误解，从艺术角度讲收藏，也希望能够与广大泉友共同交流、进步，满足客户了解钱币文化以及钱币收藏的需求。具体而言，"十布一泉"从以下两个方面着手进行商业模式设计：

其一，从普及古钱币各大版块分类以及品相、包浆、字口等概念，到传授辨别古钱币真伪的鉴定技术和方法，给予新手们更多的知识与经验，从而避免"吃药"(行话，指买到假货)；其二，根据历代古钱币的特点，讲解相关的历史文化知识，宣传我国的古钱币传统文化，同时增加人们的文化自信与文化认同感。

在贫乏型商业模式(满足补充型的商业模式设计主题)的构建中，最关键的是降低成本，以低成本的方式运营和传播我国古钱币传统文化；同时，开展多项营利点，包括自媒体广告、付费推文、赞赏、周边销售，慢慢拓展快手的"帮卖""付费视频""磁力聚星"等功能，以维系平台的正常运行。

在自媒体的运营过程中，"十布一泉"与自媒体文化传播者"一刀评五千"自媒体创作者合作，同时与钱币收藏与交易平台"斗泉"合作，以扩大自媒体账号的影响。

"十布一泉"商业模式要素之间的交互关系如图9.32所示。从图中可以看出，在商业模式要素中，关键业务与渠道通路服务于成本结构，客户细分服务于价值主张，客户关系服务于成本结构。图中共有4条价值链路，可见"十布一泉"的商业模式具备一定的动态一致性。

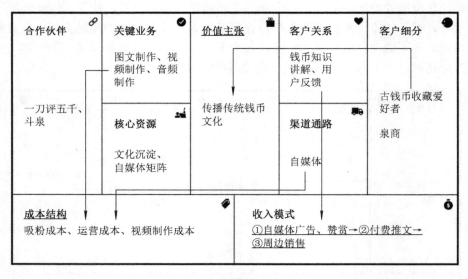

图9.32　"十布一泉"的商业模式要素之间的交互关系

"十布一泉"商业模式要素之间的动态一致性不是非常高，其主要原因在于，"十布一泉"并不是单一的商业模式要素创新，价值主张与成本结构的双因素创新，给商业模式创新带来了复杂性。因此，在要素之间的交互关系中，需要有一部分要素服务于成本结构，同时还要有一部分要素服务于价值主张，从而分散了要素之间的动态一致性。商业模式要素之间的动态一致性并不是衡量企业商业模式设计好坏的唯一标准，因为有些简单的商业模式设计，其要素间动态一致性较高，而在复杂的商业模式设计情形中，要素之间的动态一致性会受到业务分流的影响。因此，商业模式要素之间的动态一致性更多的作用在于对商业模式设计进行参考，在一定程度上反映企业商业模式的执行效率。

　　进一步绘制"十布一泉"商业模式要素之间的影响图(如图 9.33 所示)，可以加深对要素之间的交互作用关系的理解。可以看到，作为价值主张的"传播传统钱币文化"分别与合作伙伴"斗泉""一刀评五千"存在正向的交互作用，而"文化积淀"和"自媒体矩阵"的核心资源则对价值主张存在正向的促进作用。作为关键业务的"视频制作"成为连接价值主张与各个渠道通路的中介因素(视频制作也是"十布一泉"成本的重要来源)。

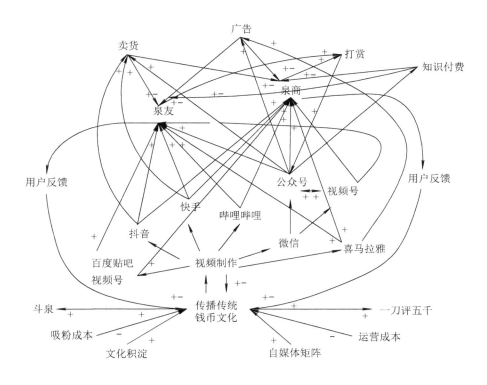

注：图中的"＋"表示正向影响；"-"表示负向影响。

图 9.33　"十布一泉"商业模式要素之间的影响图

　　然而，作为渠道通路的"抖音""快手""百度贴吧视频号""哔哩哔哩""喜马拉雅""微信公众号""微信视频号"等自媒体平台则成为"十布一泉"影响客户细分"泉友""泉商"的中介因素(以上种种的渠道通路可以为客户细分提供钱币知识讲解以及钱币涨跌预测，因此，它们均对客户细分产生正向的影响)。特别需要注意的是，视频号与公众号同处于腾讯旗下的微信平台之上，微信已经打通了二者之间的联系，因此微信公众号与微信视频号之间有着双向的正向影响。从客户关系的"用户反馈"来看价值主张对客户细分的影响，可以不断提升"十布一泉"的内容生产能力。从图 9.33 还可以看出，不同渠道影响到的用户通常会对"十布一泉"产生正向或负向两种影响。因为任何内容讲解都不会让所有读者满意，存在一些不同意见以及负向反馈是正常的，而正向反馈则更多地来自于"泉友""泉商"对自媒体内容的肯定。

　　作为成本结构的"吸粉成本""运营成本"与"视频制作成本"对价值主张的负向影响是易于理解的，毕竟成本是盈利的反面。而作为收入来源(体现收入模式特点)的"卖货""打赏""广告"与"知识付费"则在不同渠道通路中有着不同的表现。其中，抖音、快手可以作为直播卖货的平台，微信公众号则兼具四种盈利能力，喜马拉雅的盈利主要来自于广告收益，百度贴吧视频号和哔哩哔哩则暂时尚未盈利。收入来源中的"打赏"是客户主动行为，是泉友或泉商对内容满意后才进行的，因此，打赏行为对公众号有着正向影响。"卖货"通常会对抖音、快手、公众号产生正向或负向的两种影响，原因很简单，正向还是负向影响主要取决于客户对购买产品的满意程度。而"广告"这个收入来源同样会对各个渠道通路产生正向或负向的两种影响。因为，对精准用户来说，广告是加分项，对不需要这类产品的广告而言，过多或过度的广告则影响了客户的可读性，从而会产生一定程度的用户逆反和排斥心理(广告过于频繁的时候，甚至会掉粉)。知识付费对渠道的影响与广告类似，由于需要客户付款观看内容，则会有一定的用户感觉不值，进而影响到用户体验。

　　在商业模式创新方面，价值主张与成本结构方面是"十布一泉"的创新重点(七板斧)。贫乏型的商业模式使其不得不依靠其他自媒体平台以图进一步发展，其满足的是补充型的商业模式设计主题，其优势在于低成本。知识类自媒体，尤其是传统文化部分时效性较低，比较适合于长期发展，这点与低成本运营匹配得相当好。

9.8.2　"十布一泉"商业模式的分拆

　　对于多产品系列以及较复杂的商业模式，通常可以采用"分拆法"剥离各个细分产品的商业模式，从而加深对目标企业商业模式的理解。图9.34为"十布一泉"的商业模式分拆示意图。从图中可以看出，根据不同的业务类型，可以将"十布一泉"的商业模式分别划分为视频类、音频类与图文类商业模式三种。

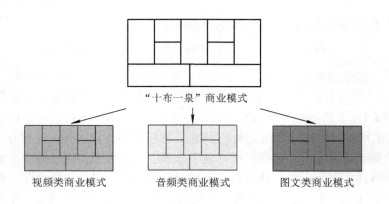

图9.34　"十布一泉"的商业模式分拆示意图

　　结合"十布一泉"的业务领域，视频类商业模式画布绘制如图9.35所示。需要注意的是，视频类商业模式的主要特征是渠道通路为"快手""抖音""哔哩哔哩""微信视频号"与"百度贴吧视频号",而关键业务(卖货、视频制作)与价值主张(古钱币视频内容分享与交流)则分别体现出视频平台特征。此外,视频类业务的收入来源则为卖货收入。

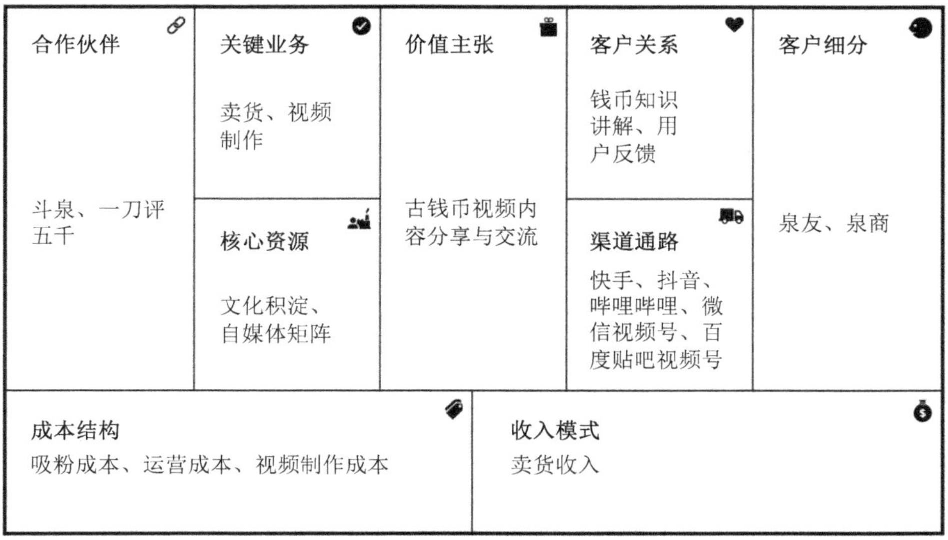

合作伙伴	关键业务	价值主张	客户关系	客户细分
斗泉、一刀评五千	卖货、视频制作	古钱币视频内容分享与交流	钱币知识讲解、用户反馈	泉友、泉商
	核心资源 文化积淀、自媒体矩阵		渠道通路 快手、抖音、哔哩哔哩、微信视频号、百度贴吧视频号	
成本结构 吸粉成本、运营成本、视频制作成本			收入模式 卖货收入	

图 9.35　视频类商业模式画布

音频类商业模式画布绘制如图 9.36 所示,其渠道通路为"喜马拉雅",匹配着"音频制作"的关键业务、"古钱币音频内容分享与交流"的价值主张与"广告收益"的收入模式。

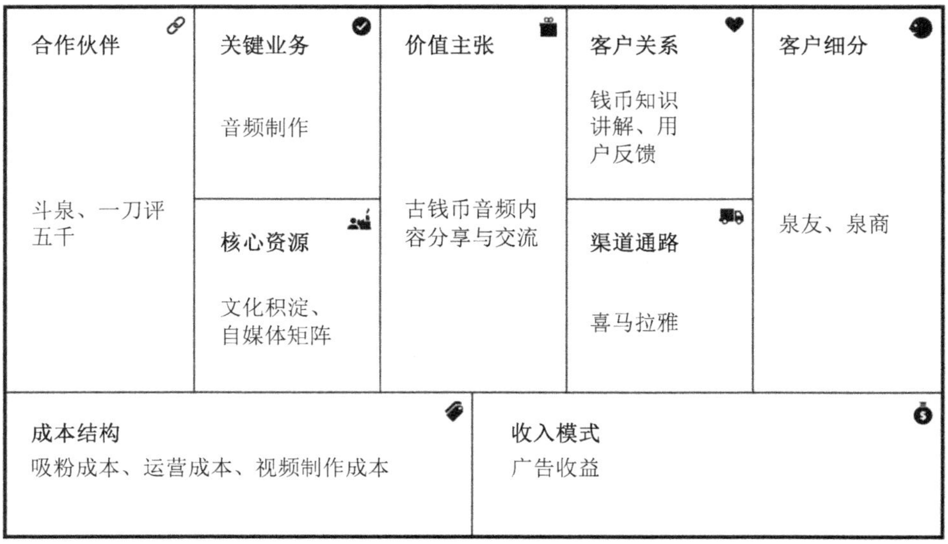

合作伙伴	关键业务	价值主张	客户关系	客户细分
斗泉、一刀评五千	音频制作	古钱币音频内容分享与交流	钱币知识讲解、用户反馈	泉友、泉商
	核心资源 文化积淀、自媒体矩阵		渠道通路 喜马拉雅	
成本结构 吸粉成本、运营成本、视频制作成本			收入模式 广告收益	

图 9.36　音频类商业模式画布

图文类商业模式画布绘制如图 9.37 所示。

图 9.37 图文类商业模式画布

图文类商业模式的渠道通路为"公众号",匹配"卖货、图文制作"的关键业务、"古钱币图文内容分享与交流"的价值主张与"卖货收入"(微店卖货或公众号平台商品返佣)、"广告收益"(微信公众号的流量主功能)、"知识付费"(付费推文)、"打赏"(公众号原创推文)的收入来源。

结合图 9.35 至图 9.37,拆分后的各个业务领域的商业模式画布更便于理解"十布一泉"整体的商业模式与各个业务领域之间的关系。

本章课件资源

参 考 文 献

[1]   AMIT R，ZOTT C. Value creation in e-business[J]. Strategic Management Journal，2001(6/7)：
       493-520.

[2]   ANDERSON J C，NARUS J A，VAN ROSSUM W. Customer value propositions in business
       markets[J]. Harvard Business Review，2006(3)：91-99.

[3]   BURGI P，VICTOR B，JODY L. Case study: modeling how their business really works
       prepares managers for sudden change [J]. Strategy & Leadership，2004(2)：28-35.

[4]   CASADESUS-MASANELL R，LLANES G Mixed source[J]. Management Science，2011(7)：
       1212-1230.

[5]   CASADESUS-MASANELL R，ZHU F. Business model innovation and competitive imitation:
       the case of Sponsor-based business models[J]. Strategic Management Journal，2013(4)：464-482.

[6]   CHATAIN O. Value creation, competition and performance in Buyer-supplier relationships[J].
       Strategic Management Journal，2010(1)：76-102.

[7]   CHESBROUGH H W，SHAN S，FINN M，et al. Business models for technology in the
       developing world: The role of non-governmental organizations[J]. California Management
       Review，2006(3)：48-61.

[8]   CHESBROUGH H. Business model innovation: it's not just about technology anymore[J].
       Strategy&Leadership，2007(6)：12-17.

[9]   CHESBROUGH H. Business model innovation: opportunities and barriers[J]. ong Range
       Planning，2010(2/3)：354-363.

[10]   CHESBROUGH H，ROSENBLOOM R S. The role of the business model in capturing
       value from innovation: evidence from Xerox Corporation's technology spin-off
       companies[J]. Industrial and Corporate Change，2002(3)：529-555.

[11]   DEEPHOUSE D L. Does isomorphism legitimate[J]. The Academy of Management Jounal,
       1996，39(4)：1024-1039.

[12]   DEMIL B，LECOCQ X. Business models evolution towards a dynamic consistency view
       of strategy[J]. Universia Business Review，2009(23)：86-107.

[13]   DEMIL B，LECOCQ X. Business model evolution：In search of dynamic onsistency[J].
       Long Range Planning，2010：227-246.

[14]   DESYLLAS P，SAKO M. Profiting from business model innovation: Evidence from
       Pay-As-You-Drive auto insurance[J]. Research Policy，2013：101-116.

[15]   FJELDSTAD Ø D，KETELS C H M. Competitive advantage and the value network
       configuration[J]. Long Range Planning，2006(2)：109-131.

[16]   FLIGSTEIN N. Social skill and the theory of fields[J]. Sociological Theory, 2001，19(2)：
       105-125.

[17]   FREEMAN R E，WICKS A C，PARMAR B. Stakeholder theory and'the corporate objective

revisited'[J]. Organization Science, 2004(3): 364-369.

[18]　GAMBARDELLA A, MCGAHAN A M. Business-Model innovation: General purpose technologies and their implications for industry structure[J]. Long Range Planning, 2010(2/3): 262-271.

[19]　GIROTRA K, NETESSINE S. Four paths to business model innovation[J]. Harvard Business Review, 2014: 98-103.

[20]　GLIMSTEDT H, LAZONICK W, XIE H. The evolution and allocation of employee stock options: Adapting US-style compensation to the Swedish model[J]. European Management Review, 2006: 156-176.

[21]　GREENWOOD R, SUDDABY R, HININGS C R. Theorizing Change: The role of Professional Associations in the Transformation of Institutionalized Fields[J]. Academy of Management Journal, 2002, 45(1): 58-80.

[22]　HAMEL G. Leading the Revolution[M]. Boston: Harvard Business School Press, 2001.

[23]　HANNAN M T, FREEMAN J. The population ecology of organizations[J]. American Journal of Sociology, 1977: 929-964.

[24]　HUSTED B W, ALLEN D B. Strategic corporate social responsibility and value creation among large firms lessons from the Spanish experience[J]. Long Range Planning, 2007(6): 594-610.

[25]　SHARON D J, LEIBLEIN M J, LU S. How firms capture value from their innovations[J]. Journal of Management, 2013(5): 1123-1155.

[26]　JOHNSON M W, CHRISTENSEN C C, KAGERMAN H. Reinventing your business model[J]. Harvard Business Review, 2008(12): 51-59.

[27]　LANDAU C, BOCK C. Value creation through vertical intervention of corporate centres in single business units of unrelated diversified portfolios-The case of private equity firms[J]. Long Range Planning, 2013(1/2): 97-124.

[28]　LEE C K, HUNG S C. Institutional entrepreneurship in the informal economy: china's shan-zhai mobile phones[J]. Strategic Entrepreneurship Journal, 2014, 8(1): 16-36.

[29]　MACDONALD G, RYALL M D. How do value creation and competition determine whether a firm appropriates value? [J]. Management Science, 2004(10): 1319-1333.

[30]　MAGRETTA J. Why business models matter[J]. Harvard Business Review, 2002: 3-8.

[31]　MORRIS M H, Shirokova G, Shatalov A. The business model and firm performance: The case of Russian food service ventures[J]. Journal of Small Business Management, 2013(1): 46-65.

[32]　MORRIS M, SCHINDEHUTTE M, ALLEN J. The entrepreneur's business model: Toward a unified perspective[J]. Journal of Business Research, 2005(6): 726-735.

[33]　OSTERWALDER A, PIGNEUR Y, TUCCI C L. Clarifying business models: Origins, present, and future of the concept [J]. Communications of the Association for Information Systems, 2005: 1-25.

[34]　PENROSE E T. The Theory of the Growth of the Firm[M]. New York: John Wiley, 1959.

[35]　PRIEM R L. A consumer perspective on value creation[J]. Academy of Management

Review，2007(1)：219-235.

[36] REYDON T A C，SCHOLZ M. Why organizational ecology is not a darwinian research program[J]. Philosophy of the Social Sciences，2009(3)：408-439.

[37] SCHWEIZER L. Evolution and dynamics of business models in the German biotechnology industry[J]. Biotechnology，2006(3/4)：265-284.

[38] SCOTT W R. Institutions and Organizations[M]. Thousand Oaks, CA: Sage，1995.

[39] SETH A，SONG K P，PETTIT R R. Value creation and destruction in cross-border acquisitions: An empirical analysis of foreign acquisitions of U.S. firms[J]. Strategic Management Journal，2002(10)：921-940.

[40] SINFIELD J V，CALDER E，MCCONNELL B，et al. How to identify new business models[J]. MIT Sloan Management Review，2012(2)：85-90.

[41] SUCHMAN M C. Managing Legitimacy: Strategic and Institutional Approaches[J]. Academy of Management Review，1995，20(3)：571-610.

[42] TEECE D J. Business models,business strategy and innovation[J]. Long Range Planning，2010：172-194.

[43] VERWAAL E，COMMANDEUR H，VERBEKE W. Value creation and value claiming in strategic outsourcing decisions: A resource contingency perspective[J]. Journal of Management，2009(2)：420-440.

[44] WEILL P，VITALE M R. Place to Space[M]. Boston: Harvard Business School Press，2001.

[45] YUNUS M，MOINGEON B，LEHMANN-ORTEGA L. Building social business models: Lessons from the Grameen experience[J]. Long Range Planning，2010(2/3)：308-325.

[46] ZOTT C，AMIT R. Business model design：An activity system perspective[J]. Long Range Planning，2010：216-226.

[47] 奥斯特瓦尔德，皮尼亚. 商业模式新生代[M]. 王帅，毛心宇，等编译，北京：机械工业出版社，2014.

[48] 波特. 竞争优势[M]. 陈小悦，编译，北京：华夏出版社，2005.

[49] 蔡宁，贺锦江，王节祥. "互联网＋"背景下的制度压力与企业创业战略选择[J]. 中国工业经济，2017，(3)：174-192.

[50] 曾萍，宋铁波. 基于内外因素整合视角的商业模式创新驱动力研究[J]. 管理学报，2014(7)：989-996.

[51] 陈宇科，喻科，孟卫东. 基于价值网的纵向合作创新网络建设：以重庆汽车产业为例[J]. 科学学与科学技术管理，2009(2)：55-60.

[52] 丁蔓. 论权利的合法性与组织结构变革厅[J]. 南京社会科学，2006(5)：72-77.

[53] 龚丽敏，江诗松，魏江. 试论商业模式构念的本质、研究方法及未来研究方向[J]. 外国经济与管理，2011(3)：1-8.

[54] 哈南，弗里曼. 组织生态学[M]. 李熙，编译. 北京：科学出版社，2014.

[55] 韩松，蔡剑. 基于社交网站商业模式服务集成的价值创造研究[J]. 管理评论，2013(7)：20-27.

[56] 侯杰，陆强，石涌江，等. 基于组织生态学的企业成长演进：有关变异和生存因素的

案例研究[J]. 管理世界，2011(12)：116-130.

[57] 胡保亮. 商业模式创新、技术创新与企业绩效关系：基于创业板上市企业的实证研究[J]. 科技进步与对策，2012(3)：95-100.

[58] 胡岗岚，卢向华，黄丽华. 电子商务生态系统及其演进路径[J]. 经济管理，2009，31(6)：110-116.

[59] 江积海. 国外商业模式创新中价值创造研究的文献述评及展望[J]. 经济管理，2014(8)：187-199.

[60] 姜大鹏，和炳全. 顾客价值与持续竞争优势[J]. 商业研究，2005(6)：18-20.

[61] 金杨华，潘建林. 基于嵌入式开放创新的平台领导与用户创业协同模式：淘宝网案例研究[J]. 中国工业经济，2014(2)：148-160.

[62] 卡麦兹. 建构扎根理论：质性研究实践指南[M]. 边国英，编译. 重庆：重庆大学出版社，2009.

[63] 雷英杰，张善文，李续武，等. MATLAB 遗传算法工具箱及应用[M]. 西安：西安电子科技大学出版社，2005.

[64] 李东. 面向进化特征的商业生态系统分类研究：对 33 个典型核心企业商业生态实践的聚类分析[J]. 中国工业经济，2008(11)：119-129.

[65] 李东，王翔，张晓玲，等. 基于规则的商业模式研究：功能、结构与构建方法[J]. 中国工业经济，2010(9)：101-111.

[66] 李飞. 企业成长路径与商业模式的动态演进研究[D]. 天津：天津大学博士论文，2010.

[67] 李飞，米卜，刘会. 中国零售企业商业模式成功创新的路径：基于海底捞餐饮公司的案例研究[J]. 中国软科学，2013(9)：97-111.

[68] 李长云. 创新商业模式的机理与实现路径[J]. 中国软科学，2012(4)：167-176.

[69] 刘洁. 基于协同演进的企业发展研究[D]. 太原：山西大学博士论文，2010.

[70] 刘鲁川，陈禹. 企业生态位与电子商务建设[J]. 软科学，2006，20(5)：131-134.

[71] 罗珉，李亮宇. 互联网时代的商业模式创新：价值创造视角[J]. 中国工业经济，2015，(1)：95-107.

[72] 罗小鹏，刘莉. 互联网企业发展过程中商业模式的演进[J]. 经济管理，2012(2)：183-192.

[73] 吕鸿江，程明，李晋. 商业模式结构复杂性的维度及测量研究[J]. 中国工业经济，2012(11)：110-122.

[74] 孟庆红，戴晓天，李仕明. 价值网络的价值创造、锁定效应及其关系研究综述[J]. 管理评论，2011(12)：139-147.

[75] 司春林. 商业模式创新[M]. 清华大学出版社，2013.

[76] 宋春光，李长云. 基于顾客价值的商业模式系统构建：以移动信息技术为主要视角[J]. 中国软科学，2013(7)：145-153.

[77] 苏江华，李东. 商业模式的成型机理、类型划分与演进路径：基于中国战略新兴产业中 439 家企业的实证分析[J]. 南京社会科学，2011(12)：28-35.

[78] 苏晓华，王科. 转型经济中新兴组织场域的制度创业研究：以中国 VC/PE 行业为例[J]. 中国工业经济，2013(05)：148-160.

[79] 仝允桓，邵希，陈晓鹏. 生命周期视角下的金字塔底层创新策略选择：一个多案例研

究[J]. 管理工程学报，2011(4)：36-43.

[80] 王凤彬，刘松博. 联想集团"波形"轨迹下的组织演进："试误式学习"惯例与组织可塑性的交互作用[J]. 中国工业经济，2012(3)：121-133.

[81] 王俊. 利相关者视角的完善型制度创业机制研究[D]. 浙江工商大学，2015.

[82] 王茜. IT驱动的商业模式创新机理与路径研究[J]. 管理学报，2011(1)：126-132.

[83] 王琴. 基于价值网络重构的企业商业模式创新[J]. 中国工业经济，2011(1)：79-88.

[84] 王伟毅，李乾文. 创业视角下的商业模式研究[J]. 外国经济与管理，2005(11)：32-40.

[85] 王翔，李东，后士香. 商业模式结构耦合对企业绩效的影响的实证研究[J]. 科研管理，2015(7)：96-104.

[86] 王晓明，谭杨，李仕明，等. 基于"要素-结构-功能"的企业商业模式研究[J]. 管理学报，2010(7)：976-981.

[87] 王雪冬，董大海. 国外商业模式表达模型评介与整合表达模型构建[J]. 外国经济与管理，2013(4)：49-61.

[88] 王砚羽，谢伟. 基于传染病模型的商业模式扩散机制研究[J]. 科研管理，2015(7)：10-18.

[89] 王迎军，韩炜. 新创企业成长过程中商业模式的构建研究[J]. 科学学与科学技术管理，2011(9)：51-58.

[90] 魏江，刘洋，应瑛. 商业模式内涵与研究框架建构[J]. 科研管理，2012(5)：107-114.

[91] 魏武挥. 社群经济与粉丝经济[J]. 创业邦，2014，(8)：24.

[92] 翁君奕. 介观商务模式：管理领域前"纳米"研究[J]. 中国经济网络，2004(1)：34-40.

[93] 吴晓波，朱培忠，吴东，等. 后发者如何实现快速追赶：一个二次商业模式创新和技术创新的共演模型[J]. 科学学研究，2013(11)：1726-1735.

[94] 吴瑶，葛殊. 科技企业孵化器商业模式体系构建与要素评价[J]. 科学学与科学技术管理，2014(4)：163-170.

[95] 夏清华，娄汇阳. 商业模式刚性：组成结构及其演进机制[J]. 中国工业经济，2014(8)：148-160.

[96] 项国鹏，韩思源. 资源环境约束下"浙商"企业商业模式创新：CESS价值创造模型及典型案例[J]. 商业经济与管理，2008(6)：3-8.

[97] 项国鹏，胡玉和，迟考勋. 国外制度创业研究前沿探析与未来展望[J]. 外国经济与管理，2011(5)：1-8.

[98] 项国鹏，阳恩松. 国外制度创业策略理论探析及未来展望[J]. 科技进步与对策，2013，30(13)：154-159.

[99] 项国鹏，杨卓，罗兴武. 价值创造视角下的商业模式研究回顾与理论框架构建：基于扎根思想的编码与提炼[J]. 外国经济与管理，2014(6)：32-41.

[100] 项国鹏，张志超，罗兴武. 利益相关者视角下开拓型制度创业机制研究--以阿里巴巴为例[J]. 科技进步与对策，2017，34(2)：9-17.

[101] 项国鹏，周鹏杰. 商业模式对零售企业绩效的影响：基于顾客价值创造视角的分析[J]. 广东商学院学报，2013(1)：25-33.

[102] 邢小强，全允桓，陈晓鹏. 金字塔底层市场的商业模式：一个多案例[J]. 管理世界，2011(10)：108-124.

[103]　徐二明，肖坚石. 中国企业制度创业战略选择探析[J]. 科学学与科学技术管理，2016，37(02)：113-122.

[104]　颜安，周思伟. 虚拟整合的概念模型与价值创造[J]. 中国工业经济，2011(7)：97-106.

[105]　杨卓. 科技型企业商业模式分类及演进机制：基于价值创造视角[D]. 浙江：浙江工商大学，2016.

[106]　姚俊，吕源，蓝海林. 组织学习与演进的综合模型分析[J]. 管理评论，2006(1)：45-50.

[107]　姚伟峰. 公司治理与商业模式创新路径的选择[J]. 商业经济与管理，2011(3)：24-27.

[108]　余东华，芮明杰. 模块化. 企业价值网络与企业边界变动[J]. 中国工业经济，2005(10)：88-95.

[109]　袁春晓. 供给链变迁与企业组织形式的演进[J]. 管理世界，2002(3)：130-136.

[110]　原磊. 商业模式体系重构[J]. 中国工业经济，2007(6)：70-79.

[111]　张敬伟，王迎军. 基于价值三角形逻辑的商业模式概念模型研究[J]. 外国经济与管理，2010(6)：1-8.

[112]　张敬伟，王迎军. 商业模式与战略关系辨析：兼论商业模式研究的意义[J]. 外国经济与管理，2011(4)：10-18.

[113]　张敬伟，王迎军. 新企业商业模式构建过程解析：基于多案例深度访谈的探索性研究[J]. 管理评论，2014(7)：92-103.

[114]　张明立，樊华，于秋红. 顾客价值的内涵、特征及类型[J]. 管理科学，2005(2)：71-77.

[115]　张晓军，席酉民，葛京. 基于核心要素创造视角的组织演进动力研究[J]. 管理科学学报，2013(1)：22-35.

[116]　张新香，胡立君. 面向农村地区商业模式创新的实施机理及策略启示：一个跨案例的研究[J]. 经济管理，2013(4)：153-163.

[117]　郑称德，许爱林，赵佳英. 基于跨案例扎根分析的商业模式结构模型研究[J]. 管理科学，2011(4)：1-13.